rowohlt

Wolfgang Schuller

KLEOPATRA

KÖNIGIN IN DREI KULTUREN

Eine Biographie

Rowohlt

2. Auflage November 2006

Bildnachweis siehe Seite 217
Satz Adobe Garamond PostScript, InDesign,
bei Pinkuin Satz und Datentechnik, Berlin
Druck und Bindung Clausen & Bosse, Leck
Printed in Germany
ISBN 13: 978 3 498 06364 1
ISBN 10: 3 498 06364 2

INHALT

III. ERGEBNISSE

ANHANG

In memoriam Jan Quaegebeur

EINLEITUNG

Qui voudra connaître à plein la vanité de l'homme
n'a qu'à considérer les causes et les effets de l'amour.
La cause en est un je ne sais quoi *(CORNEILLE),*
et les effets en sont effroyables. Ce je ne sais quoi, *si peu de chose*
qu'on ne peut le connaître, remue toute la terre,
les princes, les armées, le monde entier.
Le nez de Cléopâtre: s'il eût été plus court,
toute la face de la terre avait changé.
Blaise Pascal

Mit dem Namen Kleopatra verbindet sich vor allem die Vorstellung einer sehr schönen, sehr reizvollen Frau, die die Geliebte bedeutender Römer war, die vom exotischen Reiz des alten Ägypten umweht ist und die durch einen spektakulären Selbstmord endete. Dieses Buch hat sich nicht zum Ziel gesetzt, alle diese Vorstellungen ins Reich der Fabel zu verweisen und alle Kleopatra betreffenden Sachverhalte in falsch verstandener Nüchternheit so zu entzaubern, dass nur noch das Grau in Grau einer vermeintlichen Wissenschaftlichkeit übrig bleibt.

Alle Aussagen des Buches müssen und werden sachlich belegt sein, aber zur Sachlichkeit gehört auch, Irrationales wie unter anderem die Liebe in dem Sinne nüchtern festzustellen, wie Pascal es in dem eben zitierten Aphorismus angedeutet hat. Auch sie kann ja eine historische Kraft sein, wenn die Konstellation der politischen Faktoren danach ist, und bei Kleopatra war sie es. Diese politischen Faktoren waren zudem in ihrem Fall außerordentlich vielgestaltig, so vielgestaltig, dass es eine schwer zu lösende Aufgabe ist, die in komplexer Weise miteinander verflochtenen Dimensionen ihrer Geschichte auseinander zu halten und in einer fortlaufenden Darstellung zu schildern.

Das Buch versucht, dieser Aufgabe zum einen in einem Dreischritt gerecht zu werden. Im ersten Teil werden einige Grundlagen für das Verständnis des Geschehens gelegt, im zweiten Teil wird Kleopatras Leben in zeitlicher Reihenfolge erzählt, und der letzte Teil bringt zusammenfassend wieder Querschnitte und Schlussfolgerungen. Vor allem im erzählenden Teil sollte die Offenheit des Geschichtsablaufs in Rechnung gestellt werden. Es wäre pedantisch, das jedes Mal eigens zu betonen, aber man muss sich gleich zu Anfang klar machen, dass die sehr dramatischen Ereignisse mit ihrem Auf und Ab kaum so vor sich gingen, als ob es gar nicht anders möglich gewesen wäre. Im Gegenteil folgte ein Umschwung, folgte eine neue nicht vorhersehbare Konstellation auf die andere und erforderte neue Entscheidungen. Erst dann können Leben und auch Leistung Kleopatras angemessen gewürdigt werden.

Zum anderen will das Buch Ernst mit der Tatsache machen, dass Kleopatra in drei Kulturen lebte, in der ägyptischen, der griechischen, der römischen, jedoch in jeweils verschiedener Weise. Besonderes Gewicht wird auf die Tatsache gelegt, dass sie ägyptische Königin war und so in einer drei Jahrtausende alten Tradition stand. Insofern die ägyptische Geschichte und Kultur einen besonderen Reiz ausüben, werden diese Passagen hoffentlich davon nicht unberührt bleiben, aber auch sie werden nicht über das zu Verantwortende hinausgehen. Rom spielte in Kleopatras Leben und Schicksal eine im Wortsinn entscheidende Rolle, es ist im Buch aber darauf geachtet worden, alles nur insoweit zu berichten, als es auf Kleopatra Bezug hat, und der Gefahr zu entgehen, längere Ausführungen über Ereignisse der römischen Geschichte überhaupt zu machen.

Die Quellenlage ist von einer merkwürdigen Diskrepanz. Die meisten und wichtigsten erzählenden Texte sind nicht zeitgenössisch,

Plutarch, Appian und Cassius Dio schrieben lange nach den Ereignissen, Dio sogar über zweihundert Jahre später. Zudem tragen sie deutliche Kennzeichen von Siegerhistoriographie, was im Fall Kleopatras heißt, dass die heftige gegen Kleopatra gerichtete Propaganda Octavians, der bald nach seinem Sieg zum Kaiser Augustus wurde, die Berichte stark prägte. Weil die Texte aber nicht einheitlich sind und auch abweichende Meinungen und Varianten enthalten, ist es alles in allem dennoch möglich, sowohl die nur mittelbare Authentizität der Nachrichten als auch deren propagandistische Züge zu erkennen und zu berücksichtigen.

Andererseits sind wir in der ganz ungewöhnlich bevorzugten Lage, wegen der Besonderheit Ägyptens über viele zeitgenössische und vollkommen authentische Quellen zu verfügen. Wir haben neben den sehr aussagekräftigen Münzen zahlreiche ägyptische – hieroglyphische und demotische – Inschriften, zu denen auch diejenigen gehören, die die Wände der Tempel bedecken und die nicht nur unmittelbar Religiöses betreffen. Die Tempel selber sind eine weitere Quelle insbesondere für die ägyptische Dimension von Kleopatras Geschichte, und schließlich verfügen die Skulpturen vor allem mit Darstellungen Kleopatras selber und anderer Angehöriger der herrschenden Schicht über eine unvergleichliche Aussagekraft.

Zudem besitzen wir die Papyri, also im trockenen Wüstensand oder als Mumienkartonage konservierte Schriftstücke, von hochoffiziellen Erlassen bis hin zu völlig privaten Texten. Gerade sie eröffnen uns Einblicke in Kleopatras Geschichte, die das Bild, das uns die literarischen Quellen bieten, zumindest ergänzen, wenn nicht modifizieren. Trotzdem sind die literarischen Texte unabdingbar, nicht nur deshalb, weil Inschriften, Papyri und materielle Hinterlassenschaften oft lückenhaft und schwer zu interpretieren sind, sondern weil die Literatur die Einzelereignisse in den Zusammenhang stellt und auch Nachrichten über ganz anders geartete Vorgänge und Sachverhalte liefert, als das Inschriften oder Papyri bieten können.

Der Lebendigkeit und der Authentizität wegen werden viele

Quellen wörtlich zitiert, gewiss in Übersetzung – nur manche kurzen lateinischen Sätze auch in der Originalsprache –, und wenn es sich um gebundene Rede handelt, ebenfalls in Versen. Schon vorliegende Übersetzungen werden meist leicht verändert, falls kein Name genannt ist, habe ich übersetzt.

I. GRUNDLAGEN

1. Kapitel

DIE HAUPTSTÄDTE: ALEXANDRIA UND MEMPHIS

Mit weißem Mehl ließ Alexander der Große nach der Eroberung Ägyptens den Grundriß einer am Meer zu gründenden Stadt im Freien auf den Boden zeichnen – da kamen unzählige Vögel aller Arten und vertilgten das Mehl. Alexander war über dieses vermeintlich schlechte Vorzeichen bestürzt, die Seher aber sagten, im Gegenteil werde diese Stadt unzählig vielen Menschen aller Arten Platz bieten und sie ernähren. Die Seher hatten Recht. Alexander gründete die Stadt, benannte sie nach sich selber Alexandria, und bis auf den heutigen Tag ist sie, obwohl sie im 20. Jahrhundert leider viel Kosmopolitisches hat einbüßen müssen, immer noch eine der lebendigsten Städte Ägyptens und der Welt.

Alexander starb zu früh, als dass er sein riesiges Reich von diesem Alexandria aus wenigstens zeitweise hätte regieren können. Das Reich zerfiel in mehrere Königreiche, die meist von seinen Generälen regiert wurden, das Zeitalter des Hellenismus begann. In Ägypten herrschte Ptolemaios, Sohn des Lagos, der sich dann König nannte und dessen Dynastie der Lagiden oder Ptolemäer drei Jahrhunderte lang Ägypten und viele andere Teile der antiken Welt beherrschte. Ihm war es gelungen, Alexanders Leichnam nach Alexandria zu bringen, sodass in dieser Stadt mit dem Alexandergrab ein religiös legitimierendes Zentrum der damaligen Welt entstand. Am Ende der Dynastie stand Kleopatra, nach heutiger Zählung die siebente ägyptische Königin dieses Namens – aber nicht aus Bequemlichkeit, sondern weil sie tatsächlich die weitaus bedeutendste dieser Königinnen war, werden wir sie in diesem Buch nur Kleopatra nennen. Während ihrer Regierung war Alexandria schon lange eine pulsierende Weltstadt, ein politisches und geistiges Zentrum der damaligen Welt, viele verschiedene Völkerschaften lebten hier, und von hier aus betrieben die Ptolemäer und also auch Kleopatra ihre Politik. Welche Vorstellungen haben wir uns also von dieser ihrer Stadt zu machen?

Seltsamerweise stammt die immer noch beste Beschreibung der Topographie Alexandrias von dem Historiker und Geographen Strabon, der Kleopatras Zeitgenosse war und sich von 24 bis 20 v. Chr. in der Stadt aufhielt, sie also sechs Jahre nach Kleopatras Tod betreten hatte. Seltsam ist das deshalb, weil in den meisten anderen Fällen die moderne Archäologie ganz wesentliche Anteile an unseren Kenntnissen antiker Städte bereitgestellt hat. Für Alexandria ist das aber deshalb sehr schwierig bis unmöglich, weil zum einen das Meer wichtige Teile der Stadt überflutet hat und weil zum anderen die übrigen Teile überbaut sind, sodass man nicht ausgraben kann. Allerdings gibt es neuerdings die Unterwasserarchäologie, die mit Bildbänden und Ausstellungen beansprucht, Entscheidendes von dem endlich ans Licht gebracht zu haben, was seit zweitausend Jahren auf dem Meeresgrund gelegen hatte. Gerade die königlichen Paläste der Ptolemäer und wohl auch Kleopatras selber, die sogar ein Drittel der gesamten Stadt ausmachten, gehören dazu, und es hätte ein Leichtes sein müssen, sie zusammen mit ihrer üppigen Einrichtung sozusagen von dem ja nicht tiefen Meeresboden einfach aufzusammeln.

Die Ausgrabungen haben jedoch zwar zahlreiche neue Erkenntnisse über die östlich Alexandrias liegenden Städte Kanopos und Herakleion, über Alexandrias Topographie und über den Küstenverlauf gewonnen, aber gerade die königlichen Paläste und so auch der Palast Kleopatras sind nach wie vor nur chaotische Trümmerhaufen. Daher müssen wir uns bis jetzt wenigstens mit dem begnügen, was wir bisher schon meist aus literarischen Quellen gewusst haben,

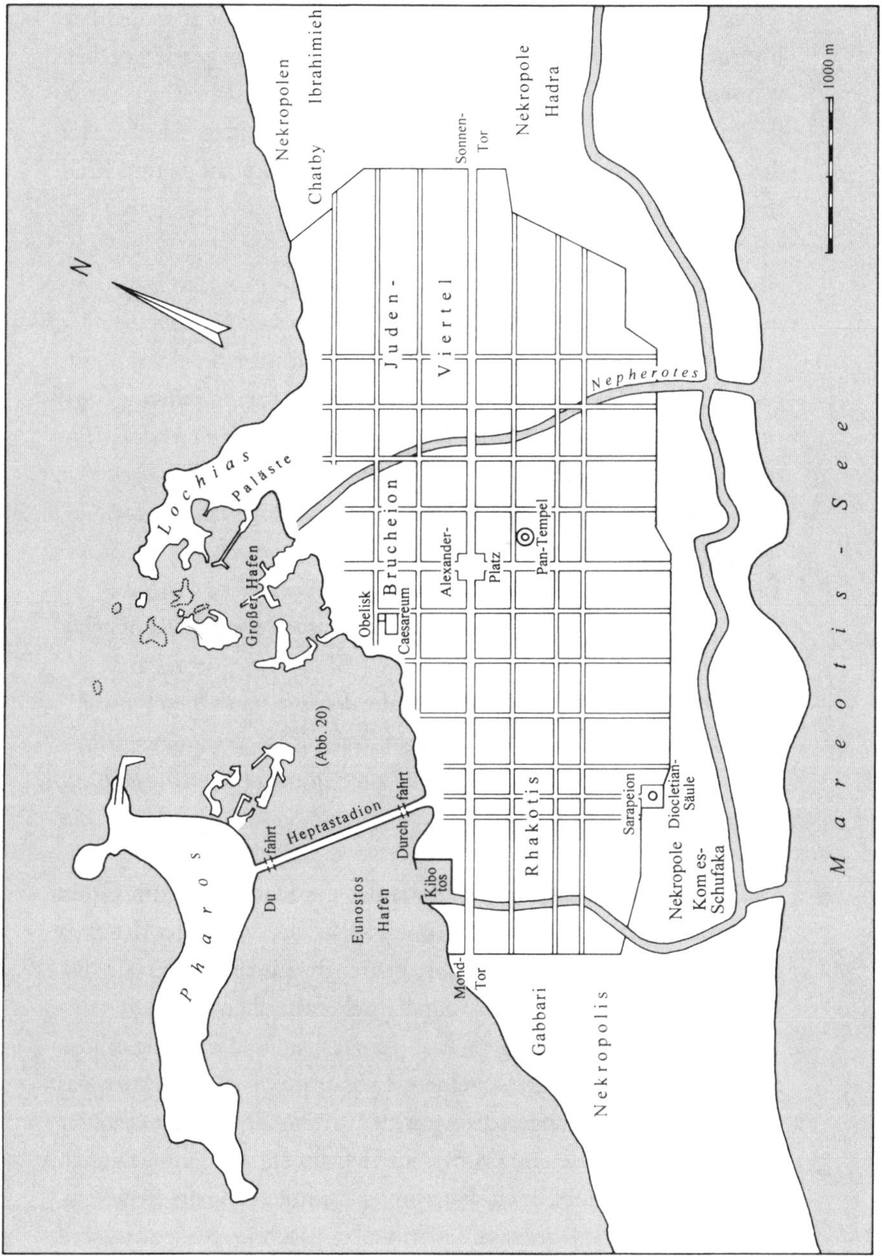

Plan von Alexandria

wenig ist es ja glücklicherweise nicht. Strabons Bericht freilich, so informativ er ist, kann wegen seiner Länge hier nicht wiedergegeben werden, stattdessen beginnen wir mit der enthusiastischen Schilderung durch den Alexandriner Achilleus Tatios, einen Schriftsteller des 2. Jhs. n. Chr., der in seinem Liebesroman «Leukippe und Kleitophon» schreibt:

Als ich die Stadt durch das so genannte Sonnentor betrat, schlug mich sogleich ihre strahlende Schönheit in ihren Bann und füllte meine Augen mit Entzücken. Zur Linken und zur Rechten erstreckte sich eine geradlinige Reihe von Säulen vom Sonnentor bis zum Mondtor – Sonne und Mond sind nämlich die Torhüter der Stadt –, und in der Mitte der Säulenreihe dehnte sich die Stadtebene. Die Ebene durchzogen unzählige Straßen, und man konnte in seiner eigenen Heimatstadt weite Reisen unternehmen. Nachdem ich wenige Stunden in der Stadt zurückgelegt hatte, gelangte ich an den nach Alexander benannten Platz. Von hier aus sah ich eine zweite Stadt und eine folgendermaßen aufgeteilte Schönheit: ebenso lang wie die Säulenreihe, der ich entlanggewandert war, war eine andere, die die erste im rechten Winkel schnitt. Ich aber, bemüht, meine Augen auf alle Straßen aufzuteilen, war ein unersättlicher Betrachter, und doch überstieg es meine Kräfte, die ganze Schönheit zu sehen.

Das Viertel der königlichen Paläste, das die Hafenbucht im Osten abschloss, dehnte sich deshalb immer mehr aus, weil jeder der etwa zwanzig Könige sich seinen Palast baute. Im Inneren waren die Paläste, wie es der Selbstdarstellung der hellenistischen Herrscher entsprach, mit großer Pracht gebaut und eingerichtet. Der kaiserzeitliche Dichter Lukan schildert in seinem Epos über den Bürgerkrieg das Gastmahl, das die junge Kleopatra dem römischen Eroberer Gaius Iulius Caesar gibt, der kurz vorher ihr Geliebter geworden war – auch davon wird in diesem Buch später im Zusammenhang die Rede sein. Gewiss mögen die Farben seines Stils allzu prächtig sein, gewiss sind innerliterarische Maßstäbe anzulegen, wodurch manches gedämpft werden muss, zu unserer Erleichterung zeigen aber seriöse Vergleiche mit anderen erhaltenen Bauten in Griechenland und Makedonien durch die – sozusagen – Festlandsarchäologie, dass wir uns im Allgemeinen doch auf Lukans Schilderung verlassen können:

Einem Tempel war ähnlich der Ort, wie kaum ihn errichtet
Ein verderbtes Geschlecht; es trugen getäfelte Decken
Reichtum und gediegenes Gold verhüllte die Balken.
Nicht mit geschnittenem Marmor belegt erglänzen die Wände;
Nein, die Säulen sind von Achat, der völlig für sich steht,
Und von Purpurstein; in der weitverbreiteten Halle
Tritt man auf Onyx; nicht bedeckt die gewaltigen Pfeiler
Meroes Ebenholz, es steht wie gemeineres Holz nur,
Stoff, nicht Zierde des Hauses allein. Die Säle bekleidet
Elfenbein, und die Schale der Schildkröt' Indiens ist an
Türen geheftet, die Flecken geziert mit vielen Smaragden.
Polster ruhen auf Edelgestein, gelb schimmert von Jaspis
Häuslich Gerät, und Decken erglänzen, in tyrischer Farbe
Lange gekocht, nicht nur in Einem Kessel bereitet;
Der Teil strahlt mit Golde gestickt, der feurig im Scharlach,
Wie man zu mischen pflegt die Fäden am pharischen Webstuhl.

Nach dem königlichen Luxus nun ein paar Worte zur Bevölkerung. Sie war sehr selbstbewusst, und jahrhundertelang neigte sie bis in die Spätantike hinein, wenn nicht sogar zu Aufständen, dann mindestens doch dazu, ihre Meinung sichtbar und lautstark zu artikulieren; nicht umsonst hatte Caesar nicht nur gegen ptolemäische Truppen, sondern auch gegen die romfeindlichen Alexandriner zu kämpfen. Zu ihrer Anzahl sagt Achilleus Tatios:

Blickte ich auf die Stadt, konnte ich kaum glauben, dass eine Einwohnerschaft sie mit Menschen füllen sollte, betrachtete ich aber die

Einwohnerschaft, so staunte ich, dass eine Stadt sie fassen sollte; so ausgewogen war deren Verhältnis zueinander.

In Zahlen: Alexandria wurde zur Zeit Kleopatras von mehr als 300 000 steuerzahlenden Freien bewohnt, und wenn man die anderen sowie die Sklaven hinzunimmt, dürfte es eine Millionenstadt gewesen sein. Entsprechend drängten sich die Menschen in den Straßen, und es dürfte sich wohl nicht nur auf Feste beziehen, wenn der hellenistische Dichter Theokrit Frauen in seinem Gedicht über die Frauen am Adonisfest etwa ausrufen lässt:

Welche Menge, ihr Götter! Wie nun gelangen wir endlich
Durch die Plage hindurch? Ameisen, unzählig und endlos!
[...]
Schauderhaft! Gorgo, gib mir die Hand. Du, Eunoa, fasse
Eurychis. Und pass auf, dass uns der Trubel nicht fortreißt.

Ethnisch war die Bevölkerung gemischt; die wichtigsten, auch jeweils in sich organisierten Volksgruppen waren Griechen und Makedonen, natürlich sehr viele Ägypter, die im Stadtteil Rhakotis wohnten – in Theokrits Gedicht fühlten sich manche Griechinnen von ihnen belästigt –, sowie Syrer, die jüdische Gemeinde stellte einen besonders charakteristischen und aktiven Teil der Alexandriner dar. Wie sehr die alexandrinischen Juden einerseits präsent, andererseits aber auch hellenisiert waren, zeigt die in Alexandria entstandene Übersetzung des Alten Testaments ins Griechische, die Septuaginta, die deshalb nötig war, weil die Juden nicht mehr Hebräisch sprachen.

Dementsprechend zahlreich und vielfältig waren die Götter, denen in Alexandria gehuldigt wurde. Die Stadt war übersät mit Tempeln, hervorzuheben ist zunächst der des durch die Ptolemäer sehr erfolgreich geförderten Sarapis. Ihm war im südöstlichen Teil der Stadt ein besonders hervorstechender Tempel gebaut worden, von dem noch der Historiker Ammianus Marcellinus aus dem 4. Jh. n. Chr. schreibt:

Außerdem gibt es hier Tempel mit hochragenden Giebeln. Besondere Bedeutung unter ihnen hat das Serapeum, das zu beschreiben Worte nicht ausreichen. Seinen Schmuck bilden weite Säulenhallen, lebensvolle Statuen und viele weitere Kunstwerke in einem solchen Ausmaß, dass die Welt nichts Prunkvolleres kennt, abgesehen vom Kapitol.

Sogar mehrere Tempel gab es für die ägyptische Göttin Isis, die gerade zu Kleopatras Zeit dabei war, auf das ganze Mittelmeergebiet überzugreifen. Selbst in Rom fasste sie Fuß, und gelegentliche Verbote erwiesen sich als nutzlos und mussten wieder aufgehoben werden.

Überhaupt war Alexandria ein, wenn nicht das kulturelle Zentrum der griechischen Welt, und diese kulturelle Führungsposition verdankte sich der Kulturpolitik der Dynastie der Ptolemäer. Zwei Institutionen waren die hauptsächlichen Instrumente dieser Politik, das Museion und die Bibliothek. Das Museion war insofern eine Art Akademie der Künste und der Wissenschaften, als die berühmtesten und bedeutendsten – was bekanntlich nicht immer dasselbe ist – Dichter und Gelehrten der gesamten griechischen Welt dort als Stipendiaten leben und wirken konnten. Seinen Namen hatte das Museion – aus dem unser Wort Museum hervorgegangen ist – von seiner Organisationsform als religiöser Kultverein der neun Musen. Die Bibliothek gehörte dazu, sie umfasste schließlich etwa eine halbe Million von Buchrollen und repräsentierte die gesamte künstlerische und wissenschaftliche Literatur der griechischen und außergriechischen – in Übersetzung – Welt. Zwar hatte die geistige Energie Alexandrias seit den ersten Jahrzehnten seines Bestehens allmählich abgenommen, aber gerade in Kleopatras Zeit hatte es wieder einen neuen Aufschwung gegeben.

Wo genau sich Museion und Bibliothek befanden, wissen wir nicht. Sie müssen in dem Viertel – oder Drittel – der Stadt gelegen haben, in dem sich auch die königlichen Paläste befanden. Auch die weitere Topographie Alexandrias ist nur bruchstückhaft bekannt, großenteils aus Strabon. Die Stadt lag – und liegt – an einer Meeresbucht, die im Osten durch die Halbinsel Lochias, im Westen durch die Insel Pharos begrenzt wird; südlich lag der Mareotissee, sodass Alexandria nördlich und südlich von Wasser begrenzt war. Die Insel Pharos trug den größten Leuchtturm der antiken Welt. Er wurde oft besungen, so von dem Dichter Diodor von Sardes, der zur Zeit Kleopatras lebte:

Pharos bin ich, ein Turm auf dem Felsen im Meere; ich heiße
So wie die Insel und bin schirmenden Hafens Symbol.

Ein weiterer Augenzeuge, nämlich Caesar, beschreibt ihn detaillierter in seiner Darstellung des Krieges, den er in Alexandria als eine Art Häuserkampf führen musste, wir werden auf ihn noch zu sprechen kommen:

Der Pharos liegt auf einer Insel und ist ein Turm von gewaltiger Höhe, ein Wunderwerk der Baukunst. Seinen Namen hat er von der Insel. Diese liegt Alexandria gegenüber und bildet den Hafen. Frühere Könige ließen eine Mole von 800 Schritt ins Meer hinaus bauen, sodass die Insel durch eine schmale Straße wie durch eine Brücke mit der Stadt verbunden ist. Auf dieser Insel befinden sich die Häuser einiger Ägypter und ein Stadtteil in der Größe einer kleinen Stadt. Die Einwohner dort pflegen die Schiffe, die aus Unvorsichtigkeit oder wegen eines Sturmes ein wenig von ihrem Kurs abkommen, nach Seeräuberart zu plündern.

Die Mole maß etwa sieben Stadien (das Längenmaß Stadion beträgt etwa 190 Meter) und wurde demgemäß Heptastadion genannt; dieser Damm hat sich durch Anschwemmungen inzwischen so verbreitert, dass er zusammen mit Pharos heute selber Festland geworden ist.

Die durch das Heptastadion gebildete östliche Bucht war der Große Hafen, während westlich davon der Eunostos-Hafen lag.

Das Palastviertel war in große Rechtecke eingeteilt und erstreckte sich von der Halbinsel Lochias bis weit auf das südlich gelegene Festland. Dort grenzte es an die Wohnviertel, die von der großen von West nach Ost verlaufenden Hauptachse der Kanopischen Straße durchzogen und, wie Achilleus Tatios schreibt, im rechten Winkel von der nordsüdlich verlaufenden Palaststraße gekreuzt wurden. Die Kanopos-Straße, die am Sonnen-Tor endete, führte nach Kanopos im Osten, an ihr lagen die öffentlichen Gebäude der Stadt, die sie wie jede andere griechische Stadt auch aufwies, die Agora, also der Marktplatz, das Gymnasion, wo sportliche und geistige Unterweisungen und Übungen stattfanden, und das Gerichtsgebäude. Das Theater lag weiter nördlich noch im Palastviertel. Auf der Kanopos-Straße fanden die für ein hellenistisches Königtum wichtigen repräsentativen Umzüge und Paraden statt, das Gymnasion diente auch der Verkündung politischer Entscheidungen – beides wird gerade in der Geschichte Kleopatras eine wichtige Rolle spielen.

Die Pracht Alexandrias zeigte sich in vielfältigster Weise; zum Schluss soll nur etwas Besonderes erwähnt werden, das nicht oft anzutreffen sein dürfte. Ptolemaios II. leistete sich zahlreiche Hetären, also schöne Frauen, mit denen er außerehelichen Umgang pflegte. Das geschah ganz offiziell, von einigen kennt man auch die Namen, und von zweien wurden sogar öffentlich Standbilder aufgestellt. Der Historiker Polybios erzählt, dass in den Tempeln von Alexandria viele Statuen von Kleino, der Mundschenkin des Königs, gestanden hätten, nur mit einem Chiton, also einem Untergewand bekleidet und ein Trinkhorn in den Händen; und von einer Stratonike wissen wir nicht nur, dass sie Sarapis und Isis Weihegaben gestiftet hatte, sondern dass eine große Statue von ihr östlich von Alexandria am Meer bei dem eleganten Vorort Eleusis stand.

Womöglich derbere Vergnügungen bot das weiter östlich gelegene Kanopos, es wird, auch durch den Mund Kleopatras, in diesem Buch mehrfach als Vergnügungsort erwähnt. Strabon schreibt:

Eine große Menge kommt von Alexandria, um auf dem Kanopos-Kanal zu feiern. Denn jeden Tag und jede Nacht ist er voll von Männern und Frauen, die teils auf Booten Flöte spielen und enthemmt mit der letzten Ausgelassenheit tanzen, teils in Kanopos selbst in Gasthäuser gehen, die am Kanal liegen und für solche Zügellosigkeit und Wohlleben zur Verfügung stehen.

Alexandria war die jüngste ägyptische Großstadt, die älteste war Memphis. Es lag dort, wo der Nil noch ein einheitliches Flußbett hat, sich aber bald darauf in die Arme seines Deltas aufteilt. Memphis war seit Gründung des ägyptischen Reiches die Königsstadt, die erst viel später ihre Rolle als wichtigste Stadt vor allem an das südliche Theben abgeben musste, und das auch nur zeitweise. Vor dem Ausbau Alexandrias hatten die Ptolemäer von Memphis aus regiert, Alexanders Leichnam wurde zuerst nach Memphis gebracht, Memphis blieb für ganz Ägypten die Stadt der unzähligen Tempel, und vor allem wurden die Pharaonen, auch die der Ptolemäerdynastie, dort gekrönt. Alexandria und Memphis, das sind auch Kleopatras Hauptstädte, in Alexandria war sie griechische Königin, in Memphis der weibliche Pharao. Strabon beschreibt die Stadt so:

Memphis ist die Königsstadt der Ägypter […]. In ihr sind Tempel, so der des Apis, der auch Osiris ist, wo der Apisstier in einer Art Heiligtum gehalten und […] für einen Gott angesehen wird. Seine Stirn und andere kleine Partien seines Körpers sind weiß, das andere schwarz, und durch diese Zeichnung beurteilen sie, wer für die Nachfolge infrage kommt, wenn der gestorben ist, der diese Ehre innehatte. Vor dem Heiligtum liegt ein Hof, in welchem sich ein anderes Heiligtum für die Mutter des Stieres befindet. In diesen Hof führen sie den Apis zu einer bestimmten Stunde, insbesondere um ihn den Fremden zu zeigen, denn man kann ihn zwar durch ein Fenster des Heiligtums erblicken, man möchte das aber auch von außen tun. Wenn er dort eine Weile herumgelaufen ist, wird er wieder in seinen gewohnten Stall geführt.

Das also ist der Apistempel, der neben dem Tempel des Hephaistos liegt, und dieser Hephaistostempel selber ist prachtvoll sowohl in Bezug auf die Größe des Baues als auch in allem anderen. Davor steht auf einer breiten Fläche ein aus einem einzigen Stein gearbeiteter Koloss. Es ist üblich, auf dieser Fläche Stierkämpfe abzuhalten, und es gibt Männer, die für diesen Zweck die Stiere aufziehen, so wie Pferdezüchter. Die Stiere werden losgelassen und kämpfen gegeneinander, und wer für den besten gehalten wird, bekommt einen Siegespreis. Es gibt in Memphis auch einen Tempel der Aphrodite, die für eine griechische Göttin gehalten wird, einige sagen jedoch, es sei der Tempel der Selene.

Es gibt in Memphis auch einen Sarapistempel an einer Stelle, die so sandig ist, dass durch die Winde Sanddünen aufgehäuft werden, unter welchen die Sphingen teils bis zum Kopf begraben, teils halb sichtbar sind. Deshalb kann man sich die Gefahr für denjenigen denken, der zum Tempel gehen will und den dabei ein Sandsturm überfällt. Die Stadt ist groß und volkreich, kommt gleich nach Alexandria und hat wie sie eine gemischte Bevölkerung. Seen liegen vor der Stadt und den Königspalästen; diese Paläste erstrecken sich von den Höhen bis hinunter zum Niveau der Stadt, sind aber jetzt verfallen und leer. Neben der Stadt sind ein Hain und ein See.

Zu Strabons, also auch zu Kleopatras Zeit waren die altägyptischen Paläste verfallen, die Ptolemäer residierten ja in Alexandria. Was aber geblieben war, waren die Tempel, es gab viel mehr, als Strabon hier schildert. Allerdings sind die beiden wichtigsten in der Tat der Apis-, also der Hephaistostempel, denn in Apis wurde der ägyptische Schöpfergott Ptah verehrt, und Hephaistos ist dessen gräzisierte Namensform, sowie der weiter westlich hinter einem Nilkanal auf einer Anhöhe gelegene Sarapistempel, der dem zum Osiris gewordenen Apis galt und zu dem die Sphinxallee führte. In diesem Teil von

Memphis lag auch der große Tempelbezirk für den hundsköpfigen Gott Anubis und der ebenso große Tempelbezirk des Bubasteion mit der grandiosen, schon im 5. Jh. von Herodot bewunderten Tempelanlage für die Katzengöttin Bastet. Und natürlich war alles von riesigen, Gewerbe und Handel treibenden Menschenmassen bevölkert, die hier ihre Behausungen hatten, ganz vorwiegend Ägypter.

Die Stadt im Tal dagegen hatte, wie Alexandria, einen großen Anteil an Fremden, die ebenso in abgegrenzten Vierteln wohnten: Phöniker, Karer, Griechen, Idumäer, Juden und andere, und auch hier Werkstätten, Gasthäuser und Geschäfte. Hier befanden sich das Theater, das Gymnasion, das Hippodrom, hier erstreckten sich Weinanpflanzungen, Gärten, Parks, hier legten die Schiffe an, und hier maß das offizielle Nilometer den Wasserstand des Nils – es hat sich sogar aus späterer Zeit ein Papyrus mit einer offiziellen Wasserstandsmeldung erhalten:

Der Gott und Herr Nil ist angestiegen im 8. und 9. Jahre, 17. bis 18. Toth um 2 Fingerbreiten, das ergibt 13 Ellen 4 Fingerbreiten. Der vorjährige Anstieg betrug 14 Ellen 8 Fingerbreiten.

Hier im Tal gab es die zentralen Heiligtümer für den Stiergott Apis und für Ptah – und genau dort war die Krönungsstätte der Pharaonen, also auch der Könige, deren letzter die Königin Kleopatra war. Wir haben das große Glück, die Krönungszeremonie durch den Priester des Ptah in einer Inschrift zu besitzen, die die Krönung von Kleopatras Vater Ptolemaios XII. schildert. Es ist die nach einem früheren Besitzer benannte Stele Harris, eine in London aufbewahrte Grabinschrift des obersten Ptah-Priesters Psen-Ptah III., Angehöriger einer alten Familie, in der das Priesteramt erblich war (Abb. 2).

In dieser wohlerhaltenen Inschrift stellt er seinen Lebenslauf von der Geburt bis zum Tode dar. Geboren war er unter *Seiner Majestät dem König von Ober- und Unterägypten, dem Herrn der Beiden Länder, Ptolemaios dem Rettergott* – Ptolemaios IX., Kleopatras Großvater –, gestorben unter *Ihrer Majestät, der Herrin der Beiden Länder Kleopatra und ihrem Sohn Kaisaros.* Dazwischen lag unter anderem die Krönungszeremonie für Kleopatras Vater:

Ich war es, der den Uräuskragen – die Uräusschlange ist die die Feinde abschreckende Kobra – *am Haupt des Königs anbrachte am Tag, als ihm die Beiden Länder* – Ober- und Unterägypten – *vereinigt wurden, und ich vollzog an ihm alle Riten in den Sedfesthäusern. Ich war es, der alle geheimen Ämter anführte. Ich war es, der die Anweisungen für die Reinigung des Horusfalkens gab bei der Geburt des Kindes des Sonnengottes Re im Goldenen Haus. Man begab sich dann zu dem Palast der Könige der Griechen, der am Strand des Meeres westlich von Rakotis* – Alexandria – *gelegen ist. Der König von Ober- und Unterägypten, der Herr der Beiden Länder, der Gott Philopator Philadelphos, der Jugendliche Osiris, erschien feierlich aus seinem Palast des Lebens und des Wohlergehens, und begab sich zum Tempel der Isis [...]. Er veranstaltete für sie eine Menge von großen Opfern. Dann verließ der König den Tempel auf seinem Kriegswagen.*

Aber auch später besuchte der König gelegentlich Memphis und seine Tempel, wobei, wie bis heute bei Staatsbesuchen üblich, natürlich auch für das Vergnügen gesorgt wurde:

Der König erschien in der Weißen Mauer – so hieß Memphis auch auf Griechisch, *leukon teichos* – *und fuhr in seinem Schiff aufwärts und abwärts, um beide Teile der Stadt zu erblicken, und landete bei* – dem Stadtteil – *Anchtawi. Er fuhr weiter zum Heiligtum, begleitet von seinen Hofbeamten, seinen Frauen, seinen königlichen Kindern und allen seinen für das Fest bestimmten Dingen. Sie saßen beim Mahl und hatten eine schöne Zeit bei allen Göttern und Göttinnen, die in Khanufe wohnen. Er neigte seine Weiße Krone zu mir, weil ich ein bedeutender Mann war ...*

Bemerkenswert ist zwar, dass all das von Kleopatra nicht berichtet wird, jedoch dürfte das an den Zufällen der Überlieferung liegen, sie mag von einem anderen Priester gekrönt worden sein. Dass sie ihre Beziehungen zu den Priestern vernachlässigt hätte, kann jedenfalls daraus nicht geschlossen werden, das Gegenteil war der Fall. Der wunderbare Tempel von Dendera in Oberägypten ist fast ausschließlich unter ihrer Regierung gebaut worden, Einzelheiten und weitere Beispiele werden noch erzählt werden. Welche zentrale Rolle die Krönungsstadt Memphis in ihrer Religionspolitik gespielt hatte und wie eng Memphis und Alexandria zusammenhingen, zeigt sich zudem im Krönungsritual. Die eigentliche Krönung nach ägyptischem Ritus mit der Uräusschlange geschah im Ptahtempel von Memphis, dann begab man sich nach Alexandria zu einem Isistempel; der Streitwagen könnte sowohl ägyptisch als auch griechisch gewesen sein.

2. Kapitel
ÄGYPTEN

Zu Lebzeiten Kleopatras hatte es Ägypten als Staat und Kultur schon seit mehr als 3000 Jahren gegeben – das ist eine Zeitspanne, deren ungeheures Ausmaß man sich am leichtesten dadurch klar macht, dass man von heute 3000 Jahre zurückrechnet: Dann wäre man im Jahre 1000 vor Christi Geburt, und es muss hier nicht ausgemalt werden, welchen Veränderungen Europa in dieser Zeit unterlegen ist. Ägyptische Kultur und Geschichte hatten während dieser Zeit natürlich auch erhebliche Wandlungen durchgemacht, es hatte tiefe Einbrüche gegeben, aber im Vergleich mit der europäischen Geschichte war Ägypten in einer kaum vorzustellenden Weise mit sich selber identisch geblieben.

Nicht nur für Laien sind die aus der letzten Phase der ägyptischen Geschichte, also die aus der Ptolemäerzeit stammenden Tempel von Dendera und Edfu mit ihrer Architektur, ihren hieroglyphischen Inschriften und ihren Darstellungen von Königen und Göttern kaum von ägyptischen Kunstwerken anderer Zeiten zu unterscheiden – die Fachwelt sieht zwar die Unterschiede zu früheren Zeitabschnitten und die Weiterentwicklungen auch in Sprache, Schrift und Inhalt der Texte, jedoch sind auch für sie Kontinuität und partielle Identität mit allem Früheren selbstverständlich. Sogar ein Ägypter früherer Epochen würde mit Interesse wahrnehmen, was sich im Verhältnis zu seiner Zeit verändert hat, aber er würde sich ohne weiteres zurechtfinden, die Tempel, ihr Bildschmuck, ihre Texte, ihr Götterkult wären nichts ganz Fremdes für ihn.

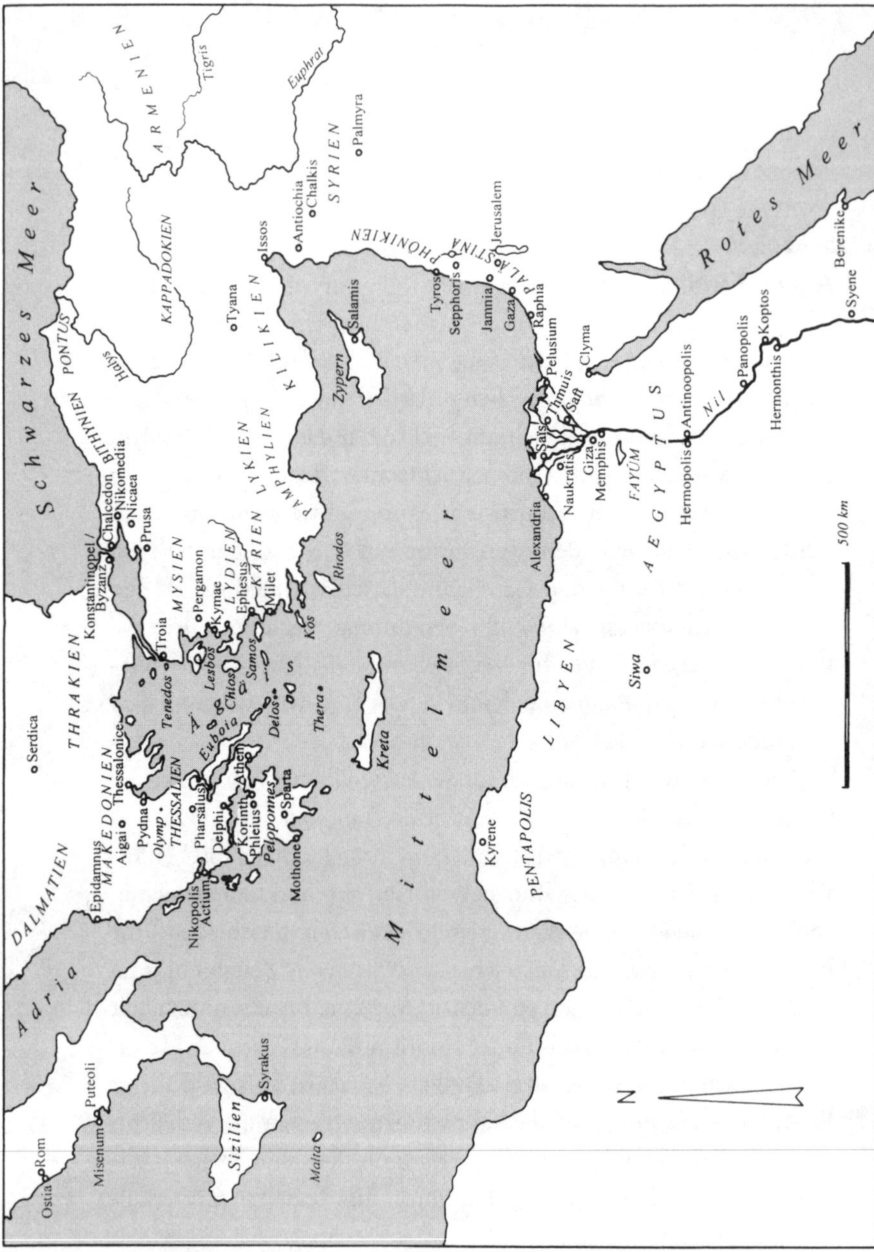

Ägypten und der Mittelmeerraum

Diese Tempel von Dendera und Edfu – nördlich und südlich des alten Theben, heute Karnak und Luxor, auf der Westseite des Nils gelegen – werden nicht nur deshalb zum Ausgangspunkt unserer Erzählung gemacht, weil sie die besterhaltenen ägyptischen Tempel überhaupt sind, und nicht einmal nur deshalb, weil sie von der Dynastie errichtet worden sind, der Kleopatra als letzte und neben Arsinoe II. bedeutendste Königin entstammt, auch im Vergleich mit den meisten ihrer männlichen Vorgänger. Vor allem sind es Darstellungen und Inschriften dieser Tempel, in denen sie selbst und ihr Sohn und Mitregent Ptolemaios Kaisar als ägyptische Pharaonen erscheinen, legitime Verkörperungen einer ungeheuer langen Traditionslinie, die mit den Pyramidenbauern der 3. und 4. Dynastie ihren ersten gewaltigen Ausdruck gefunden hatte. Da Kleopatra und Kaisar wirkliche ägyptische Pharaonen waren – und nicht nur wie anschließend die römischen Kaiser diese Rolle nur pro forma innehatten –, muss in diesem einleitenden Kapitel skizziert werden, wovon mit dieser Feststellung überhaupt die Rede ist.

Dass Ägypten in der Frühzeit aus den beiden Teilen Ober- und Unterägypten vereinigt worden war, war nicht nur eine ägyptische Legende, sondern entspricht auch der historischen Wirklichkeit. Von Oberägypten ausgehend, war das Land gegen Ende des 4. Jahrtausends unter einem einzigen König vereinigt worden und entwickelte alsbald eine einheitliche, zentralistische Staatsstruktur. Gleichwohl blieb die Einteilung des Landes in Ober- und Unterägypten immer lebendig und zeigte sich in vielen Symbolen bis zum Ende der ägyptischen Geschichte: Einer der fünf Königstitel war «König von Ober- und Unterägypten»; ein wichtiger ritueller Akt war die «Vereinigung der beiden Länder», und jeder Landesteil hatte seine spezifische Königskrone. Die hohe weiße Krone war die Oberägyptens, die gedrungene rote die Unterägyptens, und meistens trugen die Könige beide Kronen ineinander gesteckt, wie etwa noch Kleopatras Sohn Kaisar auf dem Relief der Südwand des Tempels von Dendera. Trotzdem wurden sie nicht nur voneinander unterschieden, sondern wurden durchaus auch separat getragen, so noch von Ptolemaios XII. bei seinem Besuch beim Ptah-Priester in Memphis.

Das bebaubare Land wurde als Eigentum des Königs angesehen und in einem wohldurchdachten Abgabensystem erfasst, das vor allem der geregelten Versorgung der Bevölkerung diente; die Josephsgeschichte des ersten Buches Mose gibt einen Begriff davon. Ein Beamtenapparat entstand, der sich neben dieser Wirtschaftsverwaltung vor allem mit der Rechtsprechung befasste und sehr bald schon ein Beamtenethos entwickelte, das mit seinem auch allgemein geltenden Gerechtigkeitssinn für alle Zeiten vorbildhaft sein dürfte. Die Armee diente vor allem der oft auch präventiven Abwehr der nicht zu Unrecht als unzivilisiert geltenden Nachbarstämme in West und Ost; nach Süden rückte Ägypten langsam immer weiter vor, eine großräumige Expansion nach Vorderasien fand erst zur Zeit des Neuen Reiches statt.

Die ägyptische Geschichte ist – wie das Niltal – übersichtlicher als die der meisten anderen Reiche der Geschichte, trotzdem fehlt es natürlich nicht an tiefen Einschnitten, ja Abstürzen. Die heutige Wissenschaft kennt ein Altes, Mittleres und Neues Reich und eine Spätzeit, durch Zwischenzeiten voneinander getrennt, innerhalb deren über 30 Dynastien regierten. Das Alte Reich, mit der Hauptstadt Memphis und durch die großen Pyramidenbauer der 4. Dynastie charakterisiert, zerfiel durch innere Entwicklungen der Ersten Zwischenzeit. Vom oberägyptischen Theben aus gelang es den Königen der 11. und 12. Dynastie – hauptsächliche Namen Sesostris und Amenemhet –, das Reich wieder zu einigen und auch kulturell die klassische Zeit der ägyptischen Geschichte herbeizuführen.

Das abermalige Auseinanderdriften durch lokale Gewalten und durch die fremde Dynastie der Hyksos charakterisiert die Zweite Zwischenzeit, bis wieder von Theben aus unter den Königen vor allem der 18. Dynastie – wichtige Namen Amenophis und Thutmosis – Ägypten abermals vereint und nun auch zur Großmacht im Vorderen Orient wurde und zeitweise bis zum Euphrat vorstieß. Ein wenig charakteristisches, aber im heutigen Bewusstsein besonders bekanntes kurzlebiges Zwischenspiel war die kulturrevolutionäre Regierung Amenophis IV. (sein neu angenommener Name war Echnaton) und seiner Frau Nofretete. Die 19. Dynastie der Ramessiden erwehrte sich erfolgreich der von Norden einfallenden Seevölker, jedoch ging anschließend Ägyptens Stellung in der damaligen Welt drastisch zurück. Teilweise unterlag es, unterbrochen durch einheimische Könige, verschiedenen Fremdherrschaften von Libyern, Nubiern, Assyrern und Persern. Die libyschen und nubischen Könige ägyptisierten sich, die der Assyrer und Perser traten aber nur der Form nach als Pharaonen auf.

Schon mit Beginn des einheitlichen ägyptischen Reiches war die ägyptische Schrift ins Leben getreten, die Hieroglyphen, in der amtliche Dokumente sowie die vielfältige religiöse und weltliche Literatur der Ägypter geschrieben wurden – allerdings keine historischen Texte in unserem Sinne. Sehr bald entstand die Schreibform des Hieratischen und danach die Kursive des Demotischen. Die Schrift und die mit ihr geschriebenen Texte entwickelten sich weiter, insbesondere entstanden neue Literaturformen, und zu den bisherigen Hieroglyphen kamen neue Schreibweisen und Buchstabenformen, insbesondere für die ursprünglich nicht geschriebenen Vokale, aber ein Blick auf Inschriften, die Tausende von Jahren auseinander liegen mögen, zeigt, dass es sich immer um dieselbe Schrift und dieselben wichtigsten Zeichen handelte. Ähnliches kann, mit Ausnahme der Amarna-Kunst Echnatons und vielleicht mancher Kunstwerke der Spätzeit, vom Stil der bildenden Kunst gesagt werden.

Gewaltige Veränderungen gab es bei den religiösen Vorstellungen einschließlich des Totenkultes. Die großen Pyramiden als Begräbnisstätten der Könige waren nur auf eine bestimmte Phase des Alten Reiches beschränkt, Totentempel so gewaltigen Ausmaßes wie etwa der der Königin Haptschepsut auf das Neue Reich, und die religiösen Texte und bildlichen Darstellungen sprechen vom

Aufkommen neuer Götter, dem Zurücktreten alter und von immer neuen Kombinationen von Eigenschaften bei den jeweiligen Göttern. Aber viele Grundvorstellungen und der Hauptbestand der Gottheiten blieben doch konstant. Zwar tritt der Sonnengott Re erst mit der 5. Dynastie im Alten Reich hervor, zwar wird der thebanische Gott Amun Reichsgott erst mit dem Mittleren Reich, zwar erhält die Göttin Isis erst im 1. Jahrtausend ihre dominierende Stellung, zwar stand Osiris nicht von Anfang an im Zentrum des Jenseitsglaubens; zwar werden die religiösen Dogmen und Theologien im Laufe der Zeit teils immer weiter verfeinert und ausgebaut, teils lösen die einen die anderen ab – aber Hathor, Horus, Osiris, Ptah, Seth und viele andere gibt es, wenn auch einem Wandel unterworfen, in der Substanz jedoch über die Jahrtausende hinweg. Vor allem aber sind die Jenseitsvorstellungen in dem Sinne konstant geblieben, dass ein Weiterleben nach dem Tod, örtlich vorgestellt im Westen, für selbstverständlich gehalten wird, und ebenso selbstverständlich, dass man sich um die physische Erhaltung des Körpers zu bemühen hat.

Das Königtum nahm in Theorie und Praxis die zentrale Stellung im öffentlichen Leben ein. Im König konzentrierte sich die politische und wirtschaftliche Macht, er entschied allein, und ihm gehörte das gesamte Land. Zwar war diese Position im Laufe der Geschichte selbstverständlich Wandlungen unterworfen, und sei es nur in den Zwischenzeiten, etwa dadurch, dass sich die Beamtenschaft entwickelte, oder dadurch, dass sich das Eigentum an Grund und Boden regelmäßig ausdifferenzierte – aber das Königtum selber blieb in seiner Machtfülle oder jedenfalls zentralen Rolle bestehen und regenerierte sich dann von Zeit zu Zeit. Das lag auch daran, dass die religiöse Stellung des Königs unangetastet blieb, und dass es auf diese Stellung ankam.

Zu Lebzeiten war der König zwar – noch – nicht Gott, wenngleich er in einem seiner fünf Königstitel der göttliche Horusfalke, in einem anderen der Sohn des Sonnengottes Re war. Ihm wurden als Mensch keine übernatürlichen Kräfte zugeschrieben, und wenn ihm regelmäßig göttliche Verehrung entgegengebracht wurde, dann galt sie nicht ihm als sterblichem Menschen, sondern seinem Ka, der ihm innewohnenden göttlichen Kraft, sowie ihm als dem Repräsentanten und Bewahrer göttlicher Ordnung. Denn der König war der Vermittler zwischen den Menschen, ja der Schöpfung, und der Götterwelt, er garantierte insofern das Wohlergehen der Menschen, und diese Funktion ist nie angetastet worden. Zum Gott wurde er dann aber nach seinem Tode: Einerseits wurde er selber zum Osiris, andererseits stieg er als Falke zum Himmel auf und vereinigte sich mit seinem Vater, dem Sonnengott Re.

Der tiefste Einschnitt erfolgte mit der Eroberung Ägyptens – als Teil des Perserreiches – durch Alexander den Großen ab dem Jahre 330. Während die bisherigen fremdländischen Herrscher sich im Allgemeinen mit der politischen Herrschaft zufrieden gaben und die inneren Verhältnisse unangetastet ließen, bedeutete die Herrschaft der gräzisierten Makedonenkönige auch einen tiefen demographischen und kulturellen Einschnitt. Zunächst zur neuen Dynastie selbst. Es waren kraftvolle Herrscher, die Ägypten für mehrere Generationen politisch und wirtschaftlich wieder auf die alte Höhe hoben und ihm den alten Glanz verliehen. Ägypten war unter ihnen auf dem besten Wege, die Vormacht des gesamten östlichen Mittelmeerraumes sogar bis zur Krim zu werden, war in Athen präsent, hatte Besitzungen in Kleinasien und der Ägäis. Von dem Gründer, Alexanders General Ptolemaios, hatten alle seine Nachfolger diesen Namen, die sich dann durch die Beinamen voneinander unterschieden. Er selber hieß Soter, der Retter, sein Sohn hieß Philadelphos, der Geschwisterliebende, weil er seine Schwester Arsinoe geheiratet hatte, dessen Sohn war Euergetes, der Wohltäter, ihm folgte sein Sohn Philopator, der Vaterliebende.

Unter Epiphanes, dem Glänzenden, begann der auch außenpolitische Abstieg, Philometor, der Mutterliebende, hatte es nur Roms Eingreifen zu verdanken, dass Ägypten nicht von Syrien unter der

Dynastie der Seleukiden erobert wurde, und von nun an gerieten Ägypten und die Dynastie in immer tiefere Abhängigkeit von Rom. Die letzte Ptolemäerkönigin aber, Kleopatra VII., verschaffte Ägypten nicht nur die alte Stellung wieder, sondern führte es sogar auf Höhen, die es noch nie gesehen hatte. Kleopatra wollte Ägypten an der Weltherrschaft Roms teilhaben lassen, selber von Rom aus herrschen, ihre als Nachfolger vorgesehenen Söhne bekamen die alten Beinamen Philopator, Philometor und Philadelphos und waren Söhne von Römern. Es war eine schwindelnde Höhe und endete in Kleopatras Absturz. Ägypten stürzte ihr nach.

Mit der Ptolemäerdynastie änderte sich die Bevölkerungsstruktur des Landes so stark wie nie zuvor. Es gab nämlich eine massive Einwanderung von Griechen nach Ägypten, die ihre kulturelle Identität behielten und weiterentwickelten. Alexandria wurde gegründet, die griechischen Einwanderer organisierten sich separat, sie behielten ihre Götter, sprachen, schrieben, dichteten griechisch, die Sprache der öffentlichen Verwaltung wurde das Griechische, und nicht wenige Ägypter nahmen griechische Namen an und wurden so zu Teilhabern an der griechischen Zivilisation.

Gleichwohl erfolgte kein planmäßiges Zurückdrängen der altägyptischen Kultur. Beide, die griechische und die ägyptische, bestanden nicht nur faktisch nebeneinander weiter, sondern dieses ihr Nebeneinander wurde bewusst gefördert. Im Justizwesen etwa gab es Gerichte eigens für Ägypter und eigens für Griechen, wichtige Inschriften waren mehrsprachig abgefasst – der berühmte Stein von Rosette mit seinem in Hieropglyphen, in demotischer Schrift und auf Griechisch eingemeißelten Text trug maßgeblich zur Entzifferung der Hieroglyphen und zur Kenntnis der ägyptischen Sprache bei –, und vor allen Dingen: Die Ptolemäer förderten durch ausgedehnten und überaus aufwendigen Tempelbau den Kult der altägyptischen Religion. Über hundert Tempel ließen sie errichten, Tempel, in denen zu ihrer Zeit kein einziges griechisches Wort, kein einziger griechischer Bildschmuck erschien. Sie sind nicht nur deshalb für uns die Hauptquelle, weil es keine ägyptische Geschichtsschreibung gab, auf die wir uns stützen könnten, sondern vor allem, weil sich in ihnen die Könige den Ägyptern öffentlich zeigten. Auf all das wird im weiteren Verlauf noch oft und detaillierter eingegangen werden.

3. Kapitel

DIE PHARAONIN

Auch zur Ptolemäerzeit waren es ägyptische Tempel für ägyptische Götter mit ägyptischen Ritualen, ägyptischen Inschriften, ägyptischen theologischen Texten an Wänden und Säulen und mit einer ägyptischen Priesterschaft – und mit dem König als der nach wie vor zentralen Figur als Vermittler zwischen den Göttern und den Menschen. Die meisten Tempel wurden in der Folgezeit zerstört, manche noch in der Neuzeit, aber der Horustempel von Edfu und der Hathortempel von Dendera blieben fast vollständig erhalten und wurden durch französische Archäologen wiederhergestellt. Gerade diese Bauwerke zeigen uns die makedonisch-griechischen Ptolemäerkönige als Pharaonen, die in einer dreitausendjährigen Tradition stehen und die nach wie vor das Zentrum der ägyptischen Religion und Staatsauffassung bildeten, und als nichts sonst. Diese beiden Tempel sind es zunächst, die uns in wahrlich unübersehbarer Weise Kleopatra, ihren Vater Ptolemaios XII. und ihren Sohn Ptolemaios Caesar, gesprochen und in griechischer Schrift geschrieben Kaisar, als ägyptische Pharaonen vorführen. Von Kaisar wird in einem späteren Kapitel eigens die Rede sein, hier sollen zunächst das Verhältnis der ptolemäischen Könige zur ägyptischen Priesterschaft allgemein, dann Kleopatra und ihr Vater als Pharaonen vorgestellt werden.

Das Leben, auch das tägliche Leben der Ägypter war durchdrungen von Religion, und deshalb bemühten sich besonders die ptolemäischen Könige um die Zustimmung und Unterstützung der Priesterschaft, nicht nur durch die gewaltigen Dimensionen des Baues von neuen Tempeln, sondern auch durch regelmäßige Zusammenkünfte. In diesen Synoden wurden, wie es jahrtausendealte Tradition war, allgemeine Probleme besprochen. Die Beschlüsse wurden in Dekreten veröffentlicht, das heißt in den Vorhöfen der Tempel aufgestellt. Sie waren meist dreisprachig abgefasst, in mit Hieroglyphen geschriebenem Ägyptisch, Demotisch und Griechisch, wobei die hieroglyphische Fassung immer an erster Stelle stand. Ihr Inhalt war vielgestaltig, betraf aber immer das Verhältnis von Religion und Priesterschaft zum König, das sich im Königskult ausdrückte; freilich war eine strikte Abgrenzung zu allgemeiner Politik nicht möglich. Nach ägyptischer Vorstellung wurde ja nicht die Person des Königs als Gott verehrt, sondern die göttlichen Kräfte in ihr, wobei die Kulthandlungen vor der Statue des Königs stattfanden; erst nach dem Tod fand die Vergottung statt.

Das musste mit den griechischen Vorstellungen in Übereinstimmung gebracht werden, denen zufolge schon die lebenden Könige und Königinnen Götter waren, und diese gegenseitige Angleichung durchlief in den dreihundert Jahren der Herrschaft der Ptolemäerdynastie verschiedene Phasen. Im Allgemeinen war das Interesse der Ptolemäerherrscher darauf gerichtet, von der Priesterschaft Unterstützung und Legitimation zu erlangen, während die Priester danach trachteten, ihre auch wirtschaftlich bedeutende Stellung durch die Könige gesichert und ausgebaut zu bekommen. Nach den erhaltenen Priesterdekreten, die vor unserer Epoche datieren, nahm wegen der politischen Schwächung der Könige die Macht der Priester zu, doch ist sie nie übermächtig geworden. Einerseits trat der griechische Charakter des Königskultes leicht zurück, andererseits glich sich der ägyptische dem griechischen insofern an, als beispielsweise die Beinamen der Könige – etwa «vaterliebend» oder «wohltätig» – ins Ägyptische übersetzt und den Namen hinzugefügt wurden. Und schließlich ist es durchaus so gewesen, dass die griechische

Stilisierung Ptolemaios' XII. und seiner Tochter als Neos Dionysos beziehungsweise als Aphrodite durch die ägyptischen Entsprechungen von Osiris und Isis ausgedrückt wurden.

Ptolemaios XII. war besonders eng mit Edfu und Dendera verbunden, und Kleopatra tat es ihm anschließend in verstärktem Maße nach. Edfu ist der ältere Tempel. Er wurde ab dem 23. August 237 gebaut, unter dem König Ptolemaios III., dem Enkel des Dynastiegründers, dabei hat der König nach einer Bauinschrift persönlich die Maße für die Kapellen abgesteckt. Geweiht wurde der Tempel am 7. Februar 70, also zehn Jahre nachdem Ptolemaios XII. die Regierung angetreten hatte. Er ist an verschiedenen Stellen des Tempels verewigt worden, am spektakulärsten in überlebensgroßen Reliefs am großen Pylon. Sie zeigen ihn zum einen bei Ritualhandlungen, zum anderen in einer Stellung, die seit Tausenden von Jahren zum Bild des Königs gehörte: in der erhobenen rechten Hand die Keule, vor ihm die Feinde, die er zu Boden schlägt. Dass gerade dieser König solche Kriegstaten keineswegs je begangen hatte, sondern völlig von der römischen Politik abhängig war, werden wir noch sehen, aber für die Ägypter sollte er als ein Pharao erscheinen, wie sie ihn seit Menschengedenken kannten.

An vielen anderen Stellen begegnen wir Ptolemaios XII. als ägyptischem König, hier nur die wichtigsten: Am Isistempel von Philae ist er ähnlich wie in Edfu auf dem Pylon dargestellt, nur dass hier noch die Feinde besonders benannt werden, nämlich die Griechen, was zwar völlig ahistorisch, aber als rituelle Darstellung selbstverständlich war. Dazu kommen Reliefs am Ptahtempel von Karnak, Reliefs am Tempel von Kom Ombo, Kartuschen mit seinem Namen in Deir el-Medineh; besonders wichtig die uns schon bekannte memphitische Inschrift des Psen-Ptah mit dem Krönungsbericht.

Sehr viel intensiver erscheint Kleopatra in den ägyptischen Quellen. Zuvor allerdings muss ein griechischer Text erwähnt werden, der etwas ganz Einzigartiges von ihr berichtet. Ihre besondere Nähe zu Ägypten und zur ägyptischen Kultur zeigt sich nämlich darin, dass sie als erster makedonischer Herrscher überhaupt Ägyptisch konnte. Plutarch schreibt:

Sie wusste ihre Zunge wie ein vielstimmiges Instrument mit Leichtigkeit in jede ihr beliebende Sprache zu fügen und bediente sich nur im Verkehr mit ganz wenigen Barbaren eines Dolmetschers; den meisten erteilte sie persönlich Bescheid, so den Äthiopen, Troglodyten, Hebräern, Arabern, Syrern, Medern und Parthern. Noch vieler anderer Völker Sprachen soll sie verstanden haben, während die Könige vor ihr es nicht einmal fertig gebracht hatten, die ägyptische Sprache zu beherrschen, einige sogar das Makedonische verlernt hatten.

Daraus wird zu Recht geschlossen, dass sie jedenfalls auch Ägyptisch gekonnt habe, was bei allen ihren ptolemäischen Vorgängern eben nicht der Fall war. Etwas misstrauisch gegenüber dem Wahrheitsgehalt dieser Aussage könnte allerdings die anscheinend wahllos klingende Fülle der angeblich von ihr beherrschten weiteren Sprachen machen. Wenn diese Aufzählung jedoch willkürlich wäre, dann wäre auf jeden Fall die naheliegendste Fremdsprache erwähnt worden, das Latein, und weil sie fehlt, ist die Nachricht glaubwürdig.

Die ägyptischen Quellen zeigen nun zunächst, dass sie wirklich ein weiblicher Pharao war, also nicht zweitrangig nur die Frau eines männlichen Pharaos, sondern eigenständig als der Pharao mit den jeweiligen Titeln und Namen aber in weiblicher Form auftrat, demgemäß auf Deutsch als Pharaonin bezeichnet werden muss. Als alleinige Herrscherin in Erfüllung der Pflichten eines Pharaos handelte sie auch. Auf einer Stele aus Kleopatras Regierungsanfang wird berichtet, dass sie am 22. März 51 in Hermonthis auf der westlichen Nilseite gegenüber von Theben in Person nach dem Tod des bisherigen heiligen Buchis-Stiers an der Zeremonie zur Einführung des neuen teilnahm (Abb. 3):

Die Königin, die Herrin der Beiden Länder, die Vaterliebende Göttin, führte ihn zur Barke des Amun, umgeben von den Königlichen Booten. Alle Einwohner von Theben und Hermonthis sowie die Priester beteten das heilige Tier an. Und jedermann konnte die Königin erblicken.

Sie tat sich noch ein anderes Mal beim Kult für einen heiligen Stier hervor. Auf einer im Serapeum in Memphis gefundenen, demotisch beschriebenen Stele ebenfalls aus den Anfängen ihrer Regierung wird ausführlich – und umständlich – verzeichnet, wie sie ganz in altägyptischer Tradition den Apis-Priestern von Memphis Geld und Nahrungsmittel für die Begräbnisfeierlichkeiten des verstorbenen Stieres spendete – 412 Silbermünzen, Wein, Milch, Brot, Gemüse, Öl und Fleisch.

In Hermonthis ließ sie später ein ihr und ihrem Sohn Kaisar geweihtes Heiligtum errichten. Zwar wurde es 1861 durch den Khediven Ismael zugunsten einer Zuckerfabrik abgerissen, glücklicherweise hatte aber eine preußische Expedition unter Leitung des großen Richard Lepsius 1842–1845 umfangreiche Dokumentationsarbeit geleistet. Besonders eindrucksvoll und für Kleopatras Politik wichtig ist die Szene, in der sie ihren Sohn Kaisar gebiert (Abb. 4); zahlreiche weitere Darstellungen schließen sich an, in denen etwa gezeigt wird, wie ihr kleiner Sohn gesäugt wird, und alles in Gegenwart der Götter. Dieser Sohn von Caesar war ihr Nachfolger, Caesar wäre damit also der Ahnherr der neuen Dynastie.

In einem dritten Fall wird Kleopatra nach überwiegender Meinung mit ihrem kleinen Sohn Kaisar dargestellt, diesmal eher auf griechische Betrachter zielend; da es jedoch ohnehin nur griechische und keine ägyptischen Münzen gab, die Ägypter aber wie die Griechen am Münzverkehr teilnahmen, hatte dieses Münzbild auch ägyptische Adressaten. Es gibt auf Zypern geprägte Münzen, die sie mit einem kleinen Kind vor sich zeigen. Auch hier dürfte die Geburt dieses Sohnes der Anlass sein, und auch hier kann die Darstellung als Aphrodite mit ihrem Sohn Eros oder als Isis mit Harpokrates interpretiert werden (Abb. 8).

Am gewaltigsten aber erscheint sie in Dendera. Der Tempel wurde – nach früheren Bauten – großenteils zu ihrer Regierungszeit errichtet, der Baubeginn war der 16. Juli 54. Insbesondere an seiner Errichtung arbeitete sie, wie Hölbl sagt, «mit ungeheurer Energie», vollendet wurde er 21/20. Das gesamte Bildprogramm entstand unter ihrer maßgeblichen Beteiligung, und jedes der in zahlreichen Räumen zu findenden Abbilder eines weiblichen Pharaos stellt sie dar, auch dann, wenn die Kartuschen vorläufig noch leer geblieben waren. Eine genaue Untersuchung hat ergeben, dass nur sie damit gemeint sein kann; insgesamt ist sie 73-mal vertreten. Hinzu kommen die zahlreichen hochartifiziellen Ritualtexte, die erst jetzt allmählich durch Christian Leitz entschlüsselt werden können. Sie erscheint darin als Isis mit ihrem Sohn, worunter sie selbst und Ptolemaios Kaisar zu verstehen sind, und dass das auch ihr bewusst war, wird durch die eindrucksvollste Darstellung beider deutlich, die es gegeben hat.

Überwältigend nämlich – und Tag für Tag von heutigen Besuchern betrachtet – sind die überlebensgroßen Reliefs an der südlichen Außenwand des Tempels. Zweimal zeigen sie, spiegelbildlich angeordnet, Kleopatra und ihren Sohn Kaisar, wie sie den Göttern opfern, jeweils verschiedenen; Kaisar ist als erwachsener Mann mit seinem Ka dargestellt und steht vor ihr (Abb. 9).

Schließlich hören wir von einem Kleopatra zuzuweisenden Relief in Dendera sogar aus dem klassischen Weimar: Unter dem 19. Mai 1825 notiert Goethe in seinem Tagebuch: «Frau Großherzogin um halb 11 Uhr, ich wies den Tierkreis von Dendera vor.» Der Hathor-Tempel von Dendera hatte zwei Darstellungen des Tierkreises als astronomisch-astrologische Reliefs. Im Pronaos befindet sich ein lang gezogenes rechteckiges doppeltes Band aus späterer Zeit, der des Kaisers Tiberius, das uns hier nicht interessieren soll; die andere Darstellung aber ist rund und war an der Decke einer auf dem östlichen Dach errichteten Osiriskapelle angebracht und stammt aus der Zeit Kleopatras.

Beide stellen astrologisch verstandene Sternzeichen und weitere astronomische Erscheinungen dar und sind eine Mischung aus vor allem ägyptischen und griechischen Vorstellungen, jedoch sämtlich ägyptisiert, sodass hier also ein jedenfalls bildliches Übergewicht des Ägyptischen festzustellen ist. Inwieweit sich Kleopatra selbst mit diesen Dingen beschäftigt hat, kann nicht mit Sicherheit gesagt werden, jedoch lagen astrologische Gedankengänge auch Angehörigen der Oberschicht sehr nahe, sodass eine Kenntnis Kleopatras von den Tierkreiszeichen und etwaigen Folgerungen in dem vor allem von ihr erbauten Tempel gut angenommen werden kann.

Kleopatra wurde nicht nur auf Tempelreliefs als ägyptischer Pharao dargestellt, sondern wie fast alle anderen ptolemäischen Königinnen auch in vollplastischen Statuen, die dem Königskult dienten. Porträtähnlichkeit war nicht oder kaum beabsichtigt, obwohl auf früheren Statuen wie etwa denen des Mittleren Reiches gelegentlich individuelle Züge erkennbar sind und obwohl ptolemäische Königsbildnisse des ägyptischen Typus oft auch mit griechischen Stileigentümlichkeiten auftreten. Dennoch sind die Statuen, in denen Kleopatra als ägyptischer weiblicher Pharao erscheint, unverwechselbar ägyptisch, und sie haben spezifisch ägyptische Attribute, die für die ägyptischen Betrachter wesentliche Bedeutungen hatten, und zwar nur für diese.

Das eine Attribut ist das doppelte Füllhorn, das sie im linken Arm trägt und das bisher nur von Kleopatras großer Vorgängerin, Arsinoe II., der Schwestergemahlin des zweiten Ptolemäers, getragen wurde. Das zweite ist die dreifache Uräusschlange an der Stirn. Diese Schlange, unheimlicherweise eine Kobra, hatte seit Urzeiten die Funktion, Feinde abzuschrecken. Arsinoe II. trug die doppelte Schlange, deren Bedeutung für uns nur vermutet werden kann. Erst recht ist das für Kleopatra der Fall, bei der genauso ungeklärt ist, was die drei Kobras für die Ägypter bedeuteten, aber gerade an dieser Dreizahl sind die Bildnisse als die Kleopatras vielleicht zu identifizieren. Umso augenfälliger ist es, dass die Königin hier ausschließlich als Ägypterin erscheint, einer Kultur zugehörig, die mit der griechischen nichts zu tun hat (Abb. 9).

Etwas anders liegt die Sache hinsichtlich der Göttin Isis, der Gattin des Osiris und Mutter des kleinen Harpokrates. Ihr Kult nahm erst in der ägyptischen Spätzeit seinen Aufschwung und griff zur Zeit des Hellenismus auf Griechenland und dann auf Rom über; die dort getroffenen Verbotsmaßnahmen zu Lebzeiten Kleopatras blieben aber erfolglos. Gleichwohl war Isis eine rein ägyptische Göttin, mit der sich insbesondere ptolemäische Königinnen identifizierten. Auf der anderen Seite war den Griechen Isis auch deshalb wohlbekannt, weil sie von ihnen mit Aphrodite identifiziert wurde, und wenn daher Kleopatra in der Öffentlichkeit ständig als Isis auftrat, erreichte sie auf diese Weise sowohl ihre ägyptischen als auch ihre griechischen Untertanen. Aber wohlgemerkt: Isis war eine ägyptische Göttin.

Rein ägyptisch wiederum sind die königlichen Titel oder Königsnamen. Jeder Pharao hatte fünf verschiedene Namen oder Titel, die sich erst im Lauf der Zeit herausgebildet hatten und großenteils programmatischen Charakter trugen: Horusname, Herrinnenname, Goldhorusname, Thronname (König von Ober- und Unterägypten), Geburtsname (Sohn des Re). Der Geburtsname ist der Name, den der König vor der Thronbesteigung trug, der Thronname wurde bei der Thronbesteigung angenommen. Seit dem Ende des Alten Reiches war der Thronname die übliche Bezeichnung, später wurde es der Geburtsname, und das war in der Ptolemäerzeit der Fall. Von Kleopatra sind leider nicht sämtliche fünf Namen überliefert, aber der Geburtsname, auf den es uns hier ankommen soll, findet sich an zahlreichen Stellen. In ägyptologischer Umschrift heißt er *qlwpdrt nṯrt mrt-jt.s*, was bedeutet: Kleopatra, die Göttin, die ihren Vater liebt. Das war ein Programm. Die göttliche Eigenschaft war nichts Besonderes, das war seit langem Tradition, aber die Anhänglichkeit an ihren Vater hatte nicht nur menschliche, sondern auch politische Bedeutung. Kleopatra zeigte damit den Ägyptern, dass sie die Politik ihres Vaters fortzusetzen gedachte. Welche das war, werden wir noch sehen.

4. Kapitel
DIE GRIECHISCHE KÖNIGIN

«Vaterliebende» hieß Kleopatra natürlich auch auf Griechisch:

ΚΛΕΟΠΑΤΡΑ ΘΕΑ ΦΙΛΟΠΑΤΩΡ

Kleopatra Thea Philopator
Kleopatra Vaterliebende Göttin

Demgemäß war sie zwar ein ägyptischer Pharao, aber gleichzeitig war sie eine griechische Königin, wobei wir das Verhältnis zwischen diesen beiden Erscheinungsformen zunächst auf sich beruhen lassen müssen. Als griechische oder griechisch geprägte Königin tritt sie uns in vielerlei Gestalt entgegen, und zwar so oft, dass wir uns kurz fassen können. Zunächst einmal natürlich mit ihrem Namen, dem griechischen Wort Kleopatra, das auch in hieroglyphischen und demotischen Texten in der fast vokallosen Umschrift verwandt wurde und dort genauso lautete.

Dann tritt Kleopatra als Griechin auf dem offiziellen politischen Kundgebungsmittel par excellence auf, auf den Münzen. Münzen sind eine griechische Erfindung, ihre bildlichen Darstellungen sind griechisch, die meisten Inschriften sind griechisch. Wenn also Kleopatra auf Münzen abgebildet ist, dann fast immer als Griechin mit griechischer Bezeichnung:

ΒΑΣΙΛΙΣΣΑ ΚΛΕΟΠΑΤΡΑ
Basilissa Kleopatra
Königin Kleopatra

Eine Griechin blickt uns auch auf den Statuen an, die wir als Porträts von ihr identifizieren können und von denen später ausführlicher die Rede sein wird, wenn es sich um Kleopatras äußere Erscheinung handelt. Völlig eindeutig ist diese Identifizierung nie, denn die Porträts tragen nie eine Beischrift, und die Archäologie ist darauf angewiesen, hinsichtlich stilistischer Kriterien und der Münzbilder auf Kleopatra zu schließen. Dennoch sind wichtige Identifizierungen sicher, wie vor allem die der Büste, die sich heute im Alten Museum in Berlin befindet. Sie hat nichts Ägyptisches an sich (Abb. 11).

Aber genug – dass Kleopatra eine griechische Königin war, ist selbstverständlich und braucht jetzt nicht weiter untermauert zu werden. Ihr Name war griechisch, sie sprach und schrieb das Griechische als Muttersprache, die zahllosen griechischen Papyri zeigen handgreiflich, dass das Griechische natürlich die Sprache von Politik und Verwaltung war, Kleopatra residierte und lebte im griechischen Alexandria, das ptolemäische Königtum war wie das in allen anderen Nachfolgestaaten des Alexanderreiches ein griechisches Königtum. Problematisch ist nur, wie sich dieser griechische Charakter von Kleopatras individueller Existenz und politischer Funktion zu der Tatsache verhielt, dass sie ohne jegliche Abstriche auch ägyptischer Pharao war. Aber davon später.

5. Kapitel

PTOLEMAIOS XII. UND ROM

Ägyptens außenpolitischer Status änderte sich mit dem zweiten Drittel des 2. Jhs., als Rom – zunächst von Griechen selbst als Bundesgenosse herbeigerufen – eine zwar lange nur indirekte, aber doch immer stärker fühlbare Herrschaft im östlichen Mittelmeer auszuüben begann. So wurde 168 die Existenz eines selbständigen Ägypten nur dadurch gerettet, dass eine römische Gesandtschaft ohne jede Waffengewalt dem König Antiochos IV. von Syrien befehlen konnte, vor den Toren Alexandrias wieder umzukehren, das er sonst mühelos erobert hätte. Der griechische Historiker Polybios berichtete:

Als Antiochos gegen Ptolemaios heranzog, um Pelusion zu besetzen, trat ihm der römische Gesandte C. Popilius Laenas in den Weg. Der König begrüßte ihn schon von weitem durch lauten Zuruf und streckte ihm die Hand entgegen. Popilius aber reichte ihm die Schreibtafel, die er bereit hielt und auf der der Senatsbeschluss geschrieben stand, und hieß ihn zuerst das Schriftstück lesen […]. Als der König gelesen hatte, erklärte er, seinen Freunden das Schreiben mitteilen und sich mit ihnen über die neue Lage beraten zu wollen. Darauf tat Popilius etwas, was man nicht anders als hart und im höchsten Maße als demütigend bezeichnen kann: Er zog mit einem Weinrebenstab, der ihm gerade zur Hand war, einen Kreis um Antiochos und hieß ihn in diesem Kreis seine Antwort auf den Senatsbeschluss zu erteilen. Der König, obwohl befremdet über dieses Ansinnen und die Anmaßung des römischen

Gesandten, zögerte doch nur kurze Zeit und erwiderte dann, er werde alles tun, was die Römer von ihm verlangten [...]. Er führte innerhalb der ihm gesetzten Frist sein Heer nach Syrien zurück, mit Ingrimm und Widerstreben, jedoch für jetzt der Not gehorchend.

Hundert Jahre vor Kleopatras Geburt zeigte sich also schon, dass Rom in beleidigender Weise, ohne einen einzigen Soldaten einzusetzen, einen mächtigen König zum Rückzug zwingen konnte und dass Ägypten seine Existenz auf diese Weise Rom verdankte – auch das war beleidigend. Dementsprechend verflocht sich in der Folgezeit die ägyptische Politik immer enger mit der römischen. Mehrfach setzten Ptolemäerkönige als innenpolitisches Druckmittel Rom testamentarisch zum Erben ein, und dass Rom die Erbschaft regelmäßig nicht antrat, lag nur daran, dass der römische Senat fürchtete, Einzelne würden durch das reiche Ägypten einen so großen Machtzuwachs bekommen, dass die Innenpolitik in Rom aus dem Gleichgewicht geriete. Gesandtschaften gingen hin und her, jedoch nicht auf gleichberechtigter Basis, sondern so, dass sich die Ägypter in Rom als Bittsteller aufhielten, die Römer als Gewährende, Fordernde und Anordnende auftraten.

Ägyptens Abhängigkeit von Rom war so groß geworden, dass sich sogar seine eigene Innenpolitik zum Teil in Rom abspielte. Diese Innenpolitik bestand – soweit wir das den Quellen entnehmen können – großenteils in außerordentlich tumultuarischen Thronstreitigkeiten mit Herrscherwechseln, Kriegen, Reichsteilungen, häufigem Eingreifen aufgeputschter alexandrinischer Volksmassen, manchmal sogar in inzestuösen königlichen Ehen zwischen nächsten Verwandten, faktischer Herrschaftsausübung von Hofcliquen, Morden, häufiger gemeinsamer und wieder auseinander brechender Regierung zwischen eng miteinander verwandten Königen und Königinnen und auch Alleinherrschaften von Königinnen. Sie hießen in den letzten anderthalb Jahrhunderten oft Kleopatra nach einer dynastischen Ehe, die 194 zwischen Ptolemaios V. und einer seleukidischen Prinzessin geschlossen worden war, Kleopatra I.; Kleopatra war also ein (griechisch-)syrischer Name, der auf Ägypten übertragen worden war.

In der Regierungszeit Ptolemaios' XII., des letzten männlichen ptolemäischen Pharaos, der, wenn auch in Abhängigkeit von Rom, wirklich allein regierte, konzentrieren sich alle diese Faktoren. Im Jahre 80 war ein nur kurzfristig regierender König in aller Öffentlichkeit ermordet worden, und die Alexandriner riefen zwei – vielleicht illegitime – Angehörige des Herrscherhauses aus dem Ausland als Nachfolger zurück: Einen machten sie zum König von Zypern, den anderen zum König von Ägypten. Dieser Ptolemaios XII. – jener Pharao, der einige Jahre später in Memphis vom Ptahpriester Psen-Ptah III. gekrönt werden sollte – hatte zwar in Kleopatra VI. Tryphaina eine Schwestergemahlin, mit der er auch eine Tochter Berenike IV. bekam, heiratete aber ein weiteres Mal, möglicherweise eine Ägypterin, wie Werner Huß zur Diskussion stellt, und mit ihr hatte er weitere Kinder: wieder eine Kleopatra – unsere –, zwei Söhne namens Ptolemaios und eine Tochter Arsinoe.

Die Schwestergemahlin und deren – und seine – Tochter verschwanden alsbald von der politischen Bühne. Er nahm offiziell den Beinamen Neos Dionysos, also Neuer Dionysos an, und weil im griechischen Verständnis Dionysos die griechische Entsprechung zum ägyptischen Gott Osiris war, war damit auch die Verbindung zur ägyptischen Religion gegeben. Er spielte gerne die Flöte und bekam daher den inoffiziellen Beinamen Auletes, der Flötenspieler, der von vielen als Spitzname aufgefasst wird, denn ein Flöte spielender König hat nichts Hoheitsvolles an sich. Weil aber dem Flötenspiel sowohl in den Dionysos- als auch in den Osiris-Riten eine bedeutende Rolle zukommt, kann es durchaus sein, dass damit ursprünglich nur seine durchaus seriöse Rolle beim Vollzug dieser Riten gemeint war.

Die ganze äußere Politik Ptolemaios' XII. bestand darin, von Rom anerkannt zu werden und den direkten Zugriff Roms auf Ägypten zu verhindern, und diese schließlich erfolgreichen Bemühungen zeigen überdeutlich, wie Ägypten nur noch zu einer Funktion der römischen Innenpolitik herabgesunken war. Einzig an innerrömischen Widerständen lag es, dass im Jahre 65 der Versuch scheiterte, Ägypten kurzerhand zu einer römischen Provinz zu machen, aber vielleicht ist es dieses Ereignis gewesen, das Ptolemaios veranlasste, zur Verhinderung weiterer Versuche dieser Art und zur förmlichen Anerkennung der Selbständigkeit Ägyptens zu einem uralten Mittel seine Zuflucht zu nehmen, zur Bestechung einflussreicher römischer Politiker – ja, die Erfahrung hatte gelehrt, dass sich keineswegs alle römische Senatoren dieser Zeit altrömischen Tugenden verpflichtet fühlten, sondern sich durchaus auf solche sehr elementare Weise zu politischem Handeln bewegen ließen.

Nun – Bestechung ist vielleicht manchmal ein zu hartes Wort. So leistete Ägypten dem römischen Feldherrn Cn. Pompeius, der sich 64 und 63 im Orient aufhielt und unter anderem Syrien als unabhängigen Staat liquidierte und zur römischen Provinz machte, offiziellen Beistand dadurch, dass es den Unterhalt für 8000 Reiter übernahm, allerdings bekam Pompeius persönlich einen schweren goldenen Kranz geschenkt, und das ging vielleicht schon ein wenig über das bloße Erweisen einer Höflichkeit hinaus. Vollends nackte Bestechung war es dann aber doch, als der Consul des Jahres 59, C. Iulius Caesar, dafür sorgte, dass Ptolemaios nun endlich vom römischen Senat den Titel «Freund und Bundesgenosse des römischen Volkes» zuerkannt bekam und dass Rom mit ihm ein reguläres Bündnis schloss. Das tat Caesar aber nicht umsonst, sondern Ptolemaios hatte dafür die riesige Summe von 6000 Talenten Silber – ein Talent sind etwa 43 Kilogramm – zu bezahlen, die sich Caesar und Pompeius je zur Hälfte teilten; seltsam bleibt dabei nur, dass Ptolemaios diese Summe anscheinend jahrelang schuldig bleiben konnte. Trotzdem sah sich der König wegen dieser und anderer offensichtlich ähnlicher Ausgaben gezwungen, den Steuerdruck auf die Bevölkerung zu erhöhen, was nun wiederum nicht ungefährliche Revolten hervorrief, die aber unterdrückt werden konnten.

Immerhin: Das Ziel war erreicht, und Kleopatras Vater konnte nun im Hinblick auf das Verhältnis zu Rom ruhig sein. Da traf ihn ein Jahr später aus Rom ein unerwarteter Hieb. Wieder aus innerrömischen Gründen wurde Zypern ohne jede Veranlassung dem Römischen Reich einverleibt und zur Provinz gemacht; der an sich sittenstrenge M. Porcius Cato wurde gegen seinen Willen als erster Statthalter dorthin geschickt und amtete dort so streng, wie man es gar nicht gewöhnt war. Zusammen mit den früheren überreichlichen Geschenken nach Rom und der deshalb erfolgten weiteren Bedrückung der Ägypter durch den König erhob sich ein solcher Sturm der Entrüstung in Alexandria, beim Volk wie auch in Hofkreisen, dass Ptolemaios außer Landes getrieben wurde. Zunächst begab er sich nach Zypern zu Cato, dann nach Rom, und dort fand er Unterkunft bei seinem alten Freund Pompeius auf einem von dessen Landgütern. Und nun ging es darum, Roms Hilfe für seine Zurückführung zu gewinnen, das heißt, durch Geldgeschenke eine entsprechende Aktion herbeizuführen. In Ägypten selber tauchte plötzlich seine verstoßene erste Frau Kleopatra VI. wieder auf und regierte zusammen mit ihrer Tochter Berenike.

In Rom ging es nun über Jahre hinweg um die Rückführung des Königs; aus der Korrespondenz des bedeutenden Staatsmannes und Intellektuellen M. Tullius Cicero sind wir gut über die unzähligen und sehr unübersichtlichen politischen Winkelzüge unterrichtet, die von Freunden und Gegnern des Königs unternommen wurden. Noch im Jahre 57 wollte eine Delegation von 100 Alexandrinern im Senat gegen Ptolemaios wirken, aber ein großer Teil wurde durch seine Handlanger mitten in Italien und dann in Rom bestochen oder sogar umgebracht, sodass sie nichts ausrichten konnten.

Gleichwohl kam es zu keinem positiven Beschluss, sodass der König noch im Jahre 57 nach Ephesos an der kleinasiatischen Westküste reiste, wo er die weitere Entwicklung abwartete. Und die entwickelte sich schließlich zu seinen Gunsten: Statthalter von Syrien war der Pompeianer Gabinius, der auf Pompeius' Veranlassung im

Jahre 55 sogar mit einem römischen Heer in Ägypten einmarschierte und Ptolemaios wieder einsetzte.

Alles das kostete den König natürlich Unsummen, die zu einem großen Teil als Darlehen von einem römischen Finanzmann C. Rabirius Postumus aufgebracht wurden – erschütternderweise wurde dieser dann von Ptolemaios zum obersten Minister des Königs, zum Dioiketen eingesetzt, um auf diese Weise von der ägyptischen Bevölkerung sein Geld wieder hereinzubekommen. Man liest mit einer Art elementaren Gerechtigkeitsgefühls, dass das denn doch zu viel war: Wieder empörten sich die Alexandriner, und Ptolemaios musste Rabirius zu dessen eigenem Schutz verhaften und wieder nach Rom schaffen. Die Schwestergemahlin Kleopatra war inzwischen gestorben, nicht aber die Tochter Berenike. Sie wurde von ihrem eigenen Vater umgebracht, dazu weitere wohlhabende Ägypter, deren Vermögen zur Bezahlung der königlichen Schulden eingezogen wurde. Aber Ptolemaios war nun endgültig König; zunächst regierte er mit seiner anderen Tochter Kleopatra, der unsrigen, zusammen, im Jahre 51 starb er.

Bei der Würdigung der Politik des zwölften Ptolemäers lässt man sich gerne dazu hinreißen, ausschließlich seine und Ägyptens Abhängigkeit von der römischen Politik zu betonen. Zu leicht wird dabei vergessen, dass es bei allen Verneigungen vor Rom immer darum ging, die Selbständigkeit Ägyptens zu erhalten. Natürlich gibt es auch hier etwas Vordergründiges, nämlich den Wunsch des Königs als Person, mit Roms Hilfe eingesetzt zu werden und seine Position zu erhalten – aber eben die Position eines Königs von Ägypten. Dass das nur innerhalb des römischen Machtgefüges möglich war, ist selbstverständlich, und selbstverständlich handelte Ptolemaios danach. Aber gleichzeitig bedeutete das auch, dass es weiterhin ein Königreich Ägypten gab und dass es mit Erfolg darum gegangen war, dessen Identität zu erhalten. Wenn Kleopatra sich zur Politik ihres Vaters bekannte, dann auch dazu. Wir werden sehen, wie sie das tat.

II. KLEOPATRAS LEBEN

6. Kapitel
FRÜHE JUGEND

In diesen Jahren wuchs nun die 69 geborene Kleopatra VII. auf. Sie war das älteste der vier Kinder des Königs aus seiner zweiten Ehe und trat nach dessen Tod – pro forma zusammen mit einem der jungen Brüder – die Nachfolge an. Wo sie sich bis zu diesem Zeitpunkt aufgehalten hatte, wissen wir nicht. Wenn sie in Ägypten, also in Alexandria geblieben wäre, wäre es ihr bestimmt schlecht gegangen, und darüber würde in den Quellen gewiss berichtet worden sein; womöglich hätte sie diese Zeit sogar nicht einmal überlebt. Es ist daher wahrscheinlicher, dass sie ihren Vater begleitet hatte, und diese Wahrscheinlichkeit wird vielleicht dadurch bekräftigt, dass eine athenische Inschrift aus dieser Zeit mit ihr in Zusammenhang gebracht werden kann. Diese Inschrift betrifft eine Athenerin, die eine Art Kammerfrau einer «libyschen» Prinzessin war, in Athen verstarb und von dieser Prinzessin gerne in deren Heimat mitgenommen worden wäre. Libyen ist griechischem Sprachgebrauch zufolge Afrika, und wenn man wirklich annehmen sollte, dass in diesem Fall statt des doch sehr viel spezifischeren Ägypten Afrika hatte genannt werden können, dann sieht alles nach Kleopatra aus, die auf dem Wege nach oder von Rom gewesen wäre.

Wie man über diese Inschrift auch urteilen mag, wenn wir jedenfalls abwägen, was für die literarischen Quellen natürlicher ist zu verschweigen, Kleopatras Zurückbleiben in Alexandria und das gewiss turbulente Schicksal, das sie dort gehabt hätte, oder ihr römischer

Aufenthalt in der Eigenschaft einer nicht weiter aufgefallenen, elfjährigen Begleiterin ihres Vaters, dann gewiss doch das Letztere. Was mag sie als aufmerksame, dem Kindesalter allmählich entwachsende Beobachterin dabei alles in Rom miterlebt haben?

Als Übelstes das skrupellose Agieren ihres Vaters, wilde Bestechungen bis hin zur Organisation von Meuchelmorden, aber sie konnte auch sehen, dass das letztlich zu politischen Erfolgen führte, und erst recht wird sie Zeuge von unendlichen politischen Verhandlungen gewesen sein. Die gesamte römische Senatorenschicht, wichtige und unwichtige Herren, wird ihr Vater gekannt haben müssen, und Kleopatra wird auf diese Weise ein Gefühl dafür bekommen haben, wie das aussah, was Max Weber zweitausend Jahre später mit dem Bohren von dicken Brettern vergleichen sollte. Umgekehrt wird sie mitbekommen haben, dass viele römische Senatoren über moralische Skrupel erhaben waren, «ganz wie zu Hause», mag sie gedacht haben. Vor allem aber wird sie dort gelernt haben, dass es darauf ankam, sich mit Rom gut zu stellen, um für ihr Land und auch für sich selber eine wenn auch eingeschränkte Identität zu erhalten – also für eine ägyptische Pharaonin griechischer Kultur innerhalb einer immer mehr von Rom durchdrungenen Welt.

Wen von den bekannten Römern wird Kleopatra bei ihrem Vater gesehen haben oder jedenfalls haben sehen können? Um es gleich zu sagen: Caesar nicht. Er war bereits zu seiner Statthalterschaft nach Gallien aufgebrochen, die ihn bis zum Jahre 50 festhalten sollte. Wer weiß, was später im Jahre 48 bei ihrer dann ersten und entscheidenden Begegnung geschehen wäre, wenn beide sich schon von früher gekannt hätten? Auch Cicero hat sie nicht kennen lernen können, denn dieser war bereits auf dem Weg ins Exil nach Thessaloniki oder dort schon angekommen.

So bleibt von den ganz bedeutenden römischen Politikern nur Cn. Pompeius, der zu seiner Zeit größte und mit Recht berühmteste Feldherr. Pompeius hatte Erfahrung mit dem Ostmittelmeerraum, war auf einem umfassenden Feldzug bis Palästina vorgedrungen, hatte sogar den Tempel in Jerusalem betreten und Streitigkeiten bei der Besetzung des Hohepriesteramtes entschieden. Zudem war er ein sympathischer Mann, der neben dem Prestige, das ihm seine überragenden militärischen und in gewissem Sinne politischen Leistungen verschafften, auch Wärme ausstrahlte. In den Ränkespielen der Innenpolitik aber fand er sich nicht zurecht, und man hätte gerne gewusst, was er wohl zu der brutalen Art gesagt hat, mit der sich sein Schützling Ptolemaios auf römischem Boden seiner politischen Gegner entledigte.

Noch schlimmer: nicht nur von römischem Boden aus, sondern aus dem Landhaus des Pompeius selber, in den Albaner Bergen nicht weit von Rom im Südosten gelegen, in dem er ja nur zu Gast war. Wir, die wir davon hören, wollen uns nicht dazu hinreißen lassen, aus der bloßen Nachricht von diesem Aufenthaltsort allzu viel herauszulesen. Aber erlaubt dürfte es doch wohl sein festzustellen, dass Kleopatra dadurch den Lebensstil eines der führenden römischen Politiker kennen lernte. Mit dem Prunk Alexandrias und dem königlichen Palast wird er sich womöglich nicht haben messen können, aber vielleicht ist gerade das eindrucksvoll gewesen; jedenfalls konnte sie dort durch Augenschein einiges über den Zusammenhang zwischen auswärtiger unbeschränkter Macht und Lebensführung zu Hause lernen. Vielleicht hat es weiterhin banale Ausflüge zum Zeitvertreib gegeben, vielleicht Besuche von Heiligtümern – etwa dem Fortuna-Primigenia-Tempel oder gar dem Isistempel in Praeneste –, aber in Rom selber wird sie auch gewesen sein. Das hat sie vielleicht eher enttäuscht, erst durch die Bautätigkeit von Pompeius, Caesar und dann Augustus kam ja zur Macht- auch die Prachtentfaltung hinzu, aber vielleicht machte sie das gerade nachdenklich – doch genug der Spekulationen.

Nachweisbar tritt diese Frau, kein kleines Mädchen mehr, zum ersten Mal in einem rein ägyptischen Zusammenhang in das Licht der Geschichte, in Theben bei der Einweihung eines neuen Buchis-Stieres, davon war schon die Rede. Sie agierte dabei als alleinige Königin, und um das richtig zu würdigen, muss ein Blick auf das Testament ihres Vaters geworfen werden. Es ist mehrfach überliefert, einmal sogar von Caesar selbst gegen Ende seiner Darstellung des Bürgerkrieges, und die anderen Quellen stimmen damit überein. Danach hatte Ptolemaios XII. zwei Ausfertigungen seines Testaments angefertigt, eine blieb in Alexandria, die andere sollte in Rom am Verwahrungsort der Staatskasse niedergelegt werden – ein weiteres Zeichen für die Rolle, die Rom in Ägypten spielte –, blieb aber wegen der politischen Unruhen in Rom zunächst bei Pompeius. Darin hatte der König bestimmt, dass von seinen noch am Leben gebliebenen zwei Söhnen und zwei Töchtern jeweils die beiden ältesten zusammen die Nachfolge antreten sollten. Demgemäß hätte Kleopatra als Achtzehnjährige zusammen mit ihrem zehnjährigen Bruder Ptolemaios (XIII.) die Regierung übernehmen und eine Geschwisterehe eingehen müssen.

Das tat sie nun aber nicht, und das war die erste politische Entscheidung ihres Lebens, von der wir wissen, sondern sie trat als Alleinregierende auf und unterstrich das durch zwei Signale. Sie datierte ihre Regierungszeit nicht nur, natürlich, als erstes Jahr ihrer eigenen, sondern gleichzeitig als 30. Jahr der bisherigen väterlichen Regierung, wodurch sie möglicherweise bekunden wollte, dass sie bereits von ihrem Vater als Mitregentin eingesetzt worden sei. Zum anderen knüpfte sie durch den offiziellen Beinamen «Vaterliebende Göttin» an die Regierung des Vaters an. Schon aus dieser Zeit ist eine Regierungshandlung von ihr bekannt, die sie als entschlossene Alleinherrscherin zeigt: Römische Soldaten aus der Truppe, die Gabinius in Ägypten belassen hatte, hatten die Söhne des früheren Consuls M. Calpurnius Bibulus ermordet, Kleopatra hätte das auf sich beruhen lassen können, aber sie ließ die Mörder ergreifen und sandte sie Bibulus. Dass er sie nicht annahm und auf die Gerichtsbarkeit des Senats verwies, ist eine andere Sache, die Kleopatra womöglich nicht recht einleuchten wollte.

Ihre Alleinregierung ging anderthalb Jahre gut, dann änderte sich die Konstellation. Schon immer nämlich hatten am Hof der Ptolemäer Cliquen der verschiedensten Art großen Einfluss, insbesondere wenn, was nicht selten vorkam, die Könige minderjährig oder durch Thron- und Familienstreitigkeiten in Anspruch genommen waren – wenn, auch in diesem Buch, von «den Alexandrinern» die Rede ist, dann sind damit, außer der Bevölkerung der Stadt, auch solche Hofkreise gemeint.

In Kleopatras Fall waren die mächtigsten Personen am Hofe der Eunuch Potheinos – man stellt ihn sich gerne als fett und verschlagen vor – und der General Achillas, jener im obersten Amt des Dioiketen, dieser trotz des griechischen Namens wohl ägyptischer Herkunft, und beide waren sie Vormünder des jungen Ptolemaios. Sie hatten ein natürliches Interesse daran, zumindest in dieser Eigenschaft selber die tatsächliche Regierung zu übernehmen und sich nicht von einer selbstbewussten jungen Königin dominieren zu lassen. Das gelang ihnen nach den achtzehn Monaten in einem ersten Schritt, der darin bestand, dass seit dem Oktober 50 in den Datierungsformeln offizieller Dokumente beide Geschwister in der Weise genannt wurden, dass der junge König vor der Königin erschien. Solche Formalitäten waren von großer Bedeutung. Im Verhältnis zu Rom änderte sich aber insofern nichts, als es Ägypten darauf ankommen musste, Roms Wohlwollen zu erhalten.

Dort war aber inzwischen der Bürgerkrieg zwischen Caesar und dem republikanischen Senat mit Pompeius als Befehlshaber ausgebrochen, und hier muss ein Wort über die nicht rechtliche, sondern tatsächliche Verfassungsänderung verloren werden, die in Rom vor sich ging. Alle Institutionen der Republik bestanden noch, und der politische Mechanismus funktionierte trotz zahlreicher Störungen immerhin noch recht und schlecht. Die Entwicklung trieb aber trotzdem auf die faktische Alleinherrschaft eines einzelnen Mannes zu, wie immer sie konkret aussehen mochte und wie sie dann unter Caesar eintrat und später unter seinem Großneffen und Adoptivsohn Octavian vollendet wurde, der dann den Ehrentitel Augustus bekommen hatte. Für alle, die von Rom etwas erreichen wollten, also auch für Kleopatra, kam es darauf an, die Unterstützung dieses mächtigsten Mannes zu bekommen, wobei die Schwierigkeit zunächst darin bestand, dass nicht immer klar war, wer denn endgültig die Herrschaft antreten und wie sie aussehen würde.

Einer dieser Mächtigen war Pompeius, er führte das senatorische Heer, und er war Caesars eigentlicher Gegenspieler – Pompeius, der der wichtigste Mann für Auletes gewesen war, bei dem der König die substanziellste Unterstützung gefunden, bei dem er gewohnt hatte und bei dem sein Testament hinterlegt war. Demgemäß stand Ägypten zunächst auf dessen Seite, und als Pompeius seinen Sohn Gnaeus nach Alexandria schickte, um ägyptischen Beistand einzufordern, hat es natürlich keines besonderen erotischen Verhältnisses zwischen diesem und Kleopatra bedurft – was später allzu bereitwillig angedeutet wurde –, um Pompeius mit 50 Kriegsschiffen und mit 500 Reitern zu unterstützen. Diese Reiter wurden ohnehin aus den römischen Soldaten genommen, die sechs Jahre vorher mit Gabinius ins Land gekommen waren.

Der innerägyptische Machtkampf ging jedoch weiter, und in ihm siegten zunächst Potheinos und Achillas, wie, wissen wir nicht. Kleopatra musste fliehen, zuerst in den Süden in die Thebais, dann sogar ins Ausland, nach Palästina. Nicht jedoch als hilfloser Flüchtling, sondern als entschlossene Kämpferin um den Thron: Sie – die junge Frau! – fing an, Söldner anzuwerben, um mit Waffengewalt ihre Rückkehr zu erzwingen. Pompeius aber musste in diesem Spiel um die Macht der neuen Machtlage in Alexandria Rechnung tragen. Der ihm ergebene römische Exilsenat, der in Thessaloniki tagte, erkannte Kleopatras Bruder Ptolemaios XIII. als alleinigen König Ägyptens an. Damit verstieß er zwar gegen das Testament des verstorbenen Königs, jedoch kannte auch hier Not kein Gebot, denn Pompeius war auf die Hilfe Ägyptens angewiesen. Auf sie baute er im Sommer 48 nach seiner Niederlage gegen Caesar bei Pharsalos, und das war ein Irrtum.

Seine Flucht führte ihn nach Ägypten, und als er vor der Küste angekommen war und von seinem Schiff aus an Land gehen wollte, schickten ihm die Ägypter ein Boot entgegen. Nicht freilich, um ihn herzlich in Empfang zu nehmen. An sich hatte Pompeius darauf vertrauen können, dass nach allem, was er für Ptolemaios XII. getan hatte, die Ägypter ihn ihrerseits unterstützen würden. Das ließ er ihnen auch mitteilen. Aber Potheinos und Achillas hatten inzwischen die Machtlage auf der römischen Seite richtig eingeschätzt, und das Boot, das ihn von seinem Schiff an Land bringen sollte, trug in Wirklichkeit seinen Mörder. Es war ein zur Gabinius-Truppe gehörender römischer Centurio, den Pompeius, der große Feldherr mit glänzender Personalkenntnis, als einen alten Mitkämpfer erkannte und ihn, vertrauensselig, entsprechend anredete. Als Antwort wurde er von diesem Centurio niedergemacht.

Sein Kopf wurde vom Rumpf getrennt und bald darauf dem Sieger Caesar als Willkommensgruß überreicht. Caesar war in der Verfolgung des Pompeius auf dem Seeweg nach Ägypten gekommen und erfuhr dort von dessen Ermordung. Eine wohlgesinnte Überlieferung weiß zu berichten, er habe beim Anblick des Hauptes geweint.

7. Kapitel

KLEOPATRA UND CAESAR

Caesar (Abb. 12) war in Ägypten angekommen, und nun beginnt eine Geschichte, die in ihrer Verwickeltheit und mit ihren romantischen Aspekten bei der Nachwelt das Kleopatra-Bild entscheidend mitbestimmt hat. Wenn sie jetzt abermals erzählt wird, so wird es sehr darauf ankommen, der – soweit möglich – nüchternen Rekonstruktion der Tatsachen sowie der politischen Einschätzung einerseits, aber auch dem Liebesverhältnis zwischen Caesar und Kleopatra andererseits den richtigen Platz zuzuweisen. Denn sosehr es sich bei allem um Politik und um objektive geschichtliche Ereignisse handelt, so sehr spielen innerhalb dieser Sachverhalte die Beziehungen zwischen den beiden Personen doch eine wichtige und vielleicht sogar anrührende Rolle und stellen ihrerseits politische Faktoren dar. Immerhin sollte Caesar von Kleopatra seinen einzigen leiblichen Sohn bekommen, der noch dazu seinen Namen führen durfte und eine wichtige Funktion im Kampf um die Macht einnehmen sollte (Abb. 14).

Caesar war im Jahre 100 geboren, war also älter als fünfzig Jahre, als er die einundzwanzigjährige Kleopatra kennen lernte – allerdings war er schon immer dafür bekannt gewesen, dass er ein intensives Liebesleben führte. Auch im politischen Leben muss er ein ungewöhnlich anziehender Mann mit großem Charme gewesen sein, und wenn sich zudem eine gewisse Gefährlichkeit damit verband, umso besser und umso attraktiver. Seine Willenskraft war groß, so hatte er acht Jahre lang im unwirtlichen Gallien verbracht, um zur

Gewinnung von Prestige das gesamte Gebiet des heutigen Frankreichs zu unterwerfen, ohne dabei je einen Fuß nach Rom hineinzusetzen. Die Mehrheit des römischen Senats sah in ihm jemanden, dessen politische Pläne höchst verdächtig waren und womöglich auf eine Alleinherrschaft hinzielten.

Deshalb versuchte man, ihn am Ende seiner gallischen Statthalterschaft in seiner politischen Laufbahn einzuschränken, was ihn wiederum dazu veranlasste, Anfang 49 einen Bürgerkrieg vom Zaun zu brechen. In ihm siegte er, wie wir gesehen haben, über den Feldherrn des Senats, seinen Rivalen Pompeius, der dann von Ägyptens herrschenden Kreisen heimtückisch umgebracht wurde. Sie waren aber auch gegen Kleopatra, und als Caesar erschien, hätte in gemeinsamer Gegnerschaft zu Kleopatra die Entwicklung eigentlich einen verhältnismäßig einfachen Gang nehmen sollen. Doch die Geschichte verlief ganz anders.

Wir sind in der ungewöhnlich glücklichen Lage, einen Teil der Ereignisse vom Hauptbeteiligten erzählt zu bekommen: Caesar selber, der neben allem anderen auch ein begnadeter Schriftsteller war, hat ja den von ihm begonnenen und gewonnenen Bürgerkrieg in einem Buch geschildert und geht zum Schluss auch auf die ersten Abschnitte des Krieges ein, den er zu seiner Überraschung in Alexandria führen musste. Wegen der Länge der Passagen kann hier nur zusammengefasst werden.

Caesar kam in Verfolgung des Pompeius mit einer nur kleinen Truppe nach Alexandria, landete am Palastviertel und stieß sofort auf Widerstand, sodass er sehr bald Hilfe von außen anforderte. Er trat nämlich mit seinen Liktoren, die die Rutenbündel der römischen Magistrate führten, als Befehlshaber auf, das erregte den Zorn der Alexandriner, und es gab Zusammenstöße. Auch sonst betrug er sich als der eigentliche Machthaber und beanspruchte, den Thronstreit zwischen dem jungen Ptolemaios und Kleopatra zu schlichten. Er setzte Kleopatra und ihren Bruder Ptolemaios XIII. (wieder) als Könige ein, ja, er gab Zypern wieder frei und machte

Arsinoe und den anderen jüngeren Bruder zu Königen über die Insel. Diese Eigenmächtigkeit veranlasste Potheinos, den Vormund des ägyptischen Königs, heimlich das ägyptische Heer unter seinem Befehlshaber Achillas in die Stadt zu holen.

Es gab Kämpfe, Caesar verbrannte die im Hafen ankernden Kriegsschiffe, damit sie nicht in die Hände der Alexandriner fielen, und befestigte das Theater, das ihm als eine Art Burg diente. Dass bei dem Brand die berühmte Bibliothek in Flammen aufging, erwähnt Caesar nicht, es ist jedoch anderweitig so gut bezeugt, dass man es für wahrscheinlich halten kann; trotzdem ist es umstritten. Ptolemaios und Kleopatras jüngere Schwester Arsinoe waren bei Caesar, aber Arsinoe ging später auf die Seite des Achillas über. Potheinos, der weiter in heimlichem Kontakt mit Achillas stand, wurde deshalb von Caesar hingerichtet. Hier bricht das Werk ab, und die folgenden Ereignisse werden jetzt großenteils nach dem «Alexandrinischen Krieg» erzählt, der Fortsetzung von Caesars Bericht durch einen nicht genau zu identifizierenden Verfasser.

Arsinoe wurde zur Königin ausgerufen – sie wird als die IV. gezählt –, es gab Auseinandersetzungen mit Achillas, Arsinoe ließ ihn hinrichten und ersetzte ihn durch den Eunuchen Ganymedes. In dem immer heftiger werdenden Häuserkampf gelang es ihm, durch Umleitung des Meerwassers in die Wasserversorgung der Römer, ihnen das Trinkwasser zu entziehen, aber die Römer gruben Brunnen und kamen so an das Grundwasser. In einer Seeschlacht im Hafen gelang es den Römern, eine inzwischen improvisiert aufgestellte neue alexandrinische Flotte an das Ufer zurückzudrängen, sodass sie jetzt, in heftigen Kämpfen, die Insel Pharos und das Heptastadion ganz erobern konnten. Mit Caesars Einverständnis, der sich davon eine Entlastung versprach, wechselte der junge König Ptolemaios XIII. auf die andere Seite, aber statt mäßigend zu wirken, beteiligte er sich in vorderster Linie am Widerstand.

Mittlerweile freilich waren König Mithridates von Pergamon und andere von Caesar erbetene Verstärkungen auf dem Landwege von Osten erschienen. Es gab eine Entscheidungsschlacht im Delta, und in ihr kam der junge König um; später, im Jahre 40, musste man noch mit einem Hochstapler fertig werden, der sich als dieser Ptolemaios XIII. ausgab. Alexandria ergab sich, Caesar hielt Anfang 47 seinen Einzug in die Stadt und setzte Kleopatra und ihren zweiten Bruder Ptolemaios XIV. als Königspaar ein.

Jetzt fällt also endlich ihr Name, und ihr wenden wir uns gleich wieder vornehmlich zu, freilich müssen noch einige Einzelheiten nachgetragen werden, die weder von Caesar selbst noch von dem Verfasser des «Alexandrinischen Krieges» erwähnt werden, die aber gerade für die aufgewühlte Atmosphäre und für Caesars und Kleopatras Persönlichkeit von großer Wichtigkeit sind.

Zum einen berichtet Cassius Dio einen Vorfall mit Ptolemaios XIII., der den Charakter dieses jungen Königs anders zeigt, als er aus anderen Berichten hervorzugehen scheint. Man hat manchmal den Eindruck, als sei Ptolemaios eher eine schüchterne, von seiner Schwester und von den Hofschranzen dominierte Figur gewesen. Dagegen würde schon sein späteres Kämpfen im Delta sprechen, dagegen spricht aber auch seine Reaktion, als er merkte, dass Kleopatra zu Caesar vorgedrungen war und dessen Gunst errungen hatte:

Weil er plötzlich sah, dass sich seine Schwester im Palast aufhielt, wurde er mit Zorn erfüllt, stürzte hinaus in die Volksmenge und rief, er sei verraten worden, riss schließlich das Diadem vom Kopf und warf es weg.

Weiter charakterisiert ein Vorfall Caesar als Person in unübertrefflicher Weise. In einer kritischen Situation warf er seinen roten Feldherrnmantel ins Wasser – vielleicht um die nach ihm Schießenden abzulenken – und sprang vom Damm in eines seiner Boote hinunter, um den Kämpfenden Hilfe zu bringen. Da aber die Ägypter von allen Seiten heranfuhren, warf er sich ins Meer und schwamm um sein Leben. Er entkam mit knapper Not. Dabei hatte er eine Menge wichtiger Papiere in der Hand, welche er nicht fahren ließ, wiewohl er beschossen wurde und öfters untertauchen musste. Hartnäckig hielt er sie mit der einen Hand über das Wasser empor, während er die andere zum Schwimmen brauchte. Da störte es wenig, dass die Ägypter seinen Feldherrnmantel als Trophäe betrachteten und herumschwenkten.

Das ist schon ein eindrucksvolles Bild: der römische Consul und Imperator, der so viel Geistesgegenwart und physischen Mut bewies, dass er nicht nur persönlich mitkämpfte – das war auch sonst üblich –, sondern dass er dabei sehr riskante Situationen meisterte. Das war der verehrte Feldherr, dem seine Soldaten jahraus, jahrein folgten – und das war der Römer, der auf die junge ägyptische Königin einen tiefen Eindruck gemacht haben muss. Normalerweise wird gerne darüber nachgedacht, welche Reize Kleopatra besessen habe, um Caesar auch erotisch zu fesseln, denn das tat sie, wie wir gleich sehen werden, aber derartige Beziehungen beruhen auf gegenseitiger Anziehung, und wenn Kleopatra aus politischer Berechnung Caesars Geliebte geworden sein sollte, dann dürfte ihr das keinesfalls schwer geworden sein.

Das eben ist das dritte Detail, das nachgetragen werden muss, um die Situation und um Kleopatra selbst besser zu verstehen. Fast während der ganzen Kämpfe dürfte sie sich auf Caesars Seite befunden und alles mitverfolgt haben. Bei seiner Ankunft in Alexandria war sie aber ja, von der herrschenden Hofclique vertrieben, nicht in der Stadt, sondern außerhalb bei ihrem Söldnerheer gewesen und musste sehen, dass sie zur Durchsetzung ihrer Thronansprüche zu Caesar gelangen konnte. Sie fasste den kühnen Entschluss, zum abgeschirmten römischen Befehlshaber vorzudringen, und wie sie das machte, ist mit wechselndem Inhalt Gegenstand vieler Erzählungen. Eindruckvoll schildert Plutarch, unsere Hauptquelle, Kleopatras listenreiches Vorgehen:

Sie wählte aus ihrem Gefolge einen einzigen Begleiter, Apollodoros von Sizilien, und bestieg mit ihm einen kleinen Nachen, der bei einbrechender Dunkelheit in der Nähe des königlichen Palastes anlegte. Da sie sonst keine Möglichkeit sah, unentdeckt hineinzukommen, legte sie sich der Länge nach in einen Bettsack – kein Teppich! –, *Apollodoros schnürte ihn mit Riemen zusammen und trug das Bündel durchs Schlosstor zu Caesar hinein. Schon dieser listige Einfall, der Kleopatras mutwilliges Wesen verriet, gewann Caesars Herz, und vollends erlag er ihrer Anmut und dem Reiz ihres Umgangs.*

In der Tat dürfte es beides gewesen sein, was Caesar auch als Mann an ihr fesselte: die Kühnheit, in der er jemanden erkennen konnte, der ihm an kalkuliertem Wagemut gleichkam, und natürlich auch der weibliche Reiz dieser jungen Frau. Man braucht gar keine umständlichen Betrachtungen über den quellenmäßigen Nachweis dieses Faktums anzustellen, es genügt ja die Tatsache, dass gut neun Monate später ein Junge geboren wurde, der den Namen Caesar bekam, ausgesprochen und griechisch geschrieben Kaisar.

Nach der Klärung der Verhältnisse in Alexandria unternahm Caesar mit Kleopatra und vielleicht auch ihrem kleinen Bruder eine Schiffsfahrt auf dem Nil. Das Schiff war das Staatsschiff Thalamegos, das so prunkvoll war, dass spätere Autoren sich nicht genug tun konnten, es ausführlich zu beschreiben, und zwar so ausführlich, dass diese langen Passagen hier nicht wiedergegeben werden können. Es war unter Ptolemaios IV. im 3. Jh. gebaut worden und stellte einen riesigen schwimmenden makedonischen Königspalast dar. Das war gewiss ein Fahrzeug, auf dem beide es sich wohl sein lassen konnten, und zudem erkundete der an allem und auch an fremden Ländern – wie schon in Gallien – interessierte Caesar die geographischen Verhältnisse. Mit römischen Soldaten besetzte Schiffe fuhren mit ihnen, und weil diese Soldaten gewiss weniger wissensdurstig waren als ihr Befehlshaber, mag die Angabe stimmen, dass Caesar noch sehr viel weiter gefahren wäre, wenn die Soldaten sich nicht geweigert hätten.

Über den Charakter dieser Fahrt kann ein ernsthafter Zweifel wohl kaum bestehen. Von vornherein auszuschließen ist die Meinung, dass Caesar und Kleopatra sich monatelange Flitterwochen geleistet hätten und dass Caesar so von den orientalischen Reizen dieser Verführerin gefesselt gewesen wäre, dass er alles andere vergessen hätte – selbstverständlich demonstrierte er durch diese Fahrt und die Mitnahme von Soldaten Ägypten gegenüber die Tatsache, dass die Machtfrage zugunsten der von Rom gestützten Kleopatra geklärt worden war. Aber genauso weltfremd dürfte die Ansicht sein, Caesar und Kleopatra hätten diese Schifffahrt auf dem Nil, wie lange sie immer gedauert haben mag, nur in strengster Pflichterfüllung ausschließlich zu politischen Zwecken unternommen.

Nach Caesars Abreise hatte Kleopatra, die große Bauherrin von Dendera, anscheinend sofort begonnen, ein Heiligtum für Caesar zu errichten. Man hat heute gewaltige Fundamente am Hafen Alexandrias gefunden und sie mit einer literarischen Erwähnung zusammengebracht, die darauf schließen lässt, dass Kleopatra den Bau begonnen hatte. Im Jahre 39 n. Chr. begab sich eine jüdische Delegation aus Alexandria nach Rom zum Kaiser Gaius, besser bekannt und schlechter beleumundet unter dem Spitznamen Caligula. Sie stand unter der Leitung des Philosophen und Theologen Philon und wollte den Kaiser von seiner Absicht wieder abbringen, sein Standbild auch in jüdischen Synagogen aufstellen zu lassen. Philon hat über diese Gesandtschaft berichtet, und in diesem Text erwähnt er, er habe den Kaiser darauf hingewiesen, dass es in Alexandria bereits ein gewaltiges Gebäude gebe, das ohnehin dem Kaiserkult diene:

Alle Städte, alt oder jung, die wunderbare Kunstwerke zur Schau stellen, werden übertroffen von der Schönheit und Großartigkeit der Heiligtümer für den Kaiserkult und am meisten von unserem in Alexandria. Keines ist dem Heiligtum dieses Sebasteion vergleichbar, dem Tempel des «Anlandenden Caesar» an dem mit sicheren Ankerplätzen ausgestatteten Hafen. Es ist besonders hoch errichtet und besonders auffällig, so ringsherum angefüllt mit Weihgeschenken, Bildern, Statuen in Silber und Gold wie nirgendwo sonst. Es hat einen riesigen heiligen Bezirk, ausgestattet mit Wandelhallen, Bibliotheken, Versammlungsräumen, geweihten Hainen, Torbauten, breiten Plätzen unter freiem Himmel, kurz mit allem, was es an üppigem architektonischem Schmuck gibt.

Nun – dieses Wunderwerk hätte ja für verschiedene Kaiser errichtet worden sein können, wenn es nicht die Bestimmung «für den anlandenen Caesar» gäbe. Octavian, der als späterer Adoptivsohn Caesars sich ebenfalls Caesar nannte und auch Alexandria betreten hatte, würde an sich auch infrage kommen, aber er kam zu Lande von Palästina aus. Der einzige Caesar, der zu Wasser kam und im Hafen landete, ist C. Iulius Caesar gewesen, der Sieger im Bürgerkrieg gegen Pompeius. Und wenn Kleopatra das Heiligtum später errichtet hätte, nach ihrer Rückkehr aus Rom? Dann hätte die Weihung wegen der inzwischen eingetretenen Ermordung Caesars keine Pointe mehr gehabt. Mit noch weiteren, sehr komplexen Argumenten lässt sich also plausibel machen, dass Kleopatra gleich nach Caesars Abreise begonnen hatte, für ihn in Alexandria ein Heiligtum zu errichten, ein Unterfangen, das natürlich in Rom unmöglich gewesen wäre, zum hellenistischen Osten aber sehr gut passte. Die weitere politische Entwicklung bewirkte dann, dass die Anlage später überhaupt auf die römischen Kaiser bezogen wurde. Der Bau steckte aber noch in den Anfängen, als die weiteren Ereignisse Kleopatra aus Alexandria abriefen.

8. Kapitel
KLEOPATRA IN DEN GÄRTEN

Im April 47 hatte also Caesar Kleopatra und Ägypten wieder verlassen und führte weiter Krieg, teils gegen den König des Schwarzmeerreiches Pontos Pharnakes, den er blitzartig besiegte – daher der Ausspruch *veni, vidi, vici* –, teils in Nordafrika in Fortsetzung des Bürgerkriegs gegen die restlichen Republikaner. Was Kleopatra zu dieser Zeit in Ägypten tat, ist unbekannt, abgesehen natürlich davon, dass sie in Dendera und in Alexandria baute. Sie war aber noch in Ägypten, als Caesar im Sommer 46 in Rom seinen Triumphzug abhielt, mit dem er endlich seine bisherigen zahlreichen auswärtigen Kriege seit dem Jahre 58 feierte: Gallien, Ägypten, Pontos und Africa, wobei nur die Siege über einen fremden Verbündeten der Republikaner gefeiert wurden, denn Siege über Römer waren natürlich tabu. Dass im Triumphzug über Ägypten auch Kleopatras Schwester Arsinoe gefesselt mitgeführt wurde, soll bei der römischen Bevölkerung Mitleid hervorgerufen haben; sie wurde anschließend freigelassen. Kleopatra selbst hat sich dadurch aber nicht abhalten lassen, bald danach zu Caesar nach Rom zu reisen – auch nicht gerade ein mit Leichtigkeit zu fassender Entschluss –; beider Sohn Kaisar kam mit, ebenso der mit ihr pro forma verheiratete jüngere Bruder, in Ägypten regierte für sie ein Vertreter, dessen Name nicht bekannt ist; gut möglich ist auch, dass sie nicht die ganze Zeit in Rom war, sondern zwischendurch auch einmal in Ägypten nach dem Rechten sah.

Caesar bot ihr Wohnung in einer Villa in seinen ausgedehnten Gärten jenseits des Tiber, *trans Tiberim*, also im heutigen Trastevere.

Diese *horti Caesaris* sind leider nicht ausgegraben, weil über ihnen die heutige Stadt liegt, durch literarische Quellen sind sie aber hinreichend bekannt. So schreibt kurze Zeit später der Dichter Horaz, dass er einen Freund besuchen wolle, der *trans Tiberim* krank liege, *dicht bei Caesars Gärten.*

Immerhin gibt es einige Nachrichten über Kleopatras Leben dort, und was wir wissen, lässt doch einen recht plastischen Eindruck entstehen. Zum einen erfahren wir, dass sie sich als gewiss besonders aufregende Attraktion am römischen *high life* beteiligte, etwa den Sänger und Musiker M. Tigellius Hermogenes gerne hörte, *quia dulciter cantabat et iocabatur urbane – weil er süß sang und geistreich scherzte.* So einfach war das aber nicht immer mit ihm. Horaz dichtet über ihn in einer Satire:

Alle Sänger haben die Unart, dass sie sich im Freundeskreis trotz aller Bitten nie dazu herbeilassen, ein Lied vorzusingen, dagegen nicht mehr damit aufhören, wenn man sie gar nicht aufgefordert hat. Der bekannte Tigellius aus Sardinien hatte diesen Fehler –

man wäre neugierig, ob Kleopatra sich das hätte gefallen lassen. Zum anderen nahm sie auch selbst an philosophischen Diskussionen teil. Ein Philostratos soll zusammen mit ihr philosophiert und dadurch einen sehr farbigen – also angeblich sehr weiblichen – Stil angenommen haben. Ein Spottepigramm auf ihn sagt:

Nimm den Charakter des hochweisen Philostratos an, der nach seinen Unterhaltungen mit Kleopatra ganz wie sie anzusehen ist.

Wenn wir heute nach dem – modifizierten – Julianischen Kalender leben, der deshalb so heißt, weil Caesar ihn eingeführt hat, hat auch das möglicherweise etwas mit Kleopatras Aufenthalt in Rom zu tun, denn Caesars Berater in diesen Dingen war der alexandrinische Astronom Sosigenes.

Aber natürlich war ihr Residieren in Rom eine der nicht wenigen Provokationen, die der nunmehrige Diktator Caesar seinen Standesgenossen, den römischen Senatoren, zumutete. Zwar erhob er Kleopatra in ihrer Eigenschaft als ägyptische Königin in die Reihe der «Freunde und Bundesgenossen des römischen Volkes», verschaffte ihr also einen offiziellen politischen Status, aber die Art und Weise, in der sie ihre politische und – selbstverständlich – auch persönliche Sonderstellung gegenüber Caesar andere spüren ließ, rief Befremden, eher noch Empörung hervor. Unser Hauptzeuge dafür ist Cicero, der von ihr in den Briefen an seinen Freund Atticus mehrfach in diesem Sinne schreibt, und es spielt nur eine geringe Rolle, dass Briefe dieses Inhalts nur aus der Zeit nach Caesars Ermordung und Kleopatras Abreise erhalten sind. Am deutlichsten spricht er sich in einem Brief vom 13. Juni 44 aus:

Die Königin hasse ich, und dass ich recht daran tue, weiß Ammonius, der sich für ihre Versprechungen verbürgt hat; es handelt sich um literarische Dinge, wie sie meiner Stellung entsprechen [...]. Saras ist, wie ich jetzt weiß, nicht nur ein Lump, er benahm sich auch impertinent mir gegenüber. Ich habe ihn ein einziges Mal in meinem Hause gesehen. Als ich ihn höflich fragte, was er wünsche, sagte er, er suche Atticus. Und nun gar der Hochmut der Königin selbst, als sie in den Gärten jenseits des Tibers residierte! Davon kann ich nur mit der größten Erbitterung reden. Mit denen will ich nichts zu tun haben.

Also nicht nur Kleopatra verhielt sich herausfordernd, auch Angehörige ihres Hofstaates. Ein gewisser Ammonius wird als Zeuge dafür genannt, dass Cicero etwas Literarisches von Kleopatra erfragt hatte – das war ja wohl nur möglich, wenn zwischen beiden einiger persönlicher Umgang bestanden hatte – und anscheinend abgeblitzt war. Und Saras, möglicherweise identisch mit Sarapion, ihrem späteren Gouverneur von Zypern, das ptolemäisch geblieben war, erscheint im Hause Ciceros und sagt dem Hausherrn ganz frech, er wolle gar nicht zu ihm, sondern zu Atticus. Das herausfordernde Verhalten Kleopatras selber wird leider nicht spezifiziert.

Ganz unverständlich war dieses Gebaren nicht. Immerhin war Kleopatra nicht nur die regierende Königin des uralten und ruhmreichen – und reichen – Ägypten, sondern sie stand in einem so engen Verhältnis zum Diktator Roms, dass es einer Ehe gleichkam. Zwar war Caesar mit Calpurnia verheiratet, aber man braucht gar nicht auf die Nachricht zurückzugreifen, nach der Caesar die offizielle Erlaubnis angestrebt habe, mehrere Ehen zu führen, um dem Verhältnis zu Kleopatra einen eheähnlichen Charakter zuzuschreiben – immerhin schrieb damals schon ein Autor des Boulevardtheaters, Laberius, Caesar habe *duas uxores*, zwei Ehefrauen, gehabt. Das wird durch zwei weitere Tatsachen besonders deutlich. Die eine ist die Existenz Kaisar-Caesars. Man muss sich vergegenwärtigen, dass die Königin von Ägypten aus ihrem Zusammensein mit Caesar einen Sohn hatte, der unangefochten genau dessen Namen trug, was umso bedeutsamer war, als Caesar sonst keinen leiblichen Sohn hatte.

Fast noch wichtiger war es, dass Caesar eine goldene Statue Kleopatras in einer Weise errichten ließ, die sie nicht nur in religiöse Sphären erhob, sondern ihr sogar eine konstitutive Stellung in Caesars Familie und, weitergedacht, sogar im römischen Staat zuschrieb. Caesar leitete nämlich seine Herkunft von der Liebesgöttin Venus, griechisch Aphrodite, ab, und dieser Stammmutter des Geschlechts, der Venus Genetrix, ließ er nach seiner Rückkehr aus Afrika einen Tempel errichten – und er ließ eine Statue Kleopatras anfertigen, die gleichberechtigt neben dem Kultbild der Göttin errichtet wurde. Noch tief in der Kaiserzeit war sie dort zu sehen, wie die kaiserzeitlichen Historiker Appian und Cassius Dio berichten:

Ein schönes Standbild Kleopatras ließ er neben die Göttin stellen, das auch heute noch neben ihr steht. – Obwohl Kleopatra besiegt und gefangen genommen worden war, blieb sie dennoch weiterhin hoch geehrt, weil Schmuckstücke von ihr in unseren Tempeln als Weihgeschenke ausliegen und weil sie selbst in Gold im Venustempel zu sehen ist.

Das war natürlich ebenfalls eine Provokation, aber es wäre nicht die einzige Provokation gewesen, die sich Caesar in der kurzen Zeit seiner Alleinherrschaft geleistet hatte. Das muss kurz geschildert werden, damit auf diesem Hintergrund die Stellung Kleopatras deutlicher zu bestimmen ist. Mit dem militärischen Sieg über seine Gegner im Bürgerkrieg, das heißt mit dem Sieg über die Republik, hatte Caesar vor dem Problem gestanden, seine Macht über deren erfolgreiche physische Ausübung hinaus zu kanalisieren und in eine Form zu bringen. Welche politischen Maßnahmen er ergriffen hat, muss in einer Kleopatra-Biographie unerwähnt bleiben, immerhin steuerten sie alle auf eine Art Monarchie hin. Deutlicher kann man es nicht sagen, weil es nicht deutlich war, und daher sind auch Präzisierungen zu weitgehend, die meinen, er habe ein hellenistisches Königtum womöglich mit Kleopatra als seiner Königin angestrebt. Nein, alles blieb in der Schwebe, auch ihre genaue Stellung im Rahmen des römischen Staates.

Zahllose äußere Ehrungen aber, die nach und nach eingeführt wurden, erhoben Caesar immer höher über alle anderen Menschen und sogar über seine Standesgenossen. Er durfte immer das scharlachrote Triumphalgewand und den Lorbeerkranz tragen, ihm sollte ein eigener Palast gebaut werden, der Monat Quinctilis wurde in Iulius umbenannt (wie er heute noch heißt), von ihm sollte neben anderen Vergöttlichungen eine Statue mit der Aufschrift *Dem unbesiegten Gotte* errichtet werden. Und schließlich: Weitere überzogene Ehrenbeschlüsse des Senats – nur einige Senatoren hatten gewagt, dagegen zu stimmen – wurden Caesar einmal dadurch überbracht, dass alle obersten Beamten und der ganze Senat sich in einer feierlichen Prozession zu ihm begaben. Er empfing sie sitzend, ohne sich zu erheben, was als weitere Provokation empfunden wurde, und wo saß er? In der Vorhalle des Tempels der Venus Genetrix.

All das war schließlich zu viel. An den Iden des März, also am 15. März 44, wurde er als Tyrann von republikanischen, freiheitsliebenden Senatoren ermordet.

9. Kapitel
KLEOPATRA UND ANTONIUS

Kleopatra hatte alles auf ihr persönliches Verhältnis zu Caesar gesetzt, aber eine stabile Regierungsform, in der Kleopatra ihren Platz eingenommen hätte, hatte er dauerhaft noch nicht begründet. Mit seinem plötzlichen Tod stand sie völlig allein da; und doch trat vielleicht jetzt bereits eine merkwürdige Überlappung innerhalb der verschiedenen Etappen ihres Lebensschicksals ein. Es kann dahingestellt bleiben, ob der diesjährige Consul Marcus Antonius schon im Jahre 55 die damals vierzehnjährige Kleopatra kennen gelernt hat, als er als Reiteroffizier im Gefolge des Gabinius nach Ägypten kam. Aber jetzt? Immerhin war er einer der wichtigen Gefolgsleute Caesars und hat nach Caesars Tod die berühmte Totenrede auf ihn gehalten, von der die antike Literatur ausgiebig berichtet. Plutarch sagt:

Nun hielt er bei Caesars Leichenbegängnis, wie es hergebracht war, auf dem Forum die Lobrede auf ihn, und als er spürte, wie das Volk leidenschaftlich mitging und erschüttert wurde, mischte er in seine Lobrede zugleich Ausdrücke der Klage und Empörung über das Geschehene […].

Ihre berühmteste Fassung hat sie in Shakespeares *Julius Caesar* gefunden:

Friends, Romans, countrymen, lend me your ears:
I come to bury Caesar, not to praise him.

Oder in der Übersetzung von August Wilhelm Schlegel:

Mitbürger! Freunde! Römer! Hört mich an:
Begraben will ich Cäsarn, nicht ihn preisen.

Gewiss hat Kleopatra bei dieser Rede nicht eingekeilt in der Menge der römischen Plebejer gestanden, um sie anzuhören, aber hätte sie nicht an herausgehobener Stelle sitzen können? Und hat sie nicht jedenfalls davon berichten hören? Die Quellen sagen davon kein Wort. Aber wahrscheinlich ist es doch, es ist eigentlich gar nicht anders möglich.

Sie scheint sich nicht sofort in Sicherheit gebracht zu haben, sondern sie wartete mit großer Kaltblütigkeit erst einmal ab, wie die Dinge sich entwickelten, was umso bemerkenswerter ist, als sie sich durch ihr hochfahrendes Benehmen dieselben Leute zu Feinden gemacht haben dürfte, die Caesar getötet hatten. Auch Cicero, der an der Verschwörung nicht beteiligt war, schreibt mehrfach seinem Freund Atticus, wie sehr er Kleopatra beziehungsweise ihre Rolle verabscheute – eine längere Passage daraus kennen wir schon – und wie froh er über ihre möglicherweise dann doch überstürzte Abreise nach etwa einem Monat war. Nach einigen Andeutungen in seinen Briefen sieht es sogar so aus, als habe sie nach ihrer Flucht Gefahren überstehen müssen, von denen Cicero meint, er wäre nicht böse gewesen, wenn sie ihnen zum Opfer gefallen wäre. Die Stellen lauten:

Die Flucht der Königin bekümmert mich keineswegs (16. April)*; ich hoffe, dass das über die Königin wahr ist und das über ihren Caesar* (11. Mai)*; die Gerüchte über die Königin hören allmählich auf* (17. Mai)*; ich wollte, es wäre wahr, was man über die Königin sagt* (24. Mai)*; ich freue mich, dass du dir über die Königin keine Sorgen machst* (14. Juni).

Kleopatra kam aber sicher wieder in Ägypten an, und wir haben nicht den geringsten Hinweis darauf, dass sie etwa Schwierigkeiten gehabt hätte, ihre Herrschaft gleich wieder vollständig auszuüben. Im Gegenteil. Es gelang ihr, sofort ihren jüngeren Brudergemahl Ptolemaios XIV. umzubringen, durch Gift oder andere indirekte Mittel. Ob das eine Präventivmaßnahme war, einen möglichen Kristallisationspunkt für eine gegen sie gerichtete oppositionelle Politik wie bei ihrem anderen Bruder auszuschalten, ist möglich und sogar wahrscheinlich, gleichwohl müssen wir dieses weitere Beispiel ihrer Entschlusskraft nicht besonders erfreulich finden. Auf der anderen Seite war es nicht denkbar, dass eine Frau als alleinige Pharaonin herrschte, sodass es nötig war, sich einen männlichen Mitregenten zu beschaffen.

Ein solcher stand ja nun bereit, nämlich Kleopatras Sohn Kaisar. Dass er noch ein kleiner Junge war, schadete nicht nur nicht, sondern war auch sehr praktisch, denn so konnte Kleopatra ungestört allein als Königin über Ägypten regieren. Kaisar erhielt jetzt den Königsnamen Ptolemaios, also mittlerweile der XV., sowie zwei programmatische Beinamen: Theos Philometor und Philopator, also Mutterliebender und Vaterliebender Gott. Mit dem Hinweis auf seinen Vater Caesar war sehr deutlich ein Anspruch Kleopatras ausgedrückt, ihren Sohn als Erben des römischen Alleinherrschers betrachtet zu wissen.

Dieser Anspruch wurde von römischer Seite sogar zunächst anerkannt, jedenfalls von einem Teil der römischen Politik. Es war ja so, dass Rom durch den Mord an Caesar wieder in einem Bürgerkrieg versank. Auf der einen Seite standen die Caesarmörder, die irrig geglaubt hatten, mit dem Tod des Diktators werde automatisch die freie Republik wiederaufleben, und auf der anderen Seite standen die bisherigen Anhänger Caesars, deren politische und militärische Macht weit stärker war, als die Republikaner gedacht hatten. In komplizierten Auseinandersetzungen fanden sich die drei wichtigsten Caesarianer in der politischen Organisationsform des

Triumvirats zusammen. Sextus Pompeius, der im Lauf der Folgezeit besiegte und getötete zweite Sohn des Pompeius, komplizierte das politisch-militärische Geschehen erheblich, wird aber aus Gründen der Konzentration auf Kleopatras Geschichte im Folgenden vernachlässigt.

Das Triumvirat bestand aus drei Männern, die im Jahre 43 auf insgesamt zehn Jahre außerordentliche Vollmachten «zur Wiederherstellung des Staates» zugebilligt bekommen hatten: C. Iulius Caesar Octavianus, Marcus Antonius und M. Aemilius Lepidus. Lepidus spielte bald keine Rolle mehr, aber Octavian, Caesars Großneffe, der von ihm testamentarisch adoptiert worden war, war einer der erstaunlichsten Politiker der römischen Geschichte. Mit 19 Jahren beanspruchte er, für alle anderen völlig überraschend, das politische Erbe Caesars – daher konnte er auch dessen Namen annehmen – und erreichte durch eine über Jahrzehnte hinweg kühl betriebene Politik, dass er schließlich als Kaiser Augustus und Begründer des römischen Kaisertums in die Weltgeschichte einging. Antonius war ein in vielfacher Beziehung sanguinischer Mensch, nicht amoralischer als viele seiner Standesgenossen, vor allem Soldat und in politischer Raffinesse Octavian deutlich unterlegen. Die Begegnung mit Kleopatra wurde ihm, man kann es wirklich so pathetisch ausdrücken, zum Schicksal.

Natürlicherweise unterstützte Kleopatra zunächst die Caesarianer und half ihnen im Kampf gegen die Tyrannenmörder und alle anderen Verteidiger der alten republikanischen Freiheiten. Im östlichen Mittelmeerraum stand P. Cornelius Dolabella, den Caesar zum Consul gemacht hatte, und kämpfte gegen C. Cassius Longinus, einen der Hauptverschwörer; dieser war übrigens einer von denen gewesen, die gegen Caesars letzte Ehrungen gestimmt hatten. Es überrascht infolgedessen nicht, dass Kleopatra mit Dolabella ein Bündnis abschloss und ihn mit Geld und Schiffen unterstützte. Er war es daher, der im Namen Roms die Erhebung Kaisars zu Kleopatras Mitkönig billigte oder besser gesagt gestattete und zudem beabsichtigte, nach Ägypten zu kommen. Von dieser Seite war Kleopatras Herrschaft also gesichert.

Allerdings unterlag Dolabella in der Folgezeit dem Cassius so entscheidend, dass er Selbstmord beging. Cassius war schon dabei, anstelle Dolabellas nach Ägypten zu marschieren und die Hilfsmittel des Landes einschließlich der dort ohnehin stehenden römischen Legionen für die Sache der Caesarmörder nutzbar zu machen. Das war eine so große Gefahr für Kleopatra, dass sie als realistisch denkende und kalkulierende Politikerin Anstalten machte, sich mit der republikanischen Seite des Bürgerkrieges gut zu stellen und es nicht auf eine Konfrontation ankommen zu lassen, die selbstverständlich zu ihren Ungunsten ausgegangen wäre und sie und ihren Sohn den Thron gekostet hätte. Ihr Statthalter auf Zypern, Sarapion, hatte die Lage ebenso eingeschätzt und Cassius sogar schon Kriegsschiffe zur Verfügung gestellt; er war ja auch ganz in dessen Nähe. Zu Kleopatras Glück nötigte jedoch der andere berühmte Caesarmörder, M. Iunius Brutus, den Cassius, zu seiner Verstärkung nach Kleinasien zu kommen und ihm bei der Entscheidung gegen die Caesarianer beizustehen.

Nun entschloss sich Kleopatra zu einem eigenen militärischen Eingreifen. Sie schickte eine starke Kriegsflotte nach Westen, um Mark Anton und Octavian Verstärkungen zuzuführen. Um sie davon abzuhalten, wurde am Kap Tainaron, an der mittleren Südspitze der Peloponnes, ein Wachtposten zu Wasser und zu Lande stationiert, der aber nicht eingreifen musste, denn Kleopatras Flotte ging in einem heftigen Sturm unter. Dennoch glaubte sie, keine Sorgen mehr haben zu müssen, denn die Caesarianer siegten im Herbst 42 bei Philippi über die Caesarmörder, diese Machtfrage schien geklärt. Allerdings war den Siegern nicht verborgen geblieben, dass die Realpolitikerin Kleopatra Cassius gegenüber eine vorsichtige Politik getrieben hatte und ihm die Besetzung Ägyptens nicht verwehrt hätte, nicht hätte verwehren können. Nach wie vor war Ägypten ein Machtfaktor, dessen Besitz vieles entscheiden konnte. Deshalb musste man über Kleopatras Politik Klarheit gewinnen, und deshalb bestellte Antonius sie zu sich nach Kleinasien (Abb. 13).

Diese Begegnung zog Kleopatra, man muss es schon so sagen, groß auf, denn seit ihrem römischen Aufenthalt wusste sie ja über Mark Antons Eigenschaften und seine Beeinflussbarkeit Bescheid. Sie hätte sehr nüchtern oder kühl oder hoheitsvoll auftreten können, aber dass sie sofort das Erotische im Blick hatte, zeigt, dass wieder eine bewusste und kalkulierte Handlung vorlag – aber wir wollen sehr hoffen, dass sie sich nicht dazu hat zwingen müssen, sondern dass sie es nicht ungerne tat. Sie reiste jedenfalls über das Meer nach Kilikien zur Mündung des Flusses Kydnos, und wie sie weiter zum Hauptquartier Mark Antons zog, schildert Plutarch:

Sie fuhr den Kydnos in einem Schiff mit vergoldetem Heck hinauf, mit ausgespannten Purpursegeln, während die versilberten Ruder sich zum Schall von Flöten bewegten, die mit Schalmeien und Kitharen harmonisch zusammenklangen. Sie selbst lag unter einem reich mit Gold verzierten Sonnendach, gekleidet und geschmückt, wie man Aphrodite gemalt sieht, und Knaben wie gemalte Liebesgötter standen zu beiden Seiten und fächelten ihr Kühlung. Ebenso standen die schönsten Dienerinnen, gekleidet wie Nereiden und Chariten, teils an den Steuerrudern, teils bei den Tauen. Herrliche Düfte von reichlichem Räucherwerk verbreiteten sich über die Ufer […] es verbreitete sich in der Masse ein Gerücht, Aphrodite komme in feierlichem Zuge den Dionysos zu besuchen zum Heile für Asien.

Das ist aus griechischer oder römischer Perspektive erzählt, es gibt jedoch gute Gründe, den Aufzug Kleopatras nicht nur als geschickte erotische Inszenierung zu sehen. Was Aphrodite oder Venus hieß, war in Ägypten neben Hathor meist Isis, und es könnte wirklich so gewesen sein, dass Kleopatra nicht, sagen wir, in allzu offensichtlicher Weise auf die Empfänglichkeit Mark Antons für weibliche

Schönheit spekulierte, sondern dass sie, die ägyptische Königin, als Isis auftrat und so dieser Begegnung schon durchaus ägyptischen Charakter verleihen wollte.

Dann lud Kleopatra Antonius, statt ihn zu besuchen, zu sich auf das Schiff ein, und von diesem Gastmahl gibt es ebenfalls eine begeisterte Schilderung durch den zeitgenössischen Historiker Sokrates von Rhodos – wir wollen uns das Vergnügen machen, auch sie anzuhören, ohne groß nach dem historischen Wahrheitsgehalt zu fragen:

Das Geschirr war vollständig aus Gold und mit Edelsteinen edelster Machart besetzt, auch die Wände waren mit purpurn und golddurchwirkten Teppichen geschmückt. Kleopatra stellte für Antonius und die, die er mitbringen wollte, zwölf Speiseliegen zu je drei Gästen bereit. Als er von der Pracht völlig erschlagen war, lächelte sie nur und sagte, das sei ein Geschenk für ihn, und lud ihn für morgen noch einmal ein mit seinen Freunden und seinen Offizieren. Da schmückte sie das Bankett noch weit mehr aus und ließ das vorige kümmerlich erscheinen, und wieder schenkte sie es ihm. Jeder der Offiziere konnte das Speiselager, auf dem er geruht hatte, mitnehmen, und sogar die Beitische für die Trinkgefäße und die Tischdecken wurden unter ihnen geteilt, und sie konnten sie mitnehmen. Die höheren Chargen bekamen beim Verlassen Sänften mit Trägern zur Verfügung gestellt, die meisten bekamen Pferde mit silbernem Zaumzeug, allen leuchteten äthiopische Sklaven mit Fackeln vor. Am vierten Tag wurde der Boden der Speiseräume mit Rosen im Wert von einem Talent bestreut, und alles war mit Girlanden behängt.

Erfreuen wir uns also an dieser schon fast kindlichen Schilderung orientalischer Pracht und Großzügigkeit und fügen nur noch hinzu, dass es natürlich nicht nur diese Äußerlichkeiten waren, die den in Plutarchs Schilderung reichlich bieder erscheinenden Antonius gefangen nahmen, sondern Kleopatra selber. Plutarch berichtet, dass

Antonius in wohl etwas ungeschickter Weise die Kümmerlichkeit dessen, was er demgegenüber zu bieten hatte, heruntermachte, und fährt fort:

Da nun Kleopatra auch in den Scherzen des Antonius den Soldaten und den schlichten Mann erkannte, bediente auch sie sich ihm gegenüber alsbald ungehemmt und rückhaltlos dieses Tones. Denn an und für sich war ihre Schönheit, wie man sagt, gar nicht so unvergleichlich und von der Art, dass sie beim ersten Male berückte, aber im Umgang hatte sie einen unwiderstehlichen Reiz, und ihre Gestalt, verbunden mit der gewinnenden Art ihrer Unterhaltung und der in allem sie umspielenden Anmut, hinterließ einen Stachel. Ein Vergnügen war es auch, dem Klang ihrer Stimme zu lauschen.

All dem konnte Antonius nicht widerstehen, wer wollte sich darüber wundern? Trotzdem war dann auch von Politik die Rede, allerdings hatte Kleopatra es nun leicht, Antonius davon zu überzeugen, dass sie nicht nur nicht den Caesarmördern geholfen, sondern sogar versucht hatte, den Caesarnachfolgern mit Kriegsschiffen zu Hilfe zu kommen. Kleopatra handelte aber nicht nur defensiv, und hier blitzt wieder ihre unsentimentale, scharf und auch grausam handelnde politische Verfahrensweise durch. Sie bekam von Antonius Sarapion ausgeliefert, der Cassius unterstützt hatte, und wie sie mit diesem ihrem treuen Diener umging, ist leicht zu erraten, wenn man hört, wie das Schicksal ihrer Schwester Arsinoe war. Diese hatte sich nämlich in düsterer Vorahnung in Ephesos als Schutzflehende in den Tempel der Artemis Leukophryne geflüchtet, aber auf Kleopatras Wunsch ließ Antonius sie von dieser geheiligten Asylstätte hinwegzerren und töten. Eine Rivalin war beseitigt.

Im kilikischen Feldlager war auf die Dauer kein luxuriöses Leben zu führen, deshalb kehrte Kleopatra für den Winter 41/40 nach Alexandria zurück, und Antonius folgte ihr natürlich. Dort ging es dann erst recht hoch her. Der Anekdote des spätantiken Autors

Macrobius müssen wir nicht glauben, laut welcher Kleopatra eine Wette dadurch gewann, dass sie eine kostbare Perle in Essig auflöste, trank und so hunderttausend Sesterzen auf einmal hinunterschluckte. Appians Schilderung ist weitaus gemäßigter. Danach war Antonius wie ein griechischer Privatmann gekleidet, besuchte Tempel und Gymnasien und hörte philosophischen Diskussionen zu. Die Mitte hält die lebendige Schilderung Plutarchs:

Er führte dort mit Scherz und Zeitvertreib das Leben eines unbeschäftigten jungen Mannes und vergeudete und verprasste das kostbarste Gut: die Zeit. Sie hatten da eine Vereinigung, die sich Amimetobioi, «die unnachahmlichen Lebenskünstler», nannte, bewirteten einander Tag für Tag und trieben einen geradezu unglaubhaften Aufwand. […] Kleopatra wusste die Kunst des Schmeichelns nicht nur vierfach wie Platon, sondern vielfach einzuteilen, stets, ob er sich mit ernsthaften oder scherzhaften Dingen befasste, ein neues Vergnügen und einen neuartigen Reiz hineinzubringen, und fesselte auf diese Weise den Antonius, indem sie ihm weder bei Tage noch bei Nacht von der Seite wich. Sie würfelte, zechte und jagte mit ihm, sah ihm zu, wenn er seine Waffenübungen hielt, und wenn er nachts an die Türen und Fenster der einfachen Leute trat und mit ihnen seine Witze trieb, ging sie mit und flanierte mit herum, als Dienerin verkleidet; denn auch er suchte sich so zurechtzumachen. Daher kam er immer mit Spott überhäuft, oft auch verprügelt nach Hause; die meisten aber dachten sich schon, wer dahintersteckte. Indes fanden die Alexandriner auch an seinen Possen Gefallen und machten den Spaß nicht ohne Witz und Geist mit, hatten ihn gern und sagten, den Römern zeige er die tragische, ihnen die komische Maske.

Allerdings – außerhalb Ägyptens ging die Politik weiter. Im Osten drangen die Parther, die Nachfolger des alten Perserreiches, immer wieder gefährlich nach Westen vor, und in Italien gab es nicht nur den die Dinge kalt beobachtenden Octavian, sondern auch Marcus

Antonius' Bruder Lucius und vor allem seine römische Frau Fulvia, die beide sozusagen in Stellvertretung für Mark Anton gegen Octavian Krieg führten; er konzentrierte sich um die Stadt Perusia, heute Perugia, und heißt deshalb Perusinischer Krieg. Alle taten also in unterschiedlicher Art und mit unterschiedlichen Motiven ihr Bestes, um Antonius sein fröhliches Treiben an der Seite der hinreißenden Ägypterin zu verleiden.

Sie erinnerten ihn daran, dass es wichtigere Dinge gab, und wenn ihm selbst vielleicht dieses Leben genügt haben mag, Kleopatra hätte ein solcher im Wohlleben versunkener Römer nicht genügt, und daher ist es glaubhaft, wenn wiederum Plutarch erzählt, dass sie ihn gelegentlich an seine eigentliche Aufgabe gemahnt hat: Als man ihn einmal dadurch fröhlich neckte, dass man ihm beim Angeln heimlich einen Räucherfisch an die Angel steckte, den er dann als vermeintlichen großen Fang aus dem Meer zog, soll Kleopatra gesagt haben:

Überlass doch, Imperator, die Angelrute uns Königen von Pharos und Kanopos; dein Fang sind Städte, Königreiche und Kontinente.

So machte sich Antonius zunächst auf, um die Parther zu bekriegen, erfuhr jedoch von Fulvia, dass Ovtavian in jenem innerrömischen Krieg gesiegt habe und seine Macht im Westen gefährlich ausbaue. Fulvia war eine dämonische Frau, und dass sie Mark Anton geheiratet hatte, sagt indirekt durchaus auch etwas über den Charakter seiner Verbindung mit Kleopatra aus. Antonius war nämlich bereits Fulvias dritter Mann. Zuerst war sie mit dem aufrührerischen Volkstribun Clodius verheiratet gewesen, der in einem Straßenkampf umgekommen war; dann heiratete sie den jungen Curio, einen genialischen Jüngling, der in Caesars Bürgerkrieg dessen Truppen in Africa befehligt hatte und in einer Schlacht gegen Republikaner und deren nordafrikanische Verbündete gefallen war. Beide waren also Männer, die durchaus über die Normalität des römischen Senatorenstandes herausragten, und dass Antonius ihr dritter Mann war, ist ein Zeichen dafür, dass auch er kein Durchschnittsgatte war, mit dem sie sich zufrieden gegeben hätte, sondern dass auch er eine besondere Kategorie darstellte. Und umgekehrt: Wenn Antonius diese wahrlich selbständige Frau heiratete, die sogar zeitweise einen veritablen Bürgerkrieg für ihn zu führen imstande war, zeigt das seinerseits, dass er kein Genügen an einem harmlosen Weibchen gefunden hätte. Auch daher die Verbindung mit Kleopatra, denn sie war ja alles andere als das.

Zunächst aber musste sie zurückstecken, und wie Antonius sich in der Folgezeit verhielt, spricht deutlich dafür, dass er Kleopatra keineswegs rettungslos verfallen war, sondern, jetzt jedenfalls, seine politischen Pläne ohne Rücksicht auf sie verfolgte. Kleopatra entschloss sich aber zum Stillhalten. Wir wissen nicht, wie viel Selbstüberwindung sie das gekostet haben mag, insbesondere als sich herausstellte, dass sie von Antonius schwanger war. Im Herbst 40 gebar sie Zwillinge, und die programmatischen Namen, die sie ihnen gab, zeigen, dass sie sich nicht entmutigen ließ, sondern noch viel vorhatte. Der Junge wurde nach dem Welteroberer Alexandros benannt und bekam den Beinamen Helios, Sonne, das Mädchen hieß wie die Mutter Kleopatra mit dem Beinamen Selene, Mond. Selbstbewusster konnten Kleopatras Zukunftspläne kaum ausgedrückt werden.

Antonius aber zeigte sich vorerst unbeeindruckt. Er traf sich mit Octavian, schloss mit ihm in Brundisium, heute Brindisi, ein Abkommen, das beider Einflusssphären gegeneinander abgrenzte, und weil Fulvia inzwischen überraschend gestorben war, heiratete er zur Bekräftigung dieses Bündnisses Octavians Schwester Octavia. Sie nun war eine Frau ganz eigenen Charakters. Weder war sie eine im Hintergrund verharrende gehorsame Ehefrau, noch wollte sie an politischer Herrschaft teilhaben oder sogar selbst herrschen wie Fulvia oder Kleopatra. Wenn man die Vorstellung charakterisieren will, die sie von ihrer Rolle hatte, dann war es die aktive Einflussnahme auf eine Politik, die die Eintracht zwischen ihrem Gatten und ihrem Bruder sicherte und dadurch dem Römischen Reich weitere Bürgerkriege ersparte.

Das war zunächst offensichtlich erfolgreich. Antonius blieb lange in Rom, P. Ventidius Bassus trieb unter anderem bei dem nordsyrischen Gindaros gewissermaßen für ihn die Parther zurück, Octavia gebar ihm die Tochter Antonia (Maior), und erst im Herbst 39 begab er sich mit Frau und Tochter wieder in Richtung Osten, allerdings auch nur bis nach Athen. Das Leben, das er den Winter über führte, ähnelte kaum dem wilden Treiben zwei Jahre vorher in Alexandria. Nicht, dass er ein gezähmter Ehemann geworden wäre. Wie in Alexandria wohnte er öffentlichen Diskussionen bei, trug gelegentlich griechische Kleidung, feierte zusammen mit seiner Frau, die er offensichtlich sehr liebte, nur übertrat er nicht die Grenzen des selbstverständlichen Anstandes.

Im Frühjahr 37 reiste er mit Octavia nach Italien, nach Tarent, um mit Octavian politische und militärische Verhandlungen zu führen, weil er für den endlich energisch aufzunehmenden Krieg gegen die Parther Unterstützung brauchte. Es waren schwierige Gespräche, die wahrscheinlich gescheitert wären, wenn nicht Octavia wieder vermittelnd eingegriffen und abermals eine umfassende Verständigung zwischen Ehemann und Bruder erreicht hätte. Nach diesem Erfolg reiste sie mit Marcus Antonius zurück in Richtung Osten, kam aber nur bis Korkyra, heute Korfu. Von dort reiste sie mit den Kindern – auch mit denen von Fulvia – wieder zurück nach Italien, vielleicht mit dem plausibel wirkenden Zweck, die Kinder von einem ernsthaften großen Krieg fern zu halten, der nun endlich gegen die Parther geführt werden sollte. Ihre Abwesenheit hatte aber eine ganz andere Auswirkung.

Als Antonius nämlich in Syrien angelangt war, zog er keineswegs weiter nach Osten gegen die Parther, sondern sandte nach Ägypten zu Kleopatra und forderte sie auf, zu ihm zu kommen. Sie kam. Drei Jahre hatte sie allein in Ägypten zugebracht, drei Jahre, aus denen wir nichts von ihr wissen, drei Jahre, in denen sie wohl annehmen musste, dass Antonius sich gänzlich von ihr getrennt hätte und vollständig in die römische Politik zurückgekehrt wäre – drei Jahre, in denen sie sich eisern zusammengenommen haben musste. Jetzt zeigte es sich, dass sich das gelohnt hatte.

10. Kapitel

KÖNIGIN FÜR ROM

Man fragt sich, wie das, was jetzt geschah, möglich sein konnte. Es sieht so aus, als habe sich in diesen drei Jahren vieles aufgestaut, das nun plötzlich auf einmal losbrach. Oder hatten Kleopatra und Antonius etwa die ganzen Jahre hindurch in heimlichem Einvernehmen gestanden? Wenn man die Geschehnisse ansieht, könnte es fast so scheinen, da aber die Überlieferung, die Kleopatra und auch Antonius gegenüber im Allgemeinen feindlich gesinnt ist, dergleichen nicht einmal andeutet, wird es nicht so gewesen sein. Nein, der tiefe Einschnitt des Schicksalsjahrs 37/36 vollzog sich mit der Kraft einer Naturgewalt und zeigt uns deutlich, dass alles mehr war als eine Laune oder die reine Machtgier einer Despotin, die sich den Römer durch ihre erotischen Künste hörig gemacht hätte. So jedoch stellen es die meisten erzählenden Quellen dar, die aber entweder bereits in sich widersprüchlich sind oder durch zeitgenössische Quellen, vor allem Münzen, relativiert werden – nicht, dass nicht auch Liebe im Spiel war, wir werden darauf zurückkommen. Aber hören wir zuerst Plutarch:

Doch jenes furchtbare Übel, das lange Zeit geschlummert hatte, die Liebe zu Kleopatra, die eingeschläfert und beschwichtigt schien durch bessere Überlegungen, flammte wieder auf und wurde heftiger, als er sich Syrien näherte, und schließlich geschah, was Platon von dem widerspenstigen und ungebärdigen Ross der Seele sagt: Er stieß alle vernünftigen und heilsamen Gedanken mit Füßen von sich und entsandte Fonteius Capito, um Kleopatra nach Syrien zu bringen; und als sie kam, machte er ihr zur Vergrößerung ihres Reiches kein kleines und geringfügiges Geschenk, sondern Phönikien, Koile-Syrien, Zypern und einen großen Teil Kilikiens, dazu noch den balsamtragenden Teil von Judäa und von dem nabatäischen Arabien den ganzen Landstrich, der dem äußeren Meer zugewendet ist.

Cassius Dio fasst sich sehr viel kürzer und teilt mit, Antonius habe Kleopatras Kindern im Jahre 36 *die von Malchus und von den Ituräern beherrschten Teile Arabiens, viel von Phönikien, Palästina, einen Teil Kretas sowie Kyrene und Zypern geschenkt.* Wieder anderes berichtet der jüdische Historiker Flavius Josephus, dessen Erzählungen aber später in eigenem Zusammenhang betrachtet werden sollen. Was ist von dem Bisherigen zu halten? Dass Zypern nicht zu den Geschenken gehört haben kann, wissen wir bereits dadurch, dass Caesar die Insel Kleopatras Geschwistern zugesprochen und dass sie selbst dort den Statthalter Sarapion eingesetzt hatte. Aber bei der Überprüfung des Wahrheitsgehalts der weiteren Angaben spielen die Münzen eine entscheidende Rolle. Es gibt nämlich von jetzt an eine umfangreiche Münzprägung Kleopatras, auf der sowohl sie als auch Marcus Antonius zu sehen sind, und aus der genauen Untersuchung der Aufschriften und Darstellungen ergibt sich, dass Kleopatra Kyrene – das heutige Libyen – bekommen hatte, ebenso den östlichen Teil Kretas, dass Teile Kilikiens schon ein paar Jahre vorher ptolemäisch geworden waren und dass ein Teil Syriens, der einem Teil Palästinas entspricht, jetzt wieder unter Kleopatras Herrschaft fiel.

Die Angaben der literarischen Quellen sind also ungenau, bestätigen aber auf der anderen Seite doch generell die Tatsache, dass Kleopatras Herrschaft sich seitdem über mehr außerägyptische Territorien erstreckte als bisher, am wichtigsten auch über Palästina, unmittelbar an Ägypten angrenzend. Münzen und Papyri dokumentieren aber noch mehr. Zum einen erscheint Kleopatra dort seit dem Schicksalsjahr 37/36 als «Thea Neotera», «Jüngere Göttin» (Abb. 6). Diese Göttin wurde speziell im Vorderen Orient verehrt, sodass Kleopatra sich also insbesondere dessen Bewohnern als Gegenstand des Herrscherkultes präsentierte. Zum anderen wurde, besonders eindrucksvoll auf den Papyri, also auf der schriftlichen zufälligen Überlieferung zu sehen, in ganz neuer Weise datiert. Während das Jahr bisher nach Kleopatras Regierungszeit als ägyptischer Pharao bezeichnet wurde, kam jetzt eine zusätzliche Datierung hinzu, also etwa: «Jahr 17, auch 2» oder «Jahr 18, und 3», und diese Datierung entspricht dem Jahr 37/36. Damit hat sie also in diesem Jahr eine neue, zusätzliche Herrschaft über große Teile des Vorderen Orients angetreten.

Um diese Zeit nahm Kleopatra aber noch einen weiteren Beinamen an. Wir kennen ihn aus einem glücklicherweise sehr gut erhaltenen Papyrus, der die Niederschrift über eine Versteigerung enthält und insofern für unseren Zusammenhang belanglos ist. Nicht so die einleitenden Zeilen:

Unter der Königin Kleopatra, der Jüngeren Göttin, der Vaterliebenden und Vaterlandsliebenden, und dem König Ptolemaios, der auch Kaisar heißt, dem Vaterliebenden und Mutterliebenden Gott, im Jahre 17, auch 2, zur Zeit des in Alexandria amtierenden Priesters des Alexander und der Rest der in Alexandria geschriebenen Formel, im Monat Artemisios-Phamenoth, in Herakleiopolis über Memphis. Musaios, Praktor Xenikon und Nomophylax des genannten Gaus, hat dem Ptolemaios, Sohn des Heroides, den Zuschlag auf das neulich von ihm für die Pfändung bezeichnete Grundstück des Issakleides, alias Lochos, gegeben.

Hier haben wir alles zusammen: Kleopatra und Kaisar mit ihren zum Teil neuen Beinamen sowie die doppelte Jahreszählung, die sich auf die Herrschaft im Vorderen Orient bezieht. Es ist in der Diskussion, was der neue Beiname Philopatris bedeutet, aber die wahrscheinlichste Erklärung ist doch die des Erstherausgebers Brashear, dass er mit «vaterlandsliebend» wiederzugeben und dass mit dem Vaterland Ägypten gemeint ist. Anscheinend war es notwendig zu betonen, dass sie Ägypten zugetan war, und diese Notwendigkeit muss sich daraus ergeben haben, dass dies in Zweifel gezogen werden konnte. Wenn also um diese Zeit Zweifel entstanden waren, dann müssen sie sich auf neuere Entwicklungen bezogen haben, und das kann dann nur die Ausdehnung ihres Herrschaftsgebietes auf Gebiete außerhalb Ägyptens und ihre enge Verbindung mit Antonius gewesen sein, die gleichermaßen in das Jahr 37/36 fielen. Und miteinander zusammenhingen.

Kleopatra hatte also ihr Herrschaftsgebiet bedeutend erweitert, aber nicht so, dass diese Gebiete an Ägypten angeschlossen worden wären, sondern dass sie eine eigene Einheit bildeten, in der Kleopatra separat herrschte. Zu verdanken hatte sie das Antonius, der sie in diese Herrschaft eingesetzt hatte. Wer einsetzen kann, kann auch absetzen. Anachronistisch gesprochen: Die Souveränität lag immer noch bei Antonius, dem Vertreter Roms. Kleopatra war nur eine Klientelkönigin. Sie herrschte nicht aus eigenem Recht, sondern für Rom. Drei Jahre später wird sich das noch einmal zeigen.

11. Kapitel
KLEOPATRA UND HERODES

Wir haben das große Glück, dass wir über die Geschichte Kleopatras auch unter einem besonderen, einem lokalen Blickwinkel einiges erfahren. In dieser besonderen Quelle geht es sehr dramatisch zu. Es sind die Geschichtswerke des Flavius Josephus, eines griechisch schreibenden jüdischen Historikers des 1. Jhs. n. Chr. – sogar noch einige Zeit vor Plutarch schreibend –, dessen Werke über die jüdische Geschichte und über den jüdischen Aufstand gegen die römische Herrschaft 66–70 n. Chr. vollständig erhalten sind. Er zeichnet ein noch abschätzigeres Bild Kleopatras als die anderen bisher herangezogenen Autoren; vielleicht hängt das damit zusammen, dass sie, wie er in einem anderen Werk erzählt, bei Versorgungsschwierigkeiten in Alexandria die Juden nicht unterstützt habe. Für ihn war sie nichts weiter als eine sexuell unersättliche, macht- und geldgierige Frau, von der Antonius so abhängig war, dass Josephus das sogar einmal mit der Verabreichung von Drogen erklärte.

Trotz dieses offensichtlich verzerrten Bildes sollen seine Geschichten hier nacherzählt werden, erstens weil sie sich sozusagen schaurig-schön lesen, zweitens aber vor allen Dingen, weil sie die einzigen sind, die aus einer regionalen Perspektive geschrieben sind und Kleopatras Stellung innerhalb der vorderasiatischen Politik plastisch schildern. Man hätte sich gewünscht, derartige lokal akzentuierte Darstellungen auch aus anderen Regionen zu haben, in denen Kleopatra eine Rolle gespielt hat, wenige sind es ja nicht.

Josephus' Held, jedenfalls in diesen Zusammenhängen, ist König

Herodes der Große. Dessen erstes Zusammentreffen mit Kleopatra fand statt, als er nach Rom reiste, um von Antonius und Octavian Unterstützung für seine politischen Ziele zu erhalten. Das muss also im Jahre 40 stattgefunden haben, als Antonius in Rom war, weil er sich – wie sich dann zeigte: vorübergehend – von Kleopatra getrennt und sich mit Octavian verständigt hatte. Herodes reiste über Alexandria, wurde von Kleopatra prunkvoll empfangen, gab aber ihrer drängenden Bitte nicht nach, ihr bei einer militärischen Expedition beizustehen. In Rom erhielt er dann – angeblich unerwartet – den Königstitel. Bei diesem ersten Treffen klingen zum ersten Mal Divergenzen zwischen beiden an, wobei hier der Akzent darauf liegt, dass Kleopatra Herodes Avancen politischer Art macht, die dieser aber zurückweist.

Die Schenkungen des Jahres 37/36 betrafen nun auch Gebiete des jüdischen Königreichs des Herodes. Um sie zu schildern, greift Josephus voll in die Saiten. Zunächst wird Kleopatra zusammenfassend als eine nur an materiellem Machtzuwachs interessierte Frau in den schwärzesten Farben dargestellt. Aus diesem Grunde habe sie alle ihre Geschwister umgebracht, sie habe Tempel, Gräber und säkulare Stätten geplündert, durch falsche Anschuldigungen bei Antonius habe sie Lysanias, den Herrscher der syrischen Stadt Chalkis, hinrichten lassen, und schließlich habe sie ganz Judäa und Arabia haben wollen. Das alles habe ihr Antonius zwar nicht völlig zugestehen können, freilich wurde ein Teil Judäas für sie abgetrennt, darunter Jericho, das wegen der Balsamgewinnung sehr einträglich war. Josephus schreibt:

Kleopatra verleumdete die syrischen Würdenträger bei Antonius, suchte ihn zu bewegen, sie zu ermorden, um sich mit leichter Mühe ihrer Besitzungen bemächtigen zu können. So hatte sie in ihrer Habgier den Blick auch auf Judäa und Arabien geworfen und arbeitete im Geheimen daran, die Könige der beiden Länder, Herodes und Malichos, aus dem Weg zu räumen. Obwohl Antonius bis jetzt ihre Forderungen be-

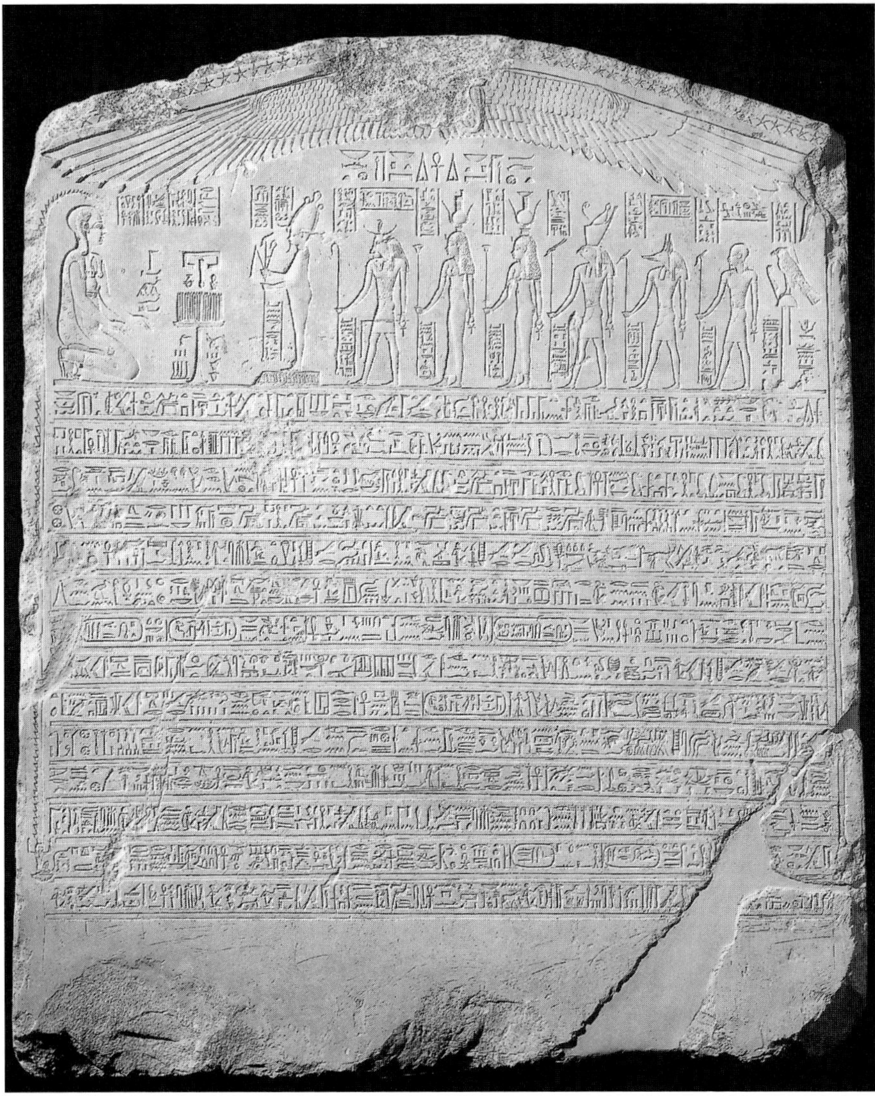

2 – Grabstele des Ptah-Priesters Psen-Ptah aus Memphis, 1. Jh. v. Chr. Der Text enthält seinen Lebenslauf, darunter die Schilderung der Zeremonie, in der er Ptolemaios XII. zum Pharao gekrönt hat.

Vorhergehende Seite: 1 und Abbildung 19, letzte Seite der Tafeln – Esquilinische Venus. Kaiserzeitliche Kopie einer Aphrodite-Statue aus den vierziger Jahren des 1. Jhs. v. Chr. Wegen der individuellen Züge der Statue, wegen der Schlange und wegen des auf Isis und Tod verweisenden, mit Rosen gefüllten, aber umkippenden Kastens wahrscheinlich Kleopatra.

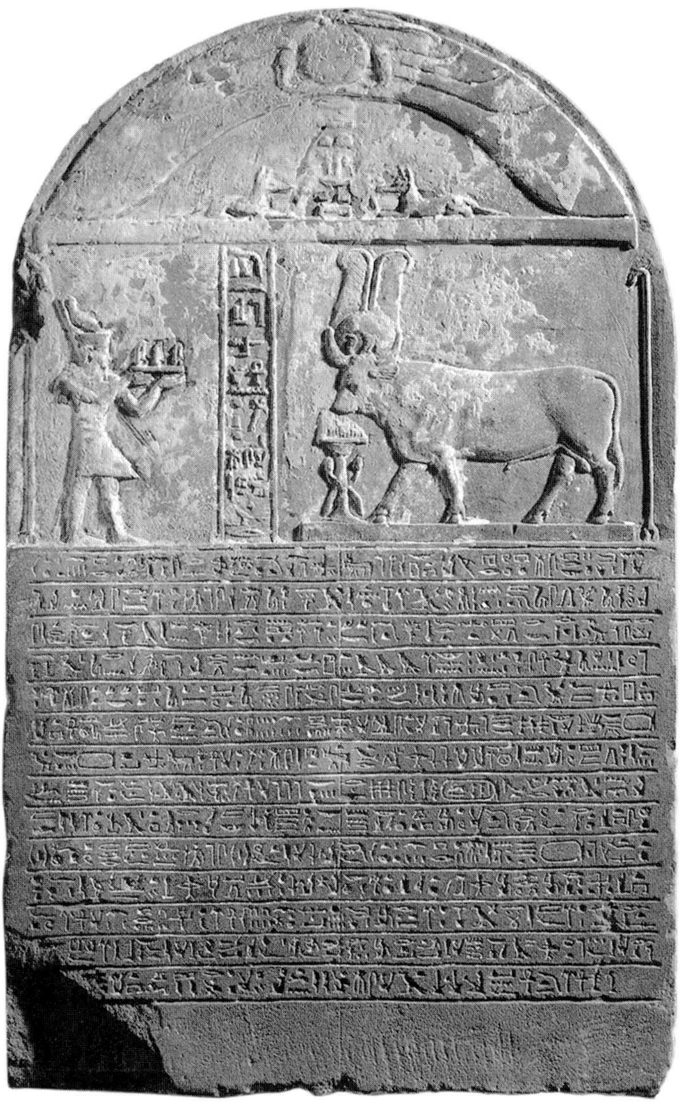

3 – Grabstele des Buchis-Stiers aus dem Buchis-Heiligtum in Hermonthis gegenüber Theben. Der Text berichtet von der Einführung dieses Stiers durch die Pharaonin Kleopatra am 21. März 51.

4 – Geburtstempel von Hermonthis: Kleopatra gebiert mit göttlicher Hilfe ihren Sohn Kaisar. Nachzeichnung durch die Expedition von Richard Lepsius 1847; der Tempel wurde 1867 abgerissen.

5 – Alexandrinische Bronzemünze mit Kleopatras Porträt. Unter anderem nach diesen Darstellungen wurde die Berliner Büste (Abb. 11) als Kleopatra identifiziert.

6 – Silbermünze aus dem Jahr 34 v. Chr., auf der Kleopatra als Jüngere Göttin (Thea Neotera) bezeichnet wird; das markante Profil ist eine Angleichung an seleukidische Münzen.

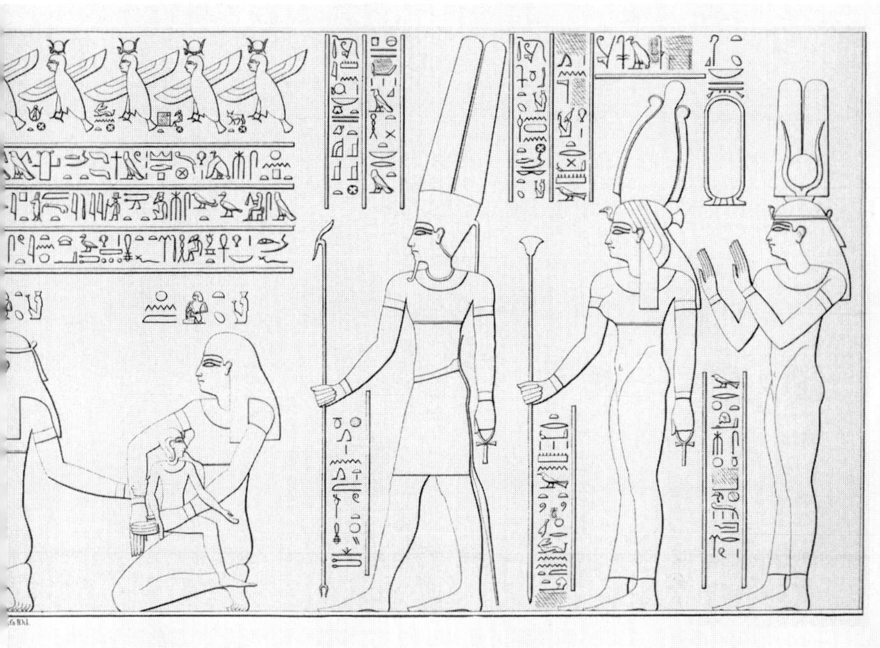

7 – Silberdenar Kleopatras
aus dem Jahr 34 v. Chr.
aus Vorderasien mit lateinischer
Inschrift.

8 – Bronzemünze aus Zypern,
auf der Kleopatra mit kleinem
Sohn (?) dargestellt wird, womöglich Anspielung auf Aphrodite
und Eros beziehungsweise Isis
und Harpokrates.

9 – Rechtes Relief der Südwand des Hathor-Tempels in Dendera.
Die Pharaonen Kaisar und Kleopatra opfern den Göttern, hinter Kaisar steht sein Ka.

10 – Kleopatra als Pharaonin mit dreifachem Uräus und doppeltem Füllhorn.

willigt hatte, sah er in der Ermordung edler Männer und bedeutender Könige einen Frevel. Immerhin löste er seine engen freundschaftlichen Beziehungen zu ihnen und nahm ihnen bedeutende Gebiete weg, die er Kleopatra schenkte, so den Palmenwald bei Jericho, wo der Balsam gewonnen wird, und sämtliche diesseits des Flusses Eleutheros gelegenen Städte mit Ausnahme von Tyros und Sidon.

Nachdem Kleopatra Antonius zu seinem Partherfeldzug ein Stück begleitet habe, sei sie auf der Rückreise nach Ägypten zu Herodes gekommen und habe ihm ihren Teil Arabiens sowie die Gegend um Jericho für 200 Talente verpachtet. Zudem habe sie Herodes wieder Avancen gemacht, diesmal sexuelle, sei es aus wirklicher Triebhaftigkeit – die ihr ja oft unterstellt wurde –, sei es, um ihn bei Antonius anschwärzen zu können. Herodes habe dem nicht nur widerstanden, er habe sogar erwogen, sie zu töten, allerdings hätten seine Berater abgeraten, weil ihm das die Feindschaft des Antonius eingetragen hätte. Stattdessen überhäufte er Kleopatra mit Geschenken und geleitete sie bis zur ägyptischen Grenze.

Weiter erzählt Josephus von sogar tödlich ausgehenden Intrigen am jüdischen Königshof, bei denen Kleopatra heftig mitgespielt habe. Herodes war verheiratet mit Mariamme, einer Frau, die als Angehörige der alten Hasmonäerdynastie, die von den Makkabäern abstammte, ihm, dem Idumäer, zum einen die dringend erforderliche Legitimität verschaffte. Zum anderen sei sie auch von unbeschreiblicher Schönheit gewesen, und entsprechend berichtet Josephus viel von Abhängigkeit und rasender Eifersucht des Königs. Die Ehe mit einer Hasmonäerin hatte aber auch taktische Nachteile. Mariammes Mutter Alexandra wollte nämlich, dass Herodes ihren Sohn Aristobul, Mariammes Bruder, zum Hohepriester in Jerusalem machte, aber weil Herodes dadurch einen Rivalen befürchtete, wurde ein anderer eingesetzt. Das wiederum erbitterte Alexandra, sodass sie heimlich an Kleopatra schrieb, sie möge sich bei Antonius für sie und Aristobul einsetzen.

Ob es nun an Kleopatra lag oder ob Antonius durch seinen Freund Dellius von der ungewöhnlichen Schönheit Aristobuls erfuhr, jedenfalls lud er diesen sechzehnjährigen Jüngling in erotischen Absichten zu sich ein – Mariamme nicht, weil er Kleopatra fürchtete. Nun befürchtete Herodes sogar, dass Antonius Aristobul zum König machen wolle, verhinderte also diesen Besuch und versöhnte sich lieber mit Alexandra dadurch, dass er den gerade von ihm eingesetzten anderen Hohepriester wieder absetzte und Aristobul doch diese Würde verlieh. Gleichwohl fürchtete er weiterhin Alexandras Intrigen und

befahl Alexandra, sich innerhalb der Königsburg zu halten, und gestattete ihr nicht, etwas nach ihrem Belieben zu tun. Ja, er ließ sie so scharf bewachen, dass sie außer den gewöhnlichen täglichen Verrichtungen nichts unternehmen konnte, wovon er nicht Kenntnis erlangt hätte. Das alles rief allmählich bei Alexandra eine Erbitterung hervor, die sich bald zu förmlichem Hass auswuchs. Denn aufgebläht durch weiblichen Stolz, konnte sie die über sie verhängte argwöhnische Bewachung nicht ertragen und wollte lieber alles Erdenkliche leiden als, ihrer Freiheit beraubt, unter dem Schein der Ehre in Knechtschaft und Furcht ihr Leben verbringen.

Sie schickte daher zu Kleopatra, klagte ihr ihre unerquickliche Lage und bat sie, ihr nach Kräften behilflich zu sein. Kleopatra riet ihr, sie solle heimlich mit Aristobulos zu ihr nach Ägypten fliehen, was Alexandra denn auch, da ihr dieser Rat gefiel, folgendermaßen ins Werk zu setzen beschloss. Sie ließ zwei Särge anfertigen und schloss sich und ihren Sohn in sie ein, nachdem sie ihren ins Einverständnis gezogenen Dienern befohlen hatte, sie während der Nacht hinauszutragen. Sie gedachte sich dann sogleich ans Meer zu begeben, wo ein Schiff bereit lag, das sie nach Ägypten bringen sollte. Ihr Diener Aisopos aber, der zufällig ihren Freund Sabbion traf, teilte diesem, weil er glaubte, er sei in den Plan eingeweiht, den Plan mit.

Sabbion war dem Herodes verhasst, weil er im Verdacht stand, einer von denen zu sein, die dem Antipater Gift gereicht hatten, und da er hoffte, durch die Anzeige vom Vorhaben Alexandras bei Herodes wieder in Gunst zu kommen, verriet er dem König die beabsichtigte Flucht. Herodes aber ließ die beiden bis zur wirklichen Ausführung des Planes in Ruhe, und erst als sie im Begriff standen zu fliehen, ließ er sie festnehmen. Obwohl er nun gern gegen Alexandra eingeschritten wäre, sah er ihr doch das Vergehen nach, denn er fürchtete, Kleopatra, die nicht gut auf ihn zu sprechen war, würde ihn auf eine Anklage vonseiten Alexandras hin noch mehr hassen. Er stellte sich deshalb so, als ob er aus Milde und Großmut Verzeihung gewährt habe.

Er scheint aber ein für alle Mal klare Verhältnisse schaffen zu wollen, zumal Aristobul beim Laubhüttenfest vom Volk gefeiert wurde. Herodes

stellte sich, als wollte er sich mit ihm in jugendlichem Spiel ergötzen. Da es aber sehr heiß war, gingen sie, ermattet vom Spiel, beiseite und traten an die Fischteiche, die in beträchtlicher Größe die Anlagen umschlossen und bei der Hitze angenehme Kühlung gewährten. Zunächst nun sahen sie einigen ihrer Freunde zu, wie diese in dem Wasser schwammen, und als sich dann der Jüngling auf Zureden des Herodes gleichfalls unter sie mischte, tauchten ihn die Freunde des Herodes, welche dieser entsprechend beauftragt hatte – es dämmerte bereits –, unter dem Schein des scherzhaften Spiels unter und ließen ihn nicht eher los, als bis sie ihn ertränkt hatten.

Es gab ein heuchlerisch üppiges Begräbnis, aber Alexandra versuchte nun erst recht, Herodes zu Fall zu bringen. Abermals schrieb sie an Kleopatra, und diese veranlasste Antonius, Herodes zur Rechenschaftslegung zu sich zu zitieren. Herodes sah keinen anderen Weg, als dieser Aufforderung Folge zu leisten, hinterließ aber aus Eifersucht die geheime Instruktion, Mariamme umzubringen, falls auch er getötet werden sollte. Zwar konnte er sich erfolgreich rechtfertigen, aber Mariamme erfuhr von diesen Instruktionen und war entsetzt über die Grausamkeit ihres Mannes. Leider gehört die Weiterentwicklung der Geschichte nicht mehr zu unserem Gegenstand, es muss genügen zu berichten, dass sie im Jahre 29 schließlich doch aus Eifersucht von Herodes getötet wurde.

Kleopatra war für diesmal gescheitert, sie versuchte aber weiterhin, Herodes zu stürzen, um auch den Rest Judäas unter ihre Herrschaft zu bringen. Einmal wollte ein gewisser Kostobaros Idumäa von Herodes' Reich abtrennen und bat um Kleopatras Hilfe, was daraus geworden ist, wissen wir nicht. Ein anderes Mal, im Jahre 32, hetzte sie durch Antonius Herodes und Malchos, den König der nabatäischen Araber, aufeinander los in der Hoffnung, dass beide sich aneinander aufreiben sollten, aber trotz ihres Eingreifens bei jüdischen Erfolgen wurde schließlich nichts daraus.

Aus alldem ist zu schließen: Erstens legt Josephus Wert auf die Behauptung, dass Antonius Kleopatra keineswegs so rettungslos verfallen war, dass er ihr alle Wünsche erfüllt hätte, und wahrscheinlich hat er Recht damit. Zweitens zeigt die Schilderung von Kleopatras Mitwirkung bei diesen Palastintrigen, welche Vorstellung von ihr bestimmt nicht nur bei Josephus bestand, nämlich die von einer fintenreichen Frau, die dann zu Hilfe gerufen wurde, wenn es etwas hinter den Kulissen zu bewerkstelligen galt. Und drittens hören wir von Kleopatras Politik in Judäa und Herodes gegenüber ja nur deshalb, weil die Werke des Josephus erhalten geblieben sind. Wenn wir, noch einmal gesagt, ähnliche Werke über die anderen Weltteile hätten, in denen sie maßgeblich gewirkt hat, wäre unser Bild von ihr weitaus differenzierter als jetzt. Nun, einiges kommt im Folgenden doch noch hinzu.

12. Kapitel

DER TRIUMPH

Kleopatra war also Herrin eines großen Teiles des Nahen Ostens, von dem ihr zu ihrem Bedauern nur noch Judäa fehlte. Das wäre jedoch zu ändern gewesen, wenn Antonius mit seinem Partherzug des Jahres 36 Erfolg gehabt hätte. Dann wäre Judäa so eingekeilt gewesen, dass es fast von allein hätte fallen müssen. Erfolg war Antonius jedoch nicht beschieden, aber da hier Kleopatras Leben und keine römische Geschichte erzählt wird, müssen Einzelheiten auf sich beruhen bleiben. Jedenfalls kam Antonius nicht nur erfolglos, sondern auch mit schweren Verlusten zurück. Man fragt sich, was wohl Kleopatra gedacht haben mag, die doch von aller persönlichen Anziehungskraft dieses sehr undurchschnittlichen Römers abgesehen politische Herrschaft von ihm erhoffte – keine gescheiterten Feldzüge, keine Erfolge im Angeln, sondern *Städte, Königreiche und Kontinente.*

Natürlich können wir nicht wissen, was sie wirklich gedacht hat, wenn wir jedoch Plutarch glauben wollen, wird Antonius bei ihr so etwas wie Enttäuschung oder jedenfalls Nachdenklichkeit über seine Fähigkeiten befürchtet haben, denn als beide sich in einem Nest in Phönikien verabredet hatten – Leuké Kóme, Weißdorf –, soll er ziemlich nervös gewesen sein:

Er begab sich mit kleinem Gefolge zum Meer hinab und wartete in einem Dorf zwischen Berytos (Beirut) und Sidon auf Kleopatra, und da sie lange ausblieb, war er unruhig und ängstlich und gab sich sehr bald wieder dem Trunk und langen Gelagen hin, brachte es aber nicht fertig, still zu liegen, sondern stand oft mitten vom Trunk auf und sprang hinaus, um Ausschau zu halten, bis sie endlich angefahren kam und viel Bekleidung und Geld für die Soldaten mitbrachte. Doch gibt es Gewährsmänner, die sagen, die Bekleidung habe er zwar von ihr bekommen, aber das Geld vom eigenen genommen und verteilt mit dem Vorgeben, es stamme von ihr.

Geld oder nicht Geld, in jedem Fall erwies sich Kleopatra als loyale Gefährtin und ließ sich, wenn sie wirklich leise Zweifel gehabt haben sollte, nichts anmerken, sondern stand ihrem Mann in seinem Unglück bei. Es wundert daher nicht, dass beide harmonisch den Winter zusammen in Alexandria verbrachten, wobei es wieder hoch hergegangen sein dürfte. Antonius konnte sich dabei über seinen zweiten inzwischen von Kleopatra geborenen Sohn freuen, Ptolemaios Philadelphos. Das war wieder ein programmatischer Name, der sogar mehrere Deutungen zuließ. Ptolemaios war natürlich der ägyptische Königsname, nach Ptolemaios Kaisar der zweite Sohn Kleopatras, der ihn trug. Philadelphos – Geschwisterfreund – konnte und kann einerseits bedeuten, dass er sich mit Kaisar, Alexandros und Kleopatra vertragen möge, ein sehr frommer Wunsch, denn seine Mutter hatte sich so wenig mit ihren Geschwistern vertragen, dass sie ihre Schwester und einen Bruder hatte umbringen lassen. Andererseits war die Namensgebung eine Anknüpfung an den zweiten Ptolemäer, der zusammen mit seiner Schwestergemahlin Arsinoe ebenso hieß und einer der tüchtigsten Herrscher gewesen war.

Das Jahr 35 verbrachte Kleopatra zum Teil mit Einmischungen in Judäa – könnte es sein, dass Antonius ihr Judäa als Feld eigener Betätigung überlassen hatte? –, während er selbst jedenfalls den Anschein erweckte, als wolle er unter Ausnutzung interner Schwierigkeiten bei den Parthern diese nun tatsächlich so weit besiegen, dass sie alle Einfälle in römisch beherrschtes Gebiet unterließen. Er zog also nach Syrien, und auch in Rom glaubte man, dass es nun wirklich losgehe. Daher schickte Octavian seine Schwester Octavia mit Soldaten, Geld und Ausrüstungsgegenständen zu Antonius – aber sie kam nur bis Athen. Vielleicht aber hatte Octavian schon geahnt, was jetzt kam, und hatte darauf gehofft, um einen weiteren Grund für die unvermeidliche Auseinandersetzung mit Antonius zu haben: Antonius schrieb Octavia jedenfalls einen Brief, dankte wohl für die Unterstützung und forderte sie auf, nicht weiterzureisen; vielleicht begründete er das, wir wollen ihm eine solche Scheinheiligkeit nicht zutrauen, mit den Gefahren des bevorstehenden Krieges. Octavia ließ Soldaten und Ausrüstung in Griechenland zurück und kehrte um, eine erhebliche Demütigung, die ihr kalkulierender Bruder gut einsetzen konnte.

Allerdings zog Antonius doch nicht nach Osten – warum nicht? Wir wissen es nicht, und Plutarch hat es wohl auch nicht gewusst, obwohl er beziehungsweise seine Quelle alles auf Kleopatra zurückführt. Diese Erklärung ist so schön und gar nicht einmal lebensfremd, dass sie hier wiedergegeben sei:

Als Kleopatra erkannte, dass Octavia den Kampf mit ihr aufnehmen wollte, begann sie zu fürchten, dass Octavia, die außer der Würde ihres Charakters und der Macht Octavians auch noch die Gabe des liebenswürdigen und gewinnenden Umgangs Antonius gegenüber besaß, unüberwindlich sein und den Mann ganz und gar fesseln würde, und so stellte Kleopatra sich, als ob sie in Antonius verliebt wäre, und suchte sich durch zu leichte Ernährung körperlich herunterzubringen. Ihr Blick strahlte auf, wenn er kam; ging er weg, so war er hinschmelzend und tief betrübt. Sie richtete es so ein, dass er sie oft weinen sah, wischte aber die Tränen ab und suchte sie zu verbergen, als wollte sie, dass er es nicht bemerkte. Die Schmeichler ereiferten sich für sie und schalten Antonius einen harten, gefühllosen Mann, der eine Frau in den Tod treibe, die einzig und allein an ihm hinge. Octavia habe sich aus politischen Gründen ihres Bruders wegen mit ihm verbunden und genieße den Vorzug, seine Ehefrau zu heißen; Kleopatra hingegen, die

Königin über so viele Menschen, heiße nur die Geliebte des Antonius, und sie lehne diesen Namen nicht ab, halte ihn nicht für unter ihrer Würde, solange es ihr nur vergönnt sei, ihn zu sehen und mit ihm zu leben; würde ihr das versagt, so würde sie es nicht überleben. Auf diese Weise machten sie den Mann schließlich so schwermütig und weibisch, dass er aus Angst, Kleopatra möchte sich das Leben nehmen, nach Alexandria zurückkehrte.

Wie dem auch sei – einen regelrechten Kriegszug sah auch das folgende Jahr nicht, dafür einen politischen Akt, durch den Kleopatra und ihre Kinder in den Genuss einer weiteren Erhöhung ihrer Stellung im Vorderen Orient kamen, ein ebensolcher Einschnitt wie das Jahr 37/36. Dem ging eine militärisch-diplomatische Expedition voraus, die den äußeren Eindruck eines großen Erfolges erwecken konnte. Es gelang Antonius, bei einem Armenienzug nicht nur den König Artavasdes mit List gefangen zu nehmen, sondern auch mit den Medern einen Vertrag zu schließen, der die Parther zunächst einmal bändigte. Das musste gefeiert werden, im Wortsinne *musste*, denn nicht nur Kleopatra, sondern der Öffentlichkeit gegenüber musste es so aussehen, als habe Antonius nunmehr alle Probleme gelöst, sei Herr des Vorderen Orients und könne als solcher über die dortigen Länder und Reiche verfügen. Das tat er nun.

Zunächst gab es einen grandiosen Triumphzug in Alexandria die Kanopos-Straße entlang, und wie der ausgesehen haben könnte, wird an dem Festzug Ptolemaios' II. deutlich, der in den siebziger Jahren des 3. Jhs. in Alexandria stattfand. Unsere Quelle Athenaios von Naukratis schildert ihn so ausführlich, dass er hier nicht einmal in einer Zusammenfassung wiedergegeben werden kann, denn selbst die Kurzfassung durch Günter Grimm ist immer noch zu ausführlich, sodass neben der antiken Quelle auch auf sie verwiesen werden muss. Der Festzug von Kleopatra und Mark Anton war zudem so üppig, dass er auch im technischen Sinne einem römischen Triumphzug ähnelte, was in Rom Empörung hervorrief.

Kleopatra saß über der Volksmenge auf einem goldenen Thron, der auf einer silbernen Plattform angebracht war. So wurde der ganze Zug an ihr vorbeigeführt, und so war sie das Zentrum der glanzvollen Schau. Der Triumphzug wurde von Antonius selber angeführt, der auf einem Kriegswagen stand. Ihm folgte die üppige Beute, in deren Zentrum der armenische König mit seiner Familie ging, der, da er ja ein König war, nicht gewöhnliche, sondern goldene Ketten trug. Von den Armeniern war erwartet worden, dass sie in flehentliches Bitten ausbrechen und unterwürfige Gesten vollführen sollten, das taten sie jedoch nicht, sondern sie riefen nur den Namen Kleopatra; sie sollen nachher deshalb bestraft worden sein.

Später wurden die Alexandriner zu einer Volksversammlung in das Gymnasion gerufen, wo Kleopatra und ihre Söhne, die mit Ausnahme Kaisars auch die Kinder des Antonius waren, von Antonius als neue Herrscher über die bisherigen und über neue Länder des Vorderen Orients ausgerufen wurden. Auf goldenen Thronen saßen Antonius und Kleopatra. Kleopatra und Ptolemaios Kaisar, ihr Sohn von Caesar, sollten zusammen herrschen, jeder mit dem alten Königstitel «König der Könige», und ihr Herrschaftsgebiet sollte sein Ägypten, Zypern und Libyen; Ptolemaios Philadelphos sollte alles Land westlich des Euphrats bis zum Hellespont, Alexandros Helios alles Land östlich des Euphrats bis Indien (wenn es erobert sein werde) bekommen. Alle waren entsprechend gekleidet: Kleopatra ganz ägyptisch als Neue Isis (von Kaisar schweigt die Überlieferung), Ptolemaios in der Tradition der Makedonenkönige makedonisch, Alexandros medisch; hinzu kamen für Ptolemaios eine makedonisch, für Alexandros eine armenisch gekleidete Leibwache.

13. Kapitel
ZUG AUF ROM

Mit den spektakulären Vorgängen in Alexandria wurde eine Entwicklung abgeschlossen und die Grundlage für eine neue gelegt: das Vordringen Kleopatras auf Rom. In der heutigen Geschichtsschreibung wird diese Phase vor allem als der Schlussakt der innerrömischen Auseinandersetzung zwischen Antonius und Octavian angesehen. Die Stilisierung dieses mit der Schlacht von Actium endenden Bürgerkrieges als auswärtigen Krieg durch Octavian erscheint als durchsichtige Verbrämung, die es Octavian habe ermöglichen sollen, römische Nationalgefühle zu mobilisieren. Ganz so ist es aber doch nicht, denn Kleopatra war ständig präsent und spielte wirklich eine maßgebliche Rolle.

Zunächst begaben sich Kleopatra und Antonius nach Ephesos, und obwohl Antonius sechzehn Legionen Fußsoldaten bereitstellen ließ, war Kleopatras Heeresmacht ebenfalls gewaltig: Von achthundert Schiffen stellte sie zweihundert sowie die astronomische Summe von 20 000 Talenten. Anscheinend empfanden jedoch bedeutende römische Politiker und Befehlshaber auf Antonius' Seite die Anwesenheit der ägyptischen Königin als eine psychologische Belastung, und es sieht so aus, als hätten sie Antonius so weit beeinflusst, dass er dabei war, Kleopatra zu veranlassen, den Ausgang des Krieges in Ägypten abzuwarten. Seltsamerweise heißt es bei Plutarch, sie habe daraufhin einen anderen Römer bestochen, der Antonius wieder davon abbrachte – hätte sie das nicht selbst tun können? Jedenfalls wurde argumentiert, sie habe wegen ihres gewichtigen Beitrages ein Recht auf Anwesenheit, anderenfalls würden die ägyptischen Schiffsbesatzungen demoralisiert werden, und schließlich habe sie ja einige Erfahrung als selbständige und fähige Herrscherin. Das traf nun alles gewiss zu, und sie blieb.

Es ging nun in dem Stil weiter, der das Zusammenleben von Antonius und Kleopatra seit langem geprägt hatte: Der Winter 33/32 wurde mit ausgiebigen Festen verbracht, und zwar auf Samos, sogar noch während sich die Truppen sammelten. Plutarch schreibt: Sie

lebten dort herrlich und in Freuden. Denn wie allen Königen, Fürsten und Tetrarchen, allen Völkern und Städten zwischen Syrien und dem Asowschen Meer, Armenien und Illyrien anbefohlen war, alles, was sie für den Krieg gerüstet hatten, zu senden und heranzubefördern, so war auch allen Bühnenkünstlern die Pflicht auferlegt, sich nach Samos zu begeben; und während ringsum fast der ganze Erdkreis von Seufzen und Klagen erfüllt war, erschallte diese einzige Insel viele Tage lang von Flöten- und Saitenspiel, füllten sich die Theater und wetteiferten die Chöre miteinander. Jede Stadt sandte einen Ochsen und beteiligte sich an dem Opferfest, und Könige suchten einander mit glänzenden Bewirtungen und Spenden zu überbieten; daher denn auch die Rede umging: Was werden die Leute, die jetzt den Kriegsausbruch so großartig feiern, erst bei den Siegesfeiern tun, wenn sie die Oberhand gewinnen?

Im Frühjahr 32 ging es nach Athen, und an dieser Stelle muss noch einmal bedauert werden, dass uns Quellen von der Ausführlichkeit und Nähe zu den Ereignissen wie die von Josephus fehlen. Zudem ist fast die gesamte Überlieferung von der Propaganda geprägt, die Octavian in Szene gesetzt hat, um den Volkszorn gegen seinen nunmehrigen Feind Antonius aufzubringen. Später soll versucht werden, die richtigen Relationen herzustellen, hier aber erst einmal die überlieferten Sachverhalte. In Athen wurde wieder ein üppiges Leben geführt, und in Athen war es, wo Antonius sich nun endgültig von

Octavia schied – in der Antike schied man, Männer und Frauen, sich praktischerweise selber und musste nicht ein Gericht als dritte Instanz anrufen.

Weil Octavia aber durch ihr anscheinend vornehmes und zurückhaltendes Wesen die Herzen der Athener gewonnen hatte, sah sich Kleopatra zu dem Versuch veranlasst, es ihr gleichzutun, was ihr aber wohl nur halbwegs gelang: Sie verschaffte den Athenern zahlreiche – in unseren Nachrichten nicht näher spezifizierte – wohltätige Gaben und wurde daher pflichtschuldigst von ihnen geehrt, wobei die Tatsache, dass Antonius als athenischer Bürger, der er auch war, selbst den Ehrenbeschluss verlas, diese Ehrung besonders unterstreichen sollte, ihr dadurch aber wohl einiges von ihrem Gewicht genommen haben dürfte. Auch fragt es sich, ob ihre und Antonius' Ehrenstatue, die die Athener auf der Akropolis errichteten, ein Zeichen eindeutiger und von Herzen kommender Reverenz vor der ägyptischen Königin gewesen ist.

Vielleicht beziehen sich diejenigen Nachrichten auch auf Athen, denen zufolge sie zusammen mit Antonius die Agora aufsuchte, Feste mit ihm organisierte, an Gerichtsverhandlungen teilnahm; sie ritt zusammen mit ihm in die umliegenden Städte, oder sie ließ sich auf einem thronartigen Stuhl tragen, während er sie zu Fuß inmitten von Eunuchen gehend begleitete. Lang ist die Liste des unwürdigen Betragens, das Antonius angeblich ihr gegenüber an den Tag legte. Schon in Alexandria nahm er die vergleichsweise harmlose Stellung des Vorstehers eines Gymnasions ein, er nannte sie Königin und Herrin, er passte sich in seiner Kleidung orientalischen Sitten an, posierte als Osiris und Dionysos, während Kleopatra als Selene und Isis figurierte; er schenkte ihr die Bibliothek von Pergamon und zahlreiche geraubte Kunstwerke, darunter solche des berühmten Bildhauers der klassischen Zeit Myron.

Unangemessenes Benehmen wurde auch Kleopatra vorgeworfen, wobei wir es dahingestellt sein lassen wollen, ob alles der Wahrheit entsprach. Zurückhaltend war sie jedenfalls in dieser politischen

Situation keineswegs. Nach dieser Überlieferung verhöhnte, beschimpfte und verspottete sie ihr nicht genehme Römer öffentlich oder bei Gastmählern, sie ließ das römische Feldherrnzelt Königszelt nennen, römische Soldaten waren ihre Leibwache, die ihren Namen auf den Schilden tragen mussten, sie ging sogar so weit, den Wunsch zu äußern, demnächst über die Römer zu herrschen oder gar auf dem Kapitol Recht zu sprechen. Was das bedeutete, wusste sie nach ihrem seinerzeitigen römischen Aufenthalt sehr genau.

Demgemäß muss nun die römische Seite betrachtet werden. Der Auslöser dafür, dass von beiden Seiten ein Krieg angesteuert wurde, dürften die so genannten Landschenkungen an Kleopatra und ihre Kinder gewesen sein – so genannt deshalb, weil diese Interpretation des Vorgangs bereits eine pejorative Sichtweise für etwas ist, was möglicherweise eine ganz andere Bedeutung hat, wie wir gesehen haben und noch detaillierter sehen werden. Einen vorbereitenden Teil der Auseinandersetzung stellten gegenseitige öffentliche Vorwürfe dar, darunter ein veröffentlichter Briefwechsel zwischen Octavian und Antonius. Octavian warf Antonius die Beziehung zu Kleopatra vor, und Antonius verteidigte sich unter anderem damit, dass er seinerseits Octavian eine Fülle außerehelicher Verhältnisse vorwarf, und was in der jetzt folgenden Übersetzung des einzigen überlieferten Auszuges als «schlafen mit der Königin» wiedergegeben wird, bezeichnet im lateinischen Original («reginam ineo»), aber auch in Luthers Deutsch («eingehen zu») den betreffenden Vorgang sehr viel plastischer:

Warum bist du anderen Sinnes geworden? Weil ich mit der Königin schlafe? Sie ist meine Frau. Habe ich denn jetzt erst damit angefangen, oder mache ich das nicht schon seit neun Jahren? Und schläfst du schließlich bloß mit Drusilla? So wahr du lebst, ich wette, dass du beim Lesen dieses Briefes schon mit Tertulla oder Terentilla oder Rufilla oder Salvia Titisenia oder gleich mit allen geschlafen hast. Kommt es denn darauf an, wo und auf wen man scharf ist?

Sowenig diese Antwort, wenn sie echt sein sollte, den Sinn der Vorwürfe traf, so sehr dürfte sie die damaligen Leser erfreut haben. Der Sinn aber ist natürlich der gewesen, dass Antonius die Verschleuderung des Römischen Reiches vorgeworfen wurde. Einiges war ja nun in der Tat zusammengekommen, was diesen Vorwurf wirklich nahe legte.

Das waren zunächst die beiden Vorgänge von 37/36 und 34, bei denen Kleopatra und ihren Kindern von Caesar und von Antonius Positionen zuerkannt wurden, die nicht als großzügiges und verantwortungsloses Wegschenken zu betrachten schon sehr viel Subtilität erforderte. Antonius antwortete mit Gegenvorwürfen, die die Verletzung der Abkommen zur gemeinsamen Herrschaft betrafen, und zusätzlich goss sein rohes Verhalten gegenüber der zarten Octavia Öl ins Feuer. Eine entscheidende Zuspitzung erfuhr die Lage aber mit dem Beginn des Jahres 32: Die beiden Consuln Cn. Domitius Ahenobarbus und C. Sosius waren Anhänger des Antonius und flohen zusammen mit zahlreichen anderen Senatoren zu ihm in den Osten. Allerdings war es dann aber gerade Domitius, der Antonius anriet, Kleopatra wieder zurück nach Ägypten zu schicken, und besonders taten sich mit diesen Ratschlägen die bedeutenden Senatoren L. Munatius Plancus und M. Titius hervor. Statt sich nun zu mäßigen, verschärfte Kleopatra ihr hochfahrendes und provozierendes Verhalten in einem Grad, dass diese beiden nun ihrerseits Antonius verließen und zu Octavian nach Rom überliefen, jetzt mit endgültig desaströsen Folgen.

Sie kannten nämlich den Inhalt des Testaments des Antonius, weil sie es als Zeugen mit versiegelt hatten. Er hatte es traditionsgemäß bei den Vestalinnen in Rom hinterlegt, sodass es deshalb eigentlich vor jedem fremden Zugriff hätte sicher sein müssen. Eigentlich. Weil aber sein Inhalt in römischen Augen ungeheuerlich zu sein schien, wagte Octavian das Sakrileg, es den Vestalinnen gewaltsam wegzunehmen sowie es in Auszügen vor dem Senat zu verlesen. Sein Kalkül ging auf: Obwohl es durchaus Ausnahmen gab, ging eine Welle der Empörung durch den Großteil der Bevölkerung. Angeblich war nämlich in dem Testament erklärt, dass Kaisar der wirkliche Sohn Caesars sei, was den bloßen Adoptivsohn Octavian existenziell gefährdete, die so genannten Landschenkungen wurden bekräftigt, aber vor allem wurde als besonders provozierend die Bestimmung des Antonius empfunden, *dass sein Leichnam, wenn er in Rom stürbe, in feierlichem Zuge über das Forum getragen und dann nach Alexandria zu Kleopatra überführt werden sollte.* Sehr misstrauisch macht allerdings die Tatsache, dass Octavian nur Auszüge verlas, doch soll das hier auf sich beruhen bleiben.

Hinzu kamen die noch einmal kräftig ausgewalzten Geschichten von der Orientalisierung des Antonius und von seiner entwürdigenden Abhängigkeit von Kleopatra. Plutarch sagt, dass sie in dieser Krassheit wahrscheinlich *größtenteils erlogen* gewesen seien, aber in ihnen kulminierte eine von Octavian zielgerichtet eingesetzte Propaganda: Sein Freund C. Calvisius Sabinus verbreitete, Antonius habe Kleopatra *die Bibliotheken in Pergamon geschenkt, in denen sich zweihunderttausend Buchrollen befanden* – das mag als Kompensation für die im alexandrinischen Krieg in Flammen aufgegangene dortige Bibliothek sogar zutreffen –; *Antonius sei einmal bei einem Gastmahl in Gegenwart vieler Gäste aufgrund einer abgeschlossenen Wette aufgestanden und habe ihr die Füße massiert* – das war die Arbeit von Sklaven –; *er habe geduldet, dass die Ephesier in seiner Gegenwart Kleopatra als Herrin begrüßten; er habe oftmals, wenn er auf seiner Tribüne über Tetrarchen und Könige zu Gericht saß, Liebesbriefchen von ihr, auf Onyx oder Kristall geschrieben, in Empfang genommen und gelesen; während Furnius, ein Mann von großem Ansehen und als einer der besten Redner Roms bekannt, eine Rede hielt, sei gerade Kleopatra in einer Sänfte über die Agora getragen worden; da sei Antonius, als er sie sah, aufgesprungen, habe die Gerichtsverhandlung verlassen, sich an ihre Sänfte gehängt und sie begleitet.*

Trotzdem hatte Antonius immer noch Anhänger, die es sogar wagten, in Rom selbst für ihn einzutreten, aber nicht wenige von ihnen wurden durch abermaliges hochfahrendes Betragen Kleopatras endgültig verprellt. Allerdings hatte Kleopatra konkrete Gründe dafür, denn solche Bemühungen richteten sich gegen sie, und sie musste natürlich befürchten, dass es schließlich doch noch zu einer Verständigung auf ihre Kosten kommen könnte, einschlägige Erfahrungen mit Antonius hatte sie ja. Plutarch schreibt: C. Geminius reiste als Sprecher der römischen Freunde des Antonius zu ihm,

war aber gleich der Kleopatra verdächtig, dass er im Sinne der Octavia wirken wolle, und wurde von ihr stets bei Tafel verspottet und durch Zuweisung eines seiner Würde nicht entsprechenden Platzes gekränkt. Doch ließ er sich das gefallen und wartete auf eine Stunde des Empfanges. Als er nun bei Tafel aufgefordert wurde zu sagen, weswegen er gekommen sei, erklärte er, was er sonst zu sagen habe, gehöre in eine nüchterne Stunde; eins aber wisse er, ob nüchtern oder trunken, dass alles gut gehen werde, wenn Kleopatra nach Ägypten zurückginge. Darüber wurde Antonius sehr böse, Kleopatra aber sagte: «Du hast recht daran getan, Geminius, dass du die Wahrheit ohne Folter eingestanden hast.»

Sie stellte also Geminius in beleidigender oder sogar drohender Form einem Sklaven gleich, denn diese wurden in Gerichtsprozessen regelmäßig gefoltert, weil man glaubte, nur auf diese Weise würden sie die Wahrheit sagen. Auch sonst sieht es so aus, als habe Kleopatra durchaus Veranlassung gehabt, gegen Anhänger des Antonius vorzugehen, wenn sie von diesen angegriffen oder sogar offen beleidigt wurde. Wie sollte es denn sonst gemeint sein, wenn einer von ihnen beim Gastmahl erklärte, hier bekomme man nur schlechten Wein, während ein Lustknabe des Octavian sogar Falerner Wein zu trinken bekomme? Aber Kleopatra überspannte den Bogen; *viele Freunde des Antonius wurden von den Schmeichlern Kleopatras verjagt, deren trunkene Späße und Possenreißereien,* die ja selbst noch in dieser politischen Situation in ihrer Gegenwart geschahen, *sie nicht mehr ertragen konnten.*

All das rief schließlich die Stimmung hervor, aufgrund deren Octavian in der zweiten Hälfte des Jahres 32 den Krieg erklären lassen konnte – nicht gegen den fast als nicht mehr zurechnungsfähig hingestellten, vielleicht sogar unter Drogeneinfluss stehenden Antonius, sondern in feierlichem römischem Ritus gegen das böse ausländische Weib Kleopatra.

14. Kapitel
DER STURZ

Der nun folgende Krieg ist vor allem Teil der römischen Geschichte, und nur in diesem Rahmen oder in einer Biographie von Octavian – der im Anschluss daran zu Augustus wurde – oder Marcus Antonius muss er im Detail geschildert werden. Uns kommt es auf das Leben der ägyptischen Königin Kleopatra an, sodass er nur in dem Maße erzählt werden muss, sofern er Kleopatra und deren Zusammenhang mit der römischen Geschichte betrifft. Über ein Jahr zogen sich die gegenseitigen Manöver noch hin, kriegerischer und politisch-propagandistischer Art. Den Winter 32/31 verbrachten Kleopatra und Antonius in Patras, erst ganz allmählich bewegten sich die gegnerischen Kräfte aufeinander zu; manchmal ergab sich eine Situation, die Kleopatra wieder Gelegenheit zu einer schnippisch-aggressiven Bemerkung gab. Octavians Heer machte beispielsweise Station an einem für Antonius ungünstig gelegenen Ort namens Toryne – Quirl –, und Kleopatra sagte zu besorgten Beobachtern mit obszöner Nebenbedeutung, *was denn daran Schlimmes sei, wenn Octavian auf einem Quirl sitze.*

Alles in allem war das Heer des Antonius zahlenmäßig überlegen, konstitutiv war die Beteiligung der Kriegsflotte Kleopatras, und Kleopatra soll es gewesen sein, die als strategisches Gesamtkonzept die Entscheidungsschlacht zur See favorisierte. Dieses Konzept bewirkte dann zum letzten Mal, dass Antonius von einem seiner Getreuen angeraten wurde, Kleopatra nach Hause zu schicken. Gleichwohl war die Schlacht, die über Kleopatra, Antonius, Octavian, ja, über die römische und in noch schicksalhafterer Weise über die ägyptische Geschichte entschied, eine Seeschlacht, am 2. September 31 bei Actium an der nordgriechischen Westküste. Octavian siegte. Der Verlauf der Schlacht mag hier auf sich beruhen bleiben, rätselhaft ist aber Kleopatras Verhalten. Sie durchbrach in einer Situation, in der die Entscheidung noch gar nicht endgültig gefallen war, mit ihren sechzig Schiffen – ihr Flaggschiff hieß übrigens Antonias – die eigenen und feindlichen Linien und floh nach Süden. Als Antonius das hörte, ließ er seine gesamte Streitmacht im Stich und folgte ihr auf einem einzigen Schiff, Kleopatra nahm ihn auf ihr Schiff auf. Die Flotte kämpfte noch stundenlang weiter, die Fußtruppen erreichten in Verhandlungen die Gleichstellung mit den Soldaten Octavians und ergaben sich dann sogar erst sieben Tage nach der Flucht ihres Befehlshabers.

Antonius saß drei Tage in dumpfer Verzweiflung auf dem Deck des Schiffes, verweigerte jede Verbindungsaufnahme, am Kap Tainaron wurde angelegt, und erst hier *brachten die Begleiterinnen Kleopatras beide zu einem Gespräch miteinander und beredeten sie dann, auch Tisch und Bett zu teilen.* Zunächst fuhren sie nach Libyen, von wo aus Kleopatra weiter nach Ägypten fuhr. In Libyen standen vier Legionen, die Antonius unter dem Befehl des L. Pinarius Scarpus zurückgelassen hatte, jedoch weigerte sich dieser nicht nur, ihn aufzunehmen, sondern tötete die Boten des Antonius und sogar weitere Soldaten, die ihren Unwillen über dieses Vorgehen zeigten. Natürlich war das keineswegs der Einzige, der abfiel, reihenweise lief man zum siegreichen Octavian über. Eigens genannt sei hier nur Herodes, einer der treuesten Anhänger des Antonius trotz seiner Schwierigkeiten mit Kleopatra; seinem Verhandlungsgeschick verdankte er es sogar, von Octavian noch besser gestellt zu werden.

Um diese Tragik noch deutlicher werden zu lassen, berichtet Cassius Dio, dass ausgerechnet Gladiatoren, die in Kyzikos am Hellespont stationiert waren und dafür trainiert wurden, für die Siegesfeiern über Octavian eingesetzt zu werden, treu blieben. Sie, die verachtetsten der Menschen, versuchten, sich in Richtung Ägypten durchzukämpfen; in Syrien schickten sie zu Antonius, und als sie nichts von ihm hörten, nahmen sie an, er sei tot, und ließen sich zögernd auf Verhandlungen ein. Sie erreichten von Octavians Statthalter Q. Didius, dass sie nicht mehr Gladiatoren zu sein hätten und angesiedelt werden würden. Dieses Versprechen wurde zunächst gehalten, einige Jahre später wurden sie jedoch *in zweckmäßiger Weise* aus dem Wege geräumt.

Antonius dachte zuerst an Selbstmord, wurde von Freunden abgehalten und fuhr nach Alexandria zu Kleopatra. Sie hatte inzwischen nichts von ihrer alten Spannkraft und Grausamkeit verloren. Cassius Dio schreibt: Weil sie befürchten musste, dass ihre Herrschaft durch die Niederlage von Actium gefährdet sein würde, und

um ihre Ankunft sicher stattfinden zu lassen, bekränzte sie den Bug ihrer Schiffe und ließ zur Begleitung von Flötenmusik Siegeslieder erklingen. Kaum aber war sie in Sicherheit, tötete sie viele der führenden Personen, die ihr schon immer ungünstig gesinnt waren und sich jetzt über ihr Unglück freuten. Sie konfiszierte viel aus deren Besitz und dazu weiteres aus Tempelvermögen, wobei sie auch die allerheiligsten Plätze nicht verschonte. Sie reorganisierte die Streitkräfte und hielt nach Bündnissen Ausschau. Sie tötete den Armenierkönig und schickte dessen Haupt dem Meder, damit dieser deshalb zu Hilfe käme.

Chronologisch schwer damit zu vereinbaren sind die Nachrichten, dass sie in einer Art Verzweiflungsakt versucht habe, über die Landenge von Suez in das Rote Meer und weiter zu entkommen. Diesmal ist Plutarch ausführlicher:

Da nämlich die Landenge, welche das Rote Meer von dem Ägyptischen Meer scheidet und als Grenze zwischen Asien und Afrika gilt, dort, wo sie am meisten von den beiden Meeren eingeengt wird und am schmalsten ist, nur dreihundert Stadien misst, so unternahm sie es, die Flotte über diese Enge ziehen zu lassen, dann die Schiffe, mit vielen Reichtümern und Truppen beladen, in dem Arabischen Meerbusen hinabzulassen und weit draußen, der Knechtschaft und dem Krieg entronnen, sich eine neue Heimat zu suchen. Da aber die um Petra siedelnden Araber gleich die ersten Schiffe, während sie heraufgeschleppt wurden, verbrannten, auch Antonius glaubte, dass das Heer bei Actium noch zusammenhielte, so gab sie das Unternehmen auf und sicherte die Einfallstore des Landes durch Besatzungen.

Sollte Kleopatra wirklich so defätistisch und realitätsfern gesinnt gewesen sein, um alles hinter sich zu lassen? Noch dazu in einer so ungeschickten Art, denn eine mit allem beladene Riesenflotte über Land zu ziehen, hätte ja nicht unbemerkt bleiben können und hätte ihre Herrschaft in Ägypten unmöglich gemacht, wenn das Manöver gescheitert wäre, was es dann ja auch tat. Da passt Dios Erzählung der grausamen Maßnahmen zur Sicherung der Herrschaft gleich nach ihrer Ankunft weitaus besser zu der Kleopatra, die wir bisher kennen gelernt haben, obwohl auch sie in ihrer Historizität nicht unbestritten sind. Demgegenüber ist keineswegs persönlichkeitsfremd, was über die erste Zeit berichtet wird, die Antonius in Alexandria verbrachte: abgrundtiefe Verzweiflung und vollständige Lähmung. Er zog sich in eine Behausung am Ende einer Landzunge bei Pharos zurück und wollte von niemandem mehr etwas wissen: *ihm sei von seinen Freunden Unrecht und Undank zuteil geworden, und darum empfinde er Misstrauen und Abscheu gegen alle Menschen.*

Es war Kleopatra, seine Frau, der es gelang, ihn aus dieser Stimmung herauszureißen, und zwar durch einen geschickten psychologischen Schachzug, sie kannte ja Antonius. Einerseits tat sie das, was beide seit vielen Jahren mit Lust zusammen unternommen hatten, andererseits knüpfte sie an seine depressive Stimmung an. Einerseits also wurde wie in alten Zeiten kräftig gefeiert, andererseits geschah das mit einer Art Galgenhumor; ich zitiere den Plutarch-Text etwas zusammengerafft: Antonius wurde also *von Kleopatra im königlichen Schlosse aufgenommen und stürzte die Stadt in eine Reihe von Gastmählern, Trinkgelagen und Spendenverteilungen, Umzügen und Festen. Sie selber löste jene Vereinigung der «unnachahmlichen Lebenskünstler» auf und gründete eine neue, die jener an Üppigkeit, Schwelgerei und Verschwendung um nichts nachstand und die «Genossen im Tode» hieß. Denn es trugen sich darin die Freunde ein, die mit ihnen zusammen sterben wollten, und so lebten sie dahin in einer ununterbrochenen Folge von Festlichkeiten.*

Beide wären aber nicht sie selbst gewesen, wenn nicht gleichzeitig und selbstverständlich Politik getrieben worden wäre, und das hieß, so viel von Ägypten und der Dynastie zu retten, wie zu retten war, politisch wie notfalls militärisch, und Dynastie bedeutete vor allem, die Zukunft von Kleopatras Kindern mit Caesar und mit Antonius als Herrscher Ägyptens zu sichern. Ein Teil der Festlichkeiten wurde daher aus einem Anlass begangen, der zwei Söhne in einer wie auch immer schließlich zu gestaltenden Nachfolge, vielleicht auch in einer militärischen Funktion, einsetzen sollte: Kaisar, der Sohn Caesars und Kleopatras, sowie Antyllus, der Sohn Antonius' und Fulvias, wurden unter die Epheben aufgenommen, also in griechischer Weise für volljährig erklärt, und Antyllus bekam zusätzlich die *toga praetexta*, wurde also volljährig auch nach römischer Sitte. Die Volljährigkeit stellte Kaisar, der ja schon ohnehin Mitregent seiner Mutter war, für die Nachfolge bereit, aber für beide Söhne galt auch, dass sie von jetzt an vollwertig für militärische Zwecke zur Verfügung stehen sollten.

Kleopatra und Antonius versuchten aber zunächst, politisch mit Octavian übereinzukommen, und zu diesem Zweck sandten sie Boten, um ihm Vorschläge zu machen, die allerdings nichts anderes als Bitten sein konnten. Deren Art, Inhalt und Abfolge sowie Octavians Antworten werden in der Überlieferung sehr unterschiedlich und unübersichtlich dargestellt. Das ist auch kein Wunder, denn diese Botschaften waren ein Stück Geheimdiplomatie und gelangten nur bruchstückhaft und in verschiedenen Versionen an die Öffentlichkeit, und dies auch im Dienste politischer Propaganda. Daher soll jetzt gar nicht erst versucht werden, eine ohnehin nicht zu erreichende historische Wahrheit herauszupräparieren. Stattdessen seien jetzt einfach die Versionen zusammengestellt, die in Umlauf waren, mit einigen Bemerkungen über die Glaubwürdigkeit der Nachrichten.

Am glaubhaftesten, weil am natürlichsten, sind die Bitten Kleopatras, die Herrschaft in Ägypten ihren Kindern zu belassen. Die Behauptung, sie habe Octavian ein goldenes Szepter, einen goldenen Kranz und einen königlichen Thron übersandt, ist im Vergleich damit unglaubhaft, zumal da dieses angebliche Angebot nirgendwo sonst erwähnt wird und auch keine Weiterungen gehabt hat. Ein schlichtes Geldangebot, von dem einmal die Rede ist, dürfte schon deshalb kaum jemals stattgefunden haben, weil Octavian auch ohne Kleopatra ganz andere Reichtümer in Ägypten erwartet hatten. Einheitlich sind die Berichte darüber, was Octavian geantwortet habe, sie passen zu seinem unbeteiligten, kalkulierenden Politikstil. Er antwortete immer unverbindlich und ausweichend, mehrfach wurde eine anständige Behandlung an die Forderung geknüpft, dass Kleopatra Antonius töten oder jedenfalls entfernen solle. In der Unterredung verfolgte Kleopatra am Schluss wohl das Ziel, Octavian davon zu überzeugen, dass er ihre Schätze bekommen werde und dass sie sich noch rechtfertigen könne, jedenfalls sich nicht töten würde. Octavian äußerte sich wie üblich eher undeutlich, war sich aber nach der Unterredung sicher, dass er sie für seinen Triumphzug zur Verfügung haben werde. Berichte, dass sie ihn habe verführen wollen, dass er aber tugendhaft widerstanden habe, braucht man nicht zu berücksichtigen.

Bei den Bitten des Antonius sieht es anders aus, sie sind in der Überlieferung von großer, phantasievoller Variationsbreite. Einmal bittet er, wenn er schon nicht in Ägypten bei Kleopatra bleiben könne, ein friedliches Privatleben in Athen führen zu dürfen; ein andermal bietet er einen Zweikampf an; er erinnert Octavian an ihre frühere Freundschaft, gegenseitige Verschwägerung, gemeinsame frühere Liebesabenteuer; er schickt Octavian einen übrig gebliebenen Caesarmörder; schließlich schickt er seinen Sohn Antyllus mit viel Geld. Octavian reagiert nur ein einziges Mal, mit der höhnischen Antwort auf die Forderung zum Zweikampf, es gäbe viele andere Todesarten, die Antonius offen stünden. Den Caesarmörder behält er und richtet ihn hin, Antyllus schickt er zurück, behält aber das Geld. Die Glaubwürdigkeit dieser Berichte ist meist sehr gering, glaubhafter die kühle und verächtliche Reaktion Octavians, für den Antonius einfach nicht mehr zählte.

Natürlich wurde immer gemunkelt, dass Kleopatra ihren Geliebten bei verschiedenen Gelegenheiten an Octavian verraten habe, um für sich günstige Bedingungen zu erreichen. Einmal habe Octavian einen sehr gut aussehenden Freigelassenen zu ihr geschickt, mit dem sie sich verdächtig oft und lange unterhalten habe, bis Antonius ihn auspeitschen ließ und zurückschickte. Eine andere, besonders lächerliche Version will wissen, dieser Freigelassene Thyrsos habe ihr von Octavian übermittelt, dieser sei in sie verliebt, woraufhin Kleopatra die Grenzfestung Pelusion an Octavian verraten habe; dieser Verrat ist auch unabhängig davon geäußert worden. Eine spätere Massendesertion der Flotte und der Reiterei sei Kleopatras Werk, Antonius selber habe ausgerufen, Kleopatra sei daran schuld, für die er doch die ganzen Kämpfe auf sich genommen habe.

Schließlich habe Kleopatra Antonius dadurch absichtlich in den Selbstmord getrieben, dass sie ihm die falsche Nachricht habe zuspielen lassen, sie selber lebe nicht mehr. All das müssen wir auf sich beruhen lassen. Gerüchte oder absichtlich in Umlauf gesetzte Vermutungen ließen sich schon damals nicht verifizieren, geschweige denn heute, in jeder vergleichbaren historischen Situation gibt es so etwas. Wir halten uns im Folgenden an das, was sich an Ereignissen einigermaßen feststellen lässt.

Dazu gehören nicht – um das schnell abzumachen – die gelegentlichen Erwähnungen, dass beide daran gedacht haben sollen, nach Spanien auszuweichen und von dort über einen Aufstand der einheimischen Iberer Octavian die Herrschaft über das Römische Reich zu entreißen; das klingt allzu abenteuerlich. Fest steht indes, dass Antonius mehrfach versucht hat, sich dem von Syrien und Palästina herangenahten Octavian militärisch entgegenzustellen, allein, ohne dass von Kaisar oder Antyllus die Rede wäre. Die östliche Grenzfestung Pelusion scheint sich durch Verrat des Befehlshabers Seleukos Octavian ergeben zu haben, der danach sein Lager an dem außerhalb der Stadt gelegenen Hippodrom aufschlug. Hier konnte Antonius einen letzten Sieg erringen; Plutarch schreibt, tragisch zugespitzt:

Er machte einen Ausfall, schlug Octavians Reiterei nach glänzendem Kampf in die Flucht und verfolgte sie bis zum Lager. Stolz auf den Sieg kam er in den königlichen Palast, küsste Kleopatra noch in seiner Rüstung und stellte ihr den Soldaten vor, der am tapfersten gekämpft hatte. Dem schenkte sie als Siegespreis einen goldenen Panzer und einen Helm. Der Mann nahm das und lief in der folgenden Nacht zu Octavian über.

Danach machte Antonius den Vorschlag zum Zweikampf, erntete nur Hohn, und zum Schluss wagte er eine Schlacht zu Wasser und zu Lande. Am Morgen stellte er das Landheer auf und beobachtete das Auslaufen seiner Kriegsflotte.

Abermals Plutarch:

In der Erwartung, Zeuge einer großen Leistung der Flotte zu werden, saß er ruhig da. Als sie aber in die Nähe der Feinde kamen, begrüßten sie Octavians Schiffe mit den Rudern, und als diese den Gruß erwiderten, liefen sie über, und mit allen Schiffen, nunmehr zu einer einzigen Flotte geworden, fuhr jetzt der Feind auf die Stadt los. Während

Antonius das mit ansah, wurde er sofort auch von den Reitern verlassen – mit denen er doch gerade eben noch gesiegt hatte –, die ebenfalls überliefen, und mit dem Landheer geschlagen, kehrte er in die Stadt zurück.

Das war das Ende.

15. Kapitel
KLEOPATRAS TOD

Bevor Octavian in der Stadt Einzug hielt, erfüllte sich das Schicksal des Antonius. Kleopatra hatte in der Zwischenzeit für genau diesen Fall der endgültigen militärischen Katastrophe Vorsorge getroffen. Neben einem Isistempel im Palastbezirk hatte sie offenbar schon seit einiger Zeit ein großes Grabmal für sich errichten lassen – nichts von ihm ist erhalten –, und in dieses Grabmal ließ sie nun *die kostbarsten Stücke des königlichen Schatzes bringen, Gold, Silber, Smaragde, Perlen, Ebenholz, Elfenbein und Zimt, dazu aber auch viel Brennmaterial und Werg*, genau die Dinge also, die Octavian gerne erbeutet hätte und die Kleopatra nicht in seine Hände gelangen lassen wollte. Bei der Nachricht von der vernichtenden Niederlage des Antonius, die die Stadt für Octavian offen machte, zog sie sich in das Mausoleum zurück und verrammelte es. Antonius, der davon erfuhr, nahm offenbar an, sie habe Selbstmord begangen, und entschloss sich nun, dasselbe zu tun. Wie oft in solchen Situationen wird auch hier berichtet, dass die Diener und Freunde, die ihm den Todesstoß versetzen sollten, seelisch dazu nicht in der Lage waren und sich lieber selber töteten. Schließlich stürzte er sich selbst in das Schwert, erreichte aber nur, dass er sich schwer verletzte.

Nun erst ließ Kleopatra nach ihm senden, und nun gab es eine hilflos-beklagenswerte Szene:

Er befahl seinen Dienern mit Eifer, seinen Leib aufzuheben, und wurde auf ihren Armen an die Tür des Grabmals getragen. Kleopatra ließ die Tür nicht öffnen, sondern man sah sie, wie sie aus einem Fenster Seile und Taue herabließ. Nachdem man Antonius an diese gebunden hatte, zog sie selbst und zwei Frauen, die sie als Einzige in das Grabmal genommen hatte, ihn herauf. Keinen jammervolleren Anblick habe es geben können, sagen diejenigen, die dabei gewesen sind. Denn mit Blut bedeckt und mit dem Tode ringend, wurde er hinaufgezogen, während er im Schweben die Arme nach ihr ausstreckte. Denn es war für eine Frau keine leichte Arbeit, sondern mit schwerer Mühe nahm Kleopatra, indem sie mit beiden Armen zugriff und vor Anstrengung das Gesicht verzog, das Bündel herein, während die Leute unten ihr Weisungen erteilten und sich mit ihr ängstigten.

Drinnen verblutete er in ihren Armen.

Dass Octavian bei der Nachricht geweint habe, wollen wir wie bei Caesar auf sich beruhen lassen, er hatte andere Sorgen. Zunächst hielt er Einzug in Alexandria, und es war der Monat dieses Ereignisses, der Sextilis, der später nach ihm in August umbenannt wurde, nicht etwa sein Geburtsmonat September. Auch das zeigt, dass dem Krieg gegen Kleopatra wirklich große und nicht nur propagandistische Bedeutung beigemessen wurde. Ausgerechnet im Gymnasion, also an dem Ort, an dem wenige Jahre vorher Antonius angeblich das Römische Reich verschleudert hatte, sprach er zu den sich ängstigenden Alexandrinern, beruhigte sie mit schmeichelnden Worten und sprach von der Gründung durch Alexander den Großen sowie über die Schönheit der Stadt; er versprach, ihnen nichts zu tun, und dieses Versprechen hielt er auch.

Zwei mit Kleopatra zusammenhängende Probleme beschäftigten ihn, nämlich wie er zu ihren Schätzen, aber vor allem, wie er zu ihr selbst gelangen könne. Sie sollte im Zentrum des Triumphzuges stehen, den er in Rom abzuhalten gedachte. Auf die kostbaren Schätze scheint Kleopatra weniger Wert gelegt zu haben, ihr kam es ganz darauf an, sich durch Selbstmord der Gefangennahme und der Demütigung des triumphalen Vorgezeigtwerdens zu entziehen. Schon bei der Schilderung der makabren Festivitäten der «Genossen im Tode» hatte Plutarch ausführlich erzählt, wie Kleopatra an zum Tode verurteilten Verbrechern die Wirkung von allerlei Giften ausprobiert habe, ob sie schnell oder langsam, schmerzhaft oder eher schmerzlos wirkten; am wenigsten qualvoll soll ihr da der Schlangenbiss durch die Schildviper erschienen sein.

Wie dem auch sei, jedenfalls gelang es Octavian durch List, Kleopatra gefangen zu nehmen. Es ist wohl etwas zu dick aufgetragen, wenn Plutarch behauptet, dass derjenige, der das bewerkstelligte, kurz vorher vom sterbenden Antonius der Kleopatra als der Vertrauenswürdigste ans Herz gelegt worden ist. Es ist auch übel genug, was dieser Proculeius tat. Zunächst ging er zum Mausoleum und verhandelte mit Kleopatra durch dessen geschlossenes Tor. Bei dieser Gelegenheit konnte er sich in unverdächtiger Weise ein Bild von der Örtlichkeit machen und entdeckte das Fenster, durch das Antonius hineingezogen worden war. Danach verhandelte C. Cornelius Gallus, ein bedeutender Dichter übrigens, aufs Neue mit der Königin, und während sie so abgelenkt war, stieg Proculeius ausgerechnet durch dieses Fenster von oben hinein und überwältigte Kleopatra von hinten. Octavian, nun Herr des Verfahrens, konnte jetzt dafür sorgen, dass die Schätze unangetastet blieben und dass Kleopatra keine Gelegenheit zum Selbstmord fände, damit sie im Triumphzug vorgeführt werden könnte.

Immerhin durfte Kleopatra Antonius bestatten, was *mit königlicher Pracht* geschah. Dann versuchte sie den Selbstmord. Da ihr aber Gift und Dolche weggenommen worden waren, verfiel sie darauf, sich durch Verweigern der Nahrungsaufnahme zu töten – ihr Arzt Olympos, der später einen leider verloren gegangenen Bericht darüber veröffentlicht hat, beriet sie dabei. Als sich die ersten Anzeichen zeigten, drohte ihr Octavian mit dem Leben ihrer Kinder, sodass sie diesen Versuch aufgeben musste. Nun hielt Octavian den Zeitpunkt für gekommen, mit der hilflosen Königin zu sprechen, weniger, um ernsthaft zu verhandeln, sondern um sie so weit ruhig zu stellen, dass sie für den späteren Triumph aufbewahrt werden konnte.

In der Tat zeigte Kleopatra keine Anzeichen von Lebensmüdigkeit. Die Berichte, sie habe Octavian in der einen oder anderen Weise – etwa auch durch das Verlesen der Briefe seines Adoptivvaters – verführen wollen, lassen wir beiseite, weil sie nur dem Propaganda-Bild der sittenlosen Verführerin entstammen. Sehr viel schlüssiger sind die Nachrichten, dass sie sich vor Octavian habe rechtfertigen wollen und die Fürsprache von Octavia und Octavians Gattin Livia angestrebt habe. Daraus entnahm Octavian, dass sie am Leben bleiben wolle, aber es war nur ein Täuschungsmanöver – Plutarch wertet dieses Gespräch wohl richtig, wenn er sagt, Octavian *ging davon in dem Glauben, sie getäuscht zu haben, war aber vielmehr selbst der Getäuschte.*

Zum Schluss gelang Kleopatra ihre letzte Täuschung, durch die sie in den Besitz des Giftes kam, mit dem sie sich tötete. Was es war, hat man nie richtig wissen können, schon im Altertum nicht, und wohl deshalb wurde früher erzählt, dass Kleopatra verschiedene Giftsorten ausprobiert habe. Man dachte an eingenommenes Gift oder an eine vergiftete Haarnadel, aber am häufigsten wurde der Biss einer Schlange genannt, also die Art, auf die sie bei ihren früheren Experimenten selber gekommen sein soll. Diese Version bevorzugt Plutarch, sie hat sich bis heute gehalten. Weil es nun müßig ist, darüber zu spekulieren – manches spricht auch gegen die Schlangen-Theorie –, sei hier die großartige Schilderung ihrer Sterbeszene durch Plutarch wiedergegeben – gewiss dichterisch überhöht, aber ist das ein Fehler?

Nach einem letzten Besuch am Grab des Antonius

bekränzte sie das Grab und nahm Abschied von ihm und befahl dann, ihr ein Bad zu bereiten. Nach dem Bade legte sie sich zu Tische und nahm ein köstliches Mahl ein. Währenddessen kam jemand vom Lande, der ein Körbchen brachte. Auf die Frage der Wächter, was er da bringe, öffnete er es, nahm die Blätter ab und zeigte, dass das Gefäß voll Feigen war. Da sie über die Größe und Schönheit der Früchte staunten, forderte er sie lächelnd auf, davon zu nehmen. Darauf ließen sie es ihn ohne Argwohn hineintragen.

In Wirklichkeit war unter den Feigen die Schlange verborgen – und ist es nicht seltsam, dass Kleopatras Leben mit einer List endet, durch die Wachen getäuscht wurden, genauso wie die, durch die sie seinerzeit zu Caesar gelangt war?

Nach der Mahlzeit schickte Kleopatra ein Brieftäfelchen, das sie beschrieben und versiegelt hatte, an Octavian, wies alle anderen außer den beiden ihr am nächsten stehenden Frauen hinaus und verschloss die Türen. Als Octavian den Brief öffnete und darin Klagen und die flehentliche Bitte las, sie neben Antonius zu begraben, begriff er sofort, was geschehen war, und wollte zuerst selbst zu Hilfe eilen, schickte aber dann in Eile andere, um die Sache zu untersuchen. Es war aber sehr schnell gegangen, denn als die Ausgesandten im Laufschritt hinkamen, die Wächter ahnungslos antrafen und die Türen öffneten, fanden sie Kleopatra schon tot in königlichem Schmuck auf einem goldenen Bett liegen. Die eine ihrer beiden Frauen, namens Eiras, lag zu ihren Füßen im Sterben, die andere, Charmion, war, schon schwankend und taumelnd, beschäftigt, das Diadem auf dem Haupte der Königin zurechtzulegen. Als da einer zornig sagte: «Schöne Sachen sind das, Charmion!», erwiderte sie: «Gewiss, sehr schön, und so, wie es sich gebührt für die Enkelin so vieler Könige.» Weiter sagte sie nichts mehr, sondern sank auf der Stelle neben dem Bett zu Boden.

Octavian soll zwar noch versucht haben, das Gift aus Kleopatras Körper zu entfernen, aber dann fügte er sich in die Situation. Fühlte er sich durch diesen heroischen Tod vielleicht sogar doch angerührt? Jedenfalls zeigte er sich zum Schluss überraschend ritterlich. Kleopatra wurde prachtvoll und königlich, wie sie gestorben war, neben

Antonius bestattet, ebenso bekamen Eiras und Charmion ein ehrenvolles Begräbnis. Die Statuen des Antonius wurden umgestürzt, Kleopatras Statuen blieben auf Wunsch des Archibios, eines ihrer Freunde (und nach der Zahlung von zweitausend Talenten), an ihrem Platz. Im Triumphzug konnte nun bloß noch ein Bild Kleopatras mitgeführt werden. Postume Bildnisse von ihr gibt es nicht.

III. ERGEBNISSE

16. Kapitel
KLEOPATRAS SOHN KAISAR

Kleopatra hatte als ihren Nachfolger Kaisar, ihren Sohn von Caesar, vorgesehen, der auch den Namen seines Vaters trug. Er war ihr Mitregent und verkörperte damit bereits die politische Konzeption seiner Mutter. Nun war er anscheinend schon vor dem Selbstmord seiner Mutter von Caesars Adoptivsohn Octavian getötet worden, sie überlebte ihn also, doch ziemt es sich, gegen Ende der Lebensgeschichte Kleopatras das Wenige im Zusammenhang zu berichten, was wir über ihn wissen; einiges wird dabei wiederholt werden.

Zunächst sein Name: Kaisarion, wie er in der modernen und antiken Literatur zuallermeist genannt wird, hieß er nicht. Das mag von den Zeitgenossen, insbesondere von den Alexandrinern, ein Spitzname oder eine abschätzige Bezeichnung gewesen sein. Wenn man diesen Namen positiv interpretiert, bedeutet er «Sohn Caesars», negativ «Kleiner Caesar». Die zeitgenössische oder auch die spätere antike Literatur stand mit diesem Namen unter dem Einfluss der augusteischen Propaganda, die ihn schon durch die Namengebung relativieren oder eher noch abwerten wollte. Demgegenüber benennen ihn die Quellen, auf die es ankommt, eindeutig. Das sind die hieroglyphischen, demotischen und griechischen Inschriften sowie die Papyri.

Die Inschriften stellen offizielle Kundgebungen dar, und auch die Papyri datieren in amtlicher Weise nach den Regierungsjahren der Herrscher, wobei der offizielle Sprachgebrauch verwandt werden musste. In all diesen Quellen heißt er neben dem selbstverständlichen dynastischen Namen Ptolemaios zusätzlich und einheitlich, sei es auf Ägyptisch, sei es auf Griechisch: Καῖσαρ, in heutiger Umschrift Kaisar. So wurde auch der Name seines Vaters Caesar ausgesprochen und geschrieben, wenn griechische Buchstaben verwandt wurden. In diesem Buch müsste also sogar konsequenterweise immer Caesar geschrieben werden, wenn von ihm die Rede ist, es soll aber bei Kaisar bleiben, der Umschrift der griechischen Buchstaben, schon um des Unterschiedes willen.

Neben seinem Personennamen hatte er Beinamen; sie sind von großer Bedeutung, auch für die Politik seiner Mutter. Zunächst hieß er Philopator, der Vaterliebende, ein schon bei früheren Ptolemäerkönigen vorgekommener Name. Der Vater des jungen Kaisar war nun sein gleichnamiger Vater Caesar, und schon dieser Name proklamierte eine besondere Nähe dieses Kindes zum Herrscher Roms. Und umgekehrt: Da dieser Herrscher Vater des ägyptischen Königs war, der noch zusammen mit seiner Mutter regierte, ihr aber in späterer Zukunft nachfolgen sollte, fungierte dieser Römer gleichzeitig auch als Begründer einer mit Kaisar beginnenden neuen ägyptischen Dynastie. Dieser von Heinz Heinen erschlossene Gesichtspunkt eröffnet neue Perspektiven für Kleopatras Politik.

Im ägyptischen Kontext, in dem dieser Beiname in ägyptischer Sprache auch erscheint, hat er aber noch eine weitere, programmatisch-gefährliche Bedeutung. Auf dem rechten Relief der Tempelsüdwand in Dendera wird der Hathor geopfert, die, ganz ungewöhnlich für die ägyptische Religion, mit einem Gott verheiratet war, der anderswo seinen Tempel hatte, nämlich mit dem Horus von Edfu; er kam allerdings regelmäßig nach Dendera, um die heilige Hochzeit zu feiern. Das könnte als Parallele zu Kleopatras – früherem – Verhältnis zu Caesar verstanden worden, wenn nicht sogar ausdrücklich gemeint sein, zumal da Hathor auch als Aphrodite angesehen wurde, mit welcher Göttin sich Kleopatra identifizieren ließ. Auf der linken Seite wird Osiris, seiner Gattin Isis und deren Sohn Harpokrates geopfert. Wenn man nun bedenkt, dass Kleopatra sich besonders mit

Isis identifizierte, dass Osiris von seinen Feinden ermordet wurde und dass beider Sohn seinen Vater rächen sollte, dann ist die Analogie mit Caesar, Kleopatra und Kaisar besonders deutlich.

Auch im Tempel von Hermonthis wird eine Szene dargestellt, in der ein von einem fernen Gott gezeugtes Kind geboren wird. Der Tempel wurde im 19. Jahrhundert zerstört, glücklicherweise haben wir aber die vor der Zerstörung durch Richard Lepsius angefertigten Zeichnungen, von denen eine diesen Vorgang darstellt: Auch hier haben wir einen Hinweis auf die Geburt Kaisars vor uns, zumal da dessen Name an zahlreichen Stellen des Tempels besonders häufig auftritt (Abb. 4).

Ptolemaios Kaisar Philopator bekam schließlich noch einen weiteren Beinamen, der seine enge Verbundenheit mit seiner Mutter ausdrücken sollte, mit der er nach 37/36 zusammen als «König der Könige» regieren sollte: Er hieß von nun an Philometor, der Mutterliebende, auf Griechisch und auf Ägyptisch, ein Beiname, der nicht weiter erklärt werden muss. Er war also Mitregent seiner Mutter, was nichts Geringes ist. Gewiss war sie die Tonangebende, aber nach außen hin und im Hinblick auf die Zukunft regierten sie zusammen. Er war der männliche Pharao. Das zeigt sich in der ständigen Nennung bei Datierungen und an anderen Stellen zusammen mit Kleopatra, wobei die tatsächliche Rangfolge daraus hervorgeht, dass Kleopatra üblicherweise als Erste genannt wird. In die Augen springt aber, dass auf dem großen Relief von Dendera Kaisar vor Kleopatra steht und den Göttern opfert. Hier hat er also sogar protokollarischen Vorrang vor seiner Mutter, und diese Darstellung war es, die für die Bevölkerung am allersichtbarsten war. Im Innern des Gebäudes kommt diese bildliche Reihenfolge auch vor, in der Beschriftung allerdings wird Kleopatra vor Kaisar genannt.

Es gibt sogar aus dem letzten Jahr beider – 31/30 – eine Stele, die sehr profane Vereinbarungen zwischen Zünften enthält, in der die Datierung in üblicher Weise geschieht. Geschmückt aber ist sie mit einer Darstellung, auf der nur Kaisar den Göttern opfert, Kleopatra fehlt. Ob dem eine Bedeutung zuzumessen ist? Allerdings erscheint Kleopatra in der einleitenden Datierungsformel und wird auch vor Kaisar genannt. Sie ist, wie der gesamte demotische Text, sehr ausführlich und lautet in Übersetzung folgendermaßen, wobei die Abkürzung L. H. G. «Leben, Heil, Gesundheit» bedeutet:

Regierungsjahr 22, welches entspricht dem Regierungsjahr 7, der erste Monat der Überschwemmungsjahreszeit, Tag 22 der Königin, L. H. G., der leiblichen Tochter der Könige, die [ihrerseits] Könige, L. H. G., von Königen L. H. G. sind, Kleopatra, L. H. G., der wohltätigen Göttin, L. H. G., Philopator, L. H. G., und des Königs, L. H. G., Ptolemaios, L. H. G., den man nennt Kaisaros, L. H. G., des Gottes Philopator Philometor [...].

Eine weitere Quelle, der Papyrus, in dem einem Römer Cascellius erhebliche wirtschaftliche Ausnahmegenehmigungen erteilt werden und auf den unten noch mehrfach eingegangen werden wird, ist auch für den Charakter der Koregentschaft von Kleopatra und Kaisar aufschlussreich. Zu den Privilegien, die er erteilte, gehörte auch die Freiheit von Abgaben aller Art. Der Begünstigte brauchte nichts zu zahlen, «weder in den öffentlichen Haushalt noch in deine und meine private Kasse»; da der Text im Plural Majestatis verfasst war, heißt es wörtlich «in unsere und eure». Wer ist da gemeint? Wegen der Parallelisierung der beiden Vermögen muss es jemand sein, der mit der Verfasserin auf gleichem Fuße stand, wenn er auch in der Reihenfolge der Nennung nach ihr kam, und das kann nur der sein, der auch in den Inschriften nach Kleopatra, aber gleichen Ranges mit ihr genannt wird, also ihr Sohn und Mitregent Kaisar. Man sieht also, dass die Mitregentschaft mehr war als eine bloße Formalität, dass sie insofern auch organisatorische Konsequenzen hatte, als Kaisar sogar ein separates Vermögen hatte. Kleopatra aber konnte darüber bestimmen, was dazugehörte und was nicht.

Was wir von Kaisars Leben wissen, ist nicht viel. Seine Geburt glaubte man bis vor kurzem genau datieren zu können: Auf einer im Louvre aufbewahrten demotisch beschrifteten Stele des P^{ȝ}–dj-Nfr-jtm aus Memphis las man bis vor kurzem:

Geschrieben im Jahr 5, im Monat 2 der Sommerjahreszeit, Tag 23, das Fest der Isis, andere Bezeichnung: am Tage der Geburt Pr-^{ꜥȝ}-Ksrs – Pharao Kaisars,

das wäre der 23. Juni 47 gewesen. Diese Lesung freilich, die auch ganz ungewöhnlich wäre, ist als falsch erwiesen worden. Muss man daher sagen, Kaisar sei erst nach Kleopatras Aufenthalt in Rom geboren worden? Da Caesar bei dieser Geburt schon ermordet gewesen war, hätte es keine Anerkennung durch ihn gegeben, und alle Folgerungen daraus wären hinfällig. Das wäre aber nicht richtig, denn gewichtige Gründe sprechen dafür, dass Kaisar schon bei Caesars Aufenthalt in Ägypten gezeugt worden ist, dass Caesar selbst ihn also als seinen Sohn anerkannte. Zum einen schreibt der nüchterne und zuverlässige Plutarch, Kaisar sei kurz nach Caesars Abreise geboren worden. Zum anderen müsste man sich die Frage stellen, wer denn sonst der Vater gewesen sein soll. Die klatschsüchtige und kleopatrafeindliche Überlieferung nennt trotz der Versuche, Caesars Vaterschaft zu bezweifeln, keine Namen, und das hätte sie gewiss getan, wenn es solche Gerüchte gegeben hätte. Und schließlich: Warum hätte Kleopatra schon früher für den «anlandenden Caesar» und nicht erst etwa später für den schmählich ermordeten ein Heiligtum errichten sollen, wenn er nicht schon damals der Vater ihres Sohnes gewesen wäre? Nein, Kaisar ist als Sohn Caesars schon in Ägypten geboren worden.

Kleopatra nahm ihn mit nach Rom, wo er bei ihr in Caesars Gärten wohnte. Caesar hatte gegen den Namen dieses kleinen Jungen nichts einzuwenden, der identisch mit seinem war, und das ist der beste Beweis dafür, dass er ihn als seinen Sohn anerkannte. Diese Anerkennung ist das Entscheidende, nicht die bei genauer Betrachtung wahrlich absurde Frage, ob er denn wirklich der biologische Vater gewesen sei. Wie wollte man damals und wie will man erst recht heute einen Vaterschaftsnachweis führen? Und diese Anerkennung bedeutete gleichzeitig, dass er wie Kleopatra mit diesem ägyptisch-römischen Sohn politische Absichten verband. Nicht, dass es konkrete Pläne gewesen wären, was bei einem so kleinen Kind ja unmöglich ist; aber er wurde für größere Zwecke in Bereitschaft gehalten; immerhin war das Standbild der Mutter im Tempel der Venus Genetrix, der Stammmutter des iulischen Geschlechts, neben dem der Göttin aufgestellt worden.

Nach Caesars Ermordung nahm Kleopatra ihren Sohn wieder zurück nach Ägypten, und nach der Ermordung ihres Bruders Ptolemaios' XIV. machte sie ihr dreijähriges Söhnchen zum formalen Mitregenten – Ptolemaios XV., «der auch Caesar heißt», um es ganz unmissverständlich wiederzugeben. Aus der Folgezeit wissen wir so gut wie nichts. Wie kommt das? War er so unbedeutend? Oder war die faktische Zensur oder gelenkte Meinungsbildung durch Augustus so durchgreifend? Dagegen spräche, dass wir doch eine Menge von Tatsachen wissen, die Augustus ganz gewiss nicht angenehm waren. Dafür spricht, dass wir keine Standbilder griechischen Typs des jungen Kaisar haben. Da ist anscheinend mit großer Intensität aufgeräumt worden. Immerhin hatten wir erfahren, dass Antonius ihn als Sohn Caesars anerkannt und als Mitkönig mit seiner Mutter eingesetzt hatte, zur angeblichen großen Empörung in Rom; in Wirklichkeit natürlich zur großen Beunruhigung Octavians. Darüber hinaus gibt es die ägyptischen Inschriften, die anscheinend für nicht so wichtig angesehen wurden oder einfach nicht bekannt waren, sodass man sie nicht zerstörte; aber auch durch sie erfahren wir nur, dass es Kaisar überhaupt gegeben hat, weiter nichts. Schließlich gibt es mehrere Statuen eines jugendlichen Pharao, die möglicherweise Kaisar darstellen; Porträtähnlichkeit war ja nicht beabsichtigt (Abb. 14).

Erst am Ende hören wir wieder von ihm. Er wurde, womöglich

für ein militärisches Kommando, unter die Epheben aufgenommen, nach der Niederlage wurde angeblich versucht, ihn über Äthiopien nach Indien entkommen zu lassen; das klingt reichlich phantasievoll. In Parallele zum Verrat, den der Erzieher des Antyllus an diesem übte und ihn Octavian auslieferte, heißt es von Rhodon, dem Erzieher Kaisars, er habe ihm vorgegaukelt, Octavian wolle ihm ein Königreich zukommen lassen, worauf Kaisar umkehrte. Ganz unglaubwürdig ist das nicht, denn Kleopatra hatte ja um etwas Ähnliches gebeten. Trotzdem war es nach damaligen Begriffen fast selbstverständlich, dass Caesars bloßer Adoptivsohn Octavian den wirklichen Sohn Kaisar töten ließ; dazu hätte er nicht der zynischen, aber wie jeder Zynismus zutreffenden Empfehlung des Philosophen Areios bedurft, eine «Vielcaesarei» oder «Vielkaisarei» sei nicht gut. Eine Empörung darüber müsste auch die Morde einschließen, die Kleopatra an nächsten Verwandten begehen ließ.

Es kommt noch etwas hinzu, was wegen der üblichen Vernachlässigung der ägyptischen Dimension sonst übersehen wird. Kaisar war nicht nur Sohn Caesars, sondern er war zusammen mit seiner Mutter ägyptischer König, er war der Pharao. Hätte Octavian ihn am Leben gelassen, hätte das seinen Absichten im Wege gestanden, Ägypten für das Römische Reich einzuziehen. Immer hätten sich nationalägyptische Bestrebungen um Kaisar, den legitimen Pharao, herum bilden können.

Und trotzdem liest man von diesem Mord nicht ohne Mitgefühl, vielleicht gerade deshalb, weil er so kühl-rational begangen worden ist. Ein anscheinend harmloser Jüngling musste für seine bloße Existenz, aber auch für die hochfliegenden Pläne seiner Mutter büßen.

17. Kapitel
KLEOPATRA REGIERT

Kleopatra war zuerst und vor allem Königin Ägyptens, und jegliche große Politik im Mittelmeerraum hatte als Voraussetzung und als Basis die Tatsache, dass sie über Ägypten herrschte, dass sie Ägypten regierte. Das hätte nominell geschehen können, indem sie anderen die Alltagsarbeit überließ, das konnte aber auch aktiv und bewusst geschehen, und das war der Fall. Davon erfahren wir allerdings kaum etwas von den griechisch-römischen Autoren, die zuallermeist nur an Kleopatras Person und an ihrem Eingreifen in die römische Politik interessiert waren. Einige Hinweise gibt es aber doch. Von großer Energie und wohl auch von persönlichem Mut zeugt die Tatsache, dass sie als noch junge Frau die Mörder der Söhne des Bibulus an diesen auslieferte, zumal wenn man bedenkt, dass diese Mörder aus der schon einigermaßen verwilderten Soldateska des Gabinius stammten. Und ausdrücklich wird Kleopatras aktives Regieren dadurch hervorgehoben, dass der Römer Canidius Mark Anton gegenüber für einen Verbleib der Königin beim Heer vor der Schlacht von Actium mit der Begründung spricht, *er könne nicht erkennen, welchem der an dem Feldzug beteiligten Könige Kleopatra an Einsicht und Klugheit nachstehe, sie, die lange Zeit schon selbständig ein so großes Reich regiere.*

Einen konkreten Eindruck von dieser selbständigen Regierung bekommt man nun aber dadurch, dass man glücklicherweise gerade für Ägypten nicht nur auf diese Texte angewiesen ist, sondern dass steinerne Inschriften und vor allem im trockenen Wüstensand oder als Mumienkartonage erhaltene Papyri uns zeitgenössische und unmittelbare Nachrichten liefern. Also nicht über Kleopatras Liebesleben oder darüber, ob sie nun sehr schön war oder eher nicht so besonders, wohl aber über Ägyptens innere Probleme und wie die Königin mit ihnen fertig wurde.

Linda M. Ricketts hat im Jahr 1980 147 einschlägige Dokumente aus Kleopatras Zeit gezählt, die natürlich nur ein Bruchteil dessen sind, was in zwanzig Regierungsjahren angefallen ist. Zwar sind sie größtenteils nur fragmentarisch erhalten, aber einiges lässt sich doch ablesen; zudem sind seither weitere wichtige Texte entdeckt worden. Abgesehen von dynastischen Fragen wie Thronstreitigkeiten und Datierungen ergibt sich aus diesen Texten eine ganze Fülle von Nachrichten über Angehörige des einfachen Verwaltungsapparats sowie über höhere, sozusagen politische Beamte: Da diese Beamten eine Neigung zur Verselbständigung oder sogar zur Illoyalität hatten, musste die Königin eine strenge Aufsicht führen – diese Situation war schon seit Jahrtausenden gegeben. An unteren Chargen wären zu nennen die berufsmäßigen Schreiber, die Männer, die das Aufsetzen von Dokumenten zu beaufsichtigen hatten, Steuereinnehmer sowie andere, die die Getreideabgaben einzuziehen hatten.

Hohe Herren waren die Militärbefehlshaber, griechisch Strategen und ägyptisch wr ms genannt, und weil einige namentlich bekannt sind, zeigt sich, dass einige tatsächlich Ägypter waren: Kallimachos – auf den wir noch im Detail kommen werden – ist zwar ein erzgriechischer Name, Korax ebenfalls, aber sein Vater hieß – noch – Pꜣ-šrj-ḳꜣ, Panas Sohn des Psenobastis ist ägyptisch, ebenso Pamenches, und Pachom-Hierax trägt, wie es nicht selten geschah, die doppelte Namensform. Bei einigen hatte sich sogar die Erblichkeit des Amtes durchgesetzt, insbesondere bei der weit verzweigten Familie des Kallimachos, und das war eine Entwicklung, die in nicht wenigen Epochen der ägyptischen Geschichte zu lokalen Machtbildungen geführt hatte, die dem Königtum gefährlich werden konnten.

Auch einige Inhaber des höchsten Amtes, des Dioiketen, sind

namentlich und teilweise sogar etwas deutlicher bekannt. Mit Regierungsantritt Kleopatras war Dioiket ein Theon, der in den Thronwirren in schneller Folge durch Protarchos, Ptolemaios und Potheinos abgelöst wurde, und diesen kennen wir als den, der sich Caesar entgegenstellte und schließlich hingerichtet wurde. Dann war es wieder Theon, und er ist noch 41 im Amt, ist also jemand, der das Vertrauen der Königin besaß – war er vielleicht derjenige, der sie während ihres Aufenthalts in Caesars Gärten vertrat? Jedenfalls war es Kleopatras Aufgabe, all diese hohen und niedrigen Herren zweckmäßig einzusetzen und sachgerecht agieren zu lassen und darauf zu achten, dass sie ihre Befugnisse nicht überschritten, geschweige denn der Königin das Gesetz des Handelns aufzwangen. Dass und wie ihr das gelungen ist, zeigen einige königliche Erlasse Kleopatras, die jetzt im Einzelnen vorgestellt werden.

Der früheste stammt vom 1. November 50, also aus der Zeit, in der Kleopatra mit ihrem Bruder Ptolemaios XIII. zusammen regierte. Er ist auf einem Papyrus erhalten und lautet:

König und Königin haben verordnet: Keiner, der aus den Gauen oberhalb Memphis aufkauft, bringe Weizen oder Hülsenfrüchte nach dem Unterland, aber auch nicht in die Thebais hinauf, unter keinem Vorwand; vielmehr sollen alle unbehelligt nach Alexandria liefern; der aber, der ertappt wird, wird des Todes schuldig sein. Wer aber diejenigen, die dieser Verordnung zuwiderhandeln, bei den Gaustrategen anzeigen will, wird dafür den dritten Teil des Vermögens des Delinquenten erhalten; wenn der Anzeigende aber ein Sklave ist, wird er frei sein und ein Sechstel dazuerhalten. (2. Hand:) Im 3. Jahr, am 23. Phaopi. Horos, Bezirksschreiber […] durch den Schreiber Onias. Ich habe eine Abschrift gegenüber der vorher ausgehängten Verordnung ausgehängt. Im 3. Jahr, am 15. Hathyr.

Der Gegenstand dieses Erlasses ist ganz traditionell. Die Nilschwemme war in diesem Jahr nicht hinreichend hoch ausgefallen – wie hoch der Nil genau stand, sagte der Nilometer in Memphis –, und es war daher nötig, die Versorgung Alexandrias zu sichern. Das war die traditionelle Rolle oder besser die Aufgabe und Verpflichtung der ägyptischen Könige seit Menschengedenken, wir brauchen bloß wieder an die Josephsgeschichte zu denken. Höchstwahrscheinlich haben weder Kleopatra noch erst recht der jüngere Bruder die Initiative zu dieser Maßnahme ergriffen, sondern das tat die königliche Verwaltung, aber der Erlass erging in Kleopatras Namen, und das neunzehnjährige Mädchen wurde auf diese Weise mit ernsthaftem Regierungshandeln vertraut gemacht.

Der nächste Erlass stammt vom 13. April 41, inzwischen war Caesar in Ägypten gewesen, sein Sohn Kaisar war geboren und zum Mitregenten ernannt, Kleopatra war mit ihm in Rom gewesen, Caesar war ermordet worden, und die Königin war wieder in Alexandria:

Königin Kleopatra, Vaterliebende Göttin, und König Ptolemaios auch genannt Kaisar, Vaterliebender und Mutterliebender Gott, grüßen den Strategen des Herakleopolitischen Gaus. Lass das angefügte Dekret zusammen mit dem königlichen Schreiben in die griechische und die einheimische Sprache übertragen und in der Hauptstadt sowie in den wichtigsten Orten des Bezirks öffentlich aufstellen und veranlasse, dass auch alles Übrige nach unseren Befehlen geschieht. Lebe wohl. Jahr 11. Daisios 13, das ist Pharmuti 13.

An Theon. Diejenigen aus der Stadt, die Landwirtschaft im Bezirk von Prosopis und Bubastis betreiben, haben sich in einer Audienz am 15. Phamenoth gegen die Beamten der zehn Bezirke an uns gewandt, indem sie vortrugen: Entgegen unserem Willen und den Befehlen, die wiederholt in Übereinstimmung mit unserer Entscheidung verschickt worden sind von denen, die der Verwaltung vorstehen, dass nämlich niemand von den Alexandrinern mehr fordern darf als die Verpflichtungen, die sie gegenüber dem Herrscher zu leisten haben, versuchen sie gesetzwidrig zu handeln und diese unter diejenigen einzureihen, die Verpflichtungen gegenüber dem Land und dem Bezirk haben, was aber nicht zutrifft. Wir sind außerordentlich empört und sehen es für richtig an, dass eine generelle und allumfassende Anordnung die ganze Angelegenheit betreffend ergeht, und haben deshalb beschlossen: Alle aus der Stadt, die Land bebauen, sollen weder wie andere den Anforderungen für Krongeld und Steuern für Notfälle unterworfen sein, wie sie von Zeit zu Zeit und zu besonderen Anlässen in den Bezirken erhoben werden können, noch sollen ihre Güter für solche Beiträge beschlagnahmt werden, noch soll irgendeine neue Steuer von ihnen verlangt werden. Wenn sie einmal die von ihnen geforderte Steuer bezahlt haben, in Natur oder in Geld, für die Getreide- oder die Weinanbaufläche, die in der Vergangenheit regelmäßig der königlichen Kasse überwiesen worden ist, dann sollen sie wegen anderer Dinge nicht weiter belästigt werden, unter keinerlei Vorwand. So soll es geschehen, und dieser Text soll öffentlich nach dem Gesetz [oder: gauweise] veröffentlicht werden.

Wieder handelt es sich um einen traditionellen Gegenstand, nämlich die Bekämpfung der Beamtenkorruption, deren häufigste Form die hier beschriebene ist, dass nämlich die Steuereintreiber viel mehr oder ganz andere Steuern erheben, als eigentlich geschuldet werden. Hier nun scheint Kleopatra persönlich gewirkt zu haben, wie daraus hervorgeht, dass sie auf diesen speziellen Missstand bei einer Audienz aufmerksam gemacht worden ist. Es fällt allerdings auf, dass von Bestrafung der Schuldigen keine Rede ist.

Etwas ganz anderes ist der Gegenstand einer Inschrift vom 18. März 39, die zu lang ist, als dass sie im Wortlaut wiedergegeben werden kann. Sie stellt einen Beschluss der Amun-Priester von Theben dar und ist demotisch und griechisch eingemeißelt; das Demotische ist kaum noch zu lesen. Es ist eine Ehreninschrift, in der Kallimachos, Stratege und Königlicher Statthalter in Theben, für die Wohltaten geehrt wird, die er Stadt und Umgebung von Theben während einer Hungersnot und während verschiedener Wirren und Naturkatastrophen erbracht hatte. Zu diesen Ehrungen gehört der Titel

«Retter der Stadt», zu seinem Geburtstag sollen drei Statuen von ihm errichtet werden, eine von den Priestern, die beiden anderen von der Stadt, jedes Jahr soll sein Geburtstag gefeiert werden und anderes mehr.

Eingeleitet wird die Inschrift nach den Regierungsjahren von *Kleopatra, der Vaterliebenden Göttin, und von Ptolemaios, der auch Kaisar heißt, dem Vater- und Mutterliebenden Gott,* aber sonst ergibt sich, dass es der lokale Befehlshaber Kallimachos war, der Theben in schwerer Lage zu Hilfe kam – und nicht die Königin. Daraus hat man geschlossen, dass Kleopatras Herrschaft faktisch überhaupt nicht mehr bis in den Süden reichte. Das ist aber nicht richtig. Kleopatra war gerade in diesen Gegenden durchaus präsent, sie hatte den neuen Buchis-Stier eingeführt, sie war bei ihren frühen Thronstreitigkeiten zuerst nach Theben geflohen, sie baute in Hermonthis und vor allem im ebenfalls nahe gelegenen Dendera. Dort war sie die Bauherrin, sie ist, wir erinnern uns, 73-mal dort abgebildet, und es ist unvorstellbar, dass sie keine Inspektionsreisen dorthin unternommen hätte. Die Inschrift nennt nur das, was sie sagt, nämlich etwas über die Hilfe durch den lokalen Strategen Kallimachos, sie sagt nichts über etwaige Maßnahmen Kleopatras aus, und wenn man ihr etwas über den unmittelbaren Wortlaut Hinausgehendes entnehmen will, dann dieses, dass nach Kleopatra und Kaisar datiert wurde, dass sie also weiterhin die Oberherrschaft innehatte.

Der letzte Erlass ist ein Papyrus, der im Alten Museum in Berlin in der ägyptischen Dauerausstellung unter Glas zu sehen ist (Abb. 15). Dieser Papyrus wurde im Jahr 2000 veröffentlicht, aber er war schon 1903/05 auf dem römischen Friedhof Abusir el-Melek am westlichen Nilufer gefunden worden, und zwar als Mumienkartonage, also als Teil einer dicken Lage von Abfallpapier, in das eine Mumie eingewickelt war. Das zeigt, wie viele Papyri heute noch unveröffentlicht in den Museen lagern! Der Text, eine interne Verwaltungsverfügung, trägt oben einen Eingangsvermerk und stammt vom 23. Februar 33, also ein Jahr nach der spektakulären Installierung Kleopatras und ihrer Söhne als Klientelfürsten im Osten und ein Jahr vor ihrem Aufbruch zur Eroberung Roms. Hier erst einmal der Text:

Eingang: Jahr 19 und 4, 26. Mecheir

Wir haben dem Quintus Cascellius und seinen Erben gestattet, jährlich 10 000 Artaben – eine Artabe sind etwa 55 Liter – *Weizen auszuführen und 5000 Amphoren Wein von der Insel Kos einzuführen, ohne dass jemand irgendeine Steuer oder sonstige Abgabe von ihm verlangen darf. Wir haben ihm darüber hinaus Steuerfreiheit auf sämtliches Land, das er besitzt, gewährt, sodass er auf alle Zeit in keiner Weise etwas zu bezahlen hat, weder an die öffentliche Kasse noch an unsere und unserer Kinder Privatkasse. Wir haben ihm auch gewährt, dass seine Bauern von persönlichen Diensten und von Abgaben befreit sind, auch von gelegentlichen Sonderabgaben in den Gauen, und von Ausgaben für Soldaten und Offiziere; wir haben ihn ebenso von Abgaben für die Tiere, die zum Säen, und für Zugtiere, die zum Transport von Weizen* – Ziehen von Schiffen auf dem Nil – *benutzt werden, befreit, und auch die Schiffe sollen frei von Abgaben sein und nicht zu Dienstleistungen verpflichtet werden können. Das soll für die niedergeschrieben werden, die es betrifft, damit sie wissen, woran sie sich zu halten haben.*

So soll es geschehen.

Das nun sind solch gewaltige Privilegien – die übrigens ansatzweise zeigen, wie unermesslich reich Ägypten und wie intensiv die Besteuerung war –, dass hier nun nicht davon gesprochen werden kann, eine Kanzlei oder die Zentralverwaltung hätte eine Art Routineanweisung entworfen, die Kleopatra nur unterschrieben hätte. Nein, das war eine persönliche Entscheidung von ihr, die politische Gründe hatte. Auf diese Gründe werden wir noch eingehen, ebenso

1 – Bildnisbüste Kleopatras als griechische Königin, steht im Berliner Antikenmuseum neben der Caesar-Büste (Abb. 12).

12 – Bildnisbüste Caesars aus dem 1. Jh. n. Chr. Porträtähnlicher ist eine Büste im Antikenmuseum Turin, jedoch stammt die hier abgebildete Büste aus Ägypten – und steht in Berlin neben Kleopatra.

13 – Porträtbüste Mark Antons, Kalkstein, nur 10 Zentimeter hoch, kürzlich entdeckt.

14 – Statue eines jungen ptolemäischen Pharaos in ägyptischem Stil mit hellenistischen Merkmalen (beispielsweise aus dem Kopftuch hervortretende Locken). Möglicherweise Kaisar.

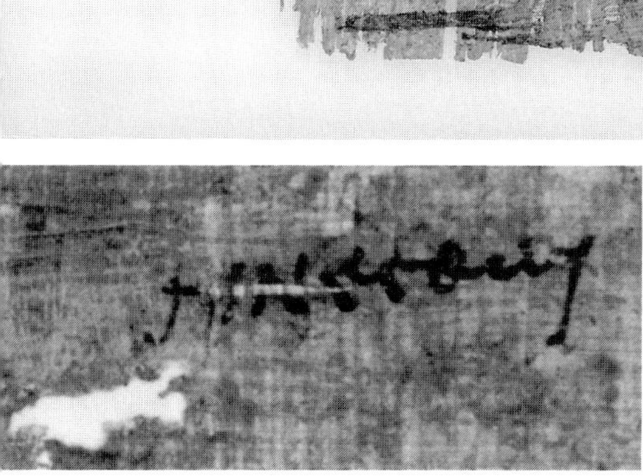

15 – Papyrus vom 23. Februar 33, in welchem dem Römer Cascellius Zoll- und Steuerprivilegien eingeräumt werden; rechts unten ein Vermerk, der möglicherweise von Kleopatras eigener Hand stammt.

16 – Stele aus der frühen Regierungszeit Kleopatras mit ägytischem Relief, aber griechischer Inschrift.

17 – Szenenfoto aus der Aufführung von George Bernard Shaws «Caesar und Kleopatra» im Hamburger Schauspielhaus 1959 mit Ingrid Andree als Kleopatra und Gustaf Gründgens als Caesar.

18 – Kleopatra ist gerade gestorben, ihre Dienerin Eiras ebenfalls, Charmion rückt noch Kleopatras königlichen Schmuck zurecht und antwortet den Wachen Octavians, indem sie auf die uralte Herkunft von Kleopatras Königtum verweist. – Historiengemälde von Jean André Rixens, 1874.

auf die umstrittene Frage, ob der Schlussvermerk vielleicht sogar von ihrer eigenen Hand stamme. Jetzt kommt es nur darauf an zu zeigen, dass und wie Kleopatras Regierungstätigkeit sehr konkret und praktisch aussah – teils im Erlass allgemeiner Regelungen, teils durch Sondergenehmigungen oder -maßnahmen, teils in traditioneller Weise, wie es die Pharaonen seit Jahrtausenden taten, teils durch Anpassung an neue Situationen, teils unmittelbar, teils im kontrollierten Gewährenlassen oder Delegieren an untergeordnete Instanzen.

Diese Nachrichten bekommen wir nun nicht durch die literarische Überlieferung, sondern nur durch unmittelbare und authentische Quellen aus Kleopatras Zeit selber, und sie entsprechen nun gar nicht dem Bild, das wir von einer machtgierigen und sogar sittenlosen, nur ans Feiern denkenden Frau vermittelt bekommen sollen. Wundert einen das? Stimmen diese anderen Quellen nicht? Ist das überhaupt ein Gegensatz? Nein. Es wäre nicht das einzige Mal, dass, positiv ausgedrückt, eine lebensvolle, der Liebe und des Geliebtwerdens fähige Frau gleichzeitig tüchtig ist und die Aufgaben, die ihr das Leben stellt, zupackend meistern kann.

18. Kapitel

GROSSE POLITIK

Nun sind wir in der Lage, uns im Gesamtzusammenhang darüber Klarheit zu verschaffen, als was man Kleopatras große oder äußere Politik anzusehen hat. Von ihr selber hören wir nichts – wie atemberaubend würde eine Autobiographie von ihr sein! Es war ja nicht ungewöhnlich, dass bedeutende politische Persönlichkeiten Autobiographien schrieben; beispielsweise ist es vom Dictator Sulla, von Augustus und von Agrippina der Jüngeren überliefert. Wir müssen uns also an das halten, was an historischen Vorgängen berichtet oder zu erschließen ist. Da ist es alles andere als banal, wenn man gleich zu Anfang die einfache Tatsache benennt, dass sie ihr Leben lang ägyptische Königin war und bis zum Schluss blieb. Wie wenig banal das ist, zeigt weiter die Tatsache, dass es seit Jahrzehnten Bestrebungen in Rom gab, Ägypten zur Provinz zu machen, und dass das gleich nach ihrem Tod mit einem gewissen Sonderstatus erfolgte. Das hatte ihr Vater verhindern wollen, und dem konnte sie nur dadurch entgehen, dass sie sich durch ihren Selbstmord vor dieser Demütigung bewahrte. Solange sie lebte, hatte Ägypten seine politische Identität bewahren können.

Das geschah freilich in einer so verschlungenen, verwirrenden und mit so vielen anderen Faktoren verknüpften Weise, dass es besonders notwendig ist, Ordnung in die verschiedenen Befunde zu bringen. Das geschieht am besten dadurch, dass man versucht, von einigen Tatbeständen abzusehen, die zwar ganz ungewöhnlich wichtig sind, die aber den Blick auf die politischen Sachverhalte verstellen; natürlich müssen sie später für das Gesamtbild wieder herangezogen werden. Absehen müssen wir daher von dem, was in üblicher und sehr verständlicher Weise im Zentrum des Interesses immer stand und heute noch steht, nämlich von den Liebesverhältnissen zu Caesar und zu Antonius, und wir müssen absehen von den verschiedenen schon zeitgenössischen Interpretationen ihres Handelns, die meist in nur schwer aufzulösendem Zusammenhang mit ihrem Verhältnis zu diesen beiden Römern stehen. Wir versuchen also, uns die bloßen äußeren Tatsachen anzusehen und dabei nach verschiedenen Etappen zu unterscheiden.

Die erste Etappe führte Kleopatra mit ihrem Sohn bereits in das Zentrum der Macht nach Rom und an die Seite des mächtigsten Mannes, Caesars. Was war da ihr Status? Obwohl Caesar eine legale römische Ehefrau hatte, Calpurnia, sieht es so aus, als sei Kleopatra eine bedeutende Rolle innerhalb von Caesars Machtgefüge zugedacht gewesen. Man muss sich so undeutlich ausdrücken, denn die Sache selbst war undeutlich. Sehen wir uns die Dinge im Zusammenhang an: Kleopatra lebte in enger räumlicher Gemeinschaft mit Caesar in Rom, in «Caesars Gärten», und zwar in ihrer Eigenschaft als ägyptische Königin – natürlich hat es einen ironischen, aber auch erbitterten Unterton, wenn Cicero sie nie mit Namen nennt, sondern nur von der «Regina» spricht. Weiter lebte sie dort zusammen mit ihrem und Caesars Sohn, der zudem noch genauso hieß wie sein Vater. Völlig absichtslos kann das nicht gewesen sein. Gewiss ist es nicht nur Romantik, wenn der Liebesbeziehung zwischen beiden Gewicht beigemessen wird, aber Kleopatra wie Caesar handelten natürlich auch politisch. Caesars Gärten bloß in der Funktion des Liebesnestes mit einer Kleopatra zu sehen, die immerhin als ägyptische Königin dort residierte, hieße ihren politischen Sinn erheblich unterschätzen.

Wenn es zu monarchischem Auftreten gehört, andere die eigene Überlegenheit fühlen zu lassen, dann verhielt sich Kleopatra durchaus in diesem Sinne, denn nach Ciceros Zeugnis führte sie sich hochfahrend und überheblich auf. Nun kann man sagen, dass königliches Auftreten im Gegenteil eher zurückhaltend sein und nur mittelbar durch die Stellung selber wirken sollte, aber das, was wir später von Kleopatra hören, zeigt, dass sie dieser Ansicht nun eben nicht war. Als Königin Ägyptens, die in einer dreitausend Jahre alten Tradition stand, ließ sie in ihrem äußeren Verhalten keinen Zweifel an ihrer Überlegenheit. Hinzu kam, dass ihre exponierte Stellung gegenüber allen anderen durch ihre Statue im Tempel der Venus Genetrix in ganz besonderer Weise manifest wurde. Wenn Caesar sie neben der Göttin Venus als der Stammmutter seines Geschlechtes in derselben Weise ehren ließ, dann bedeutete das, dass er ihr – und ihrer beider Sohn Kaisar – eine konstitutive Rolle in seiner Herrschaft zugedacht hatte. Welche das genau sein sollte, kann nicht weiter präzisiert werden, ohne in müßige Spekulationen zu verfallen. Dass aber Kleopatra in Caesars Reich eine wichtige Funktion hätte haben sollen, ist wohl klar, nur war diese Rolle noch nicht zweifelsfrei bestimmt.

Caesars Ermordung brach diesen Prozess ab – durch seinen für den nächsten Tag vorgesehenen Feldzug gegen die Parther wäre er nur unterbrochen worden –, und nun agierte Kleopatra von Alexandria aus nur noch als ägyptische Königin. In dem jetzt ausgebrochenen Bürgerkrieg sah sie ihre Aufgabe darin, Ägypten vor Schaden zu bewahren. Heraushalten konnte sie sich nicht, denn Ägypten und ihre eigene Herrschaft im Innern waren von Rom abhängig, wie schon das Beispiel ihres Vaters gezeigt hatte. Zudem stellte Ägypten wegen seines Reichtums und auch wegen der militärischen Kontingente, die es zur Verfügung stellen konnte, einen nicht unerheblichen Faktor im Bürgerkrieg dar. Sie stand gewissermaßen von Natur aus aufseiten der Caesarianer, auf der anderen Seite musste sie selbstverständlich mit sämtlichen politischen und militärischen Kräften kalkulieren, um nach Abschluss der Kämpfe nicht auf der falschen Seite zu stehen.

Der Sieg bei Philippi klärte die Machtfrage, und nun kam es darauf an, sich mit den Siegern gut zu stellen. Welcher von ihnen das war, ergab sich von allein; es war der, dessen Herrschaftsgebiet der Ostmittelmeerraum war, und das war Marcus Antonius. Wenn Octavian der Osten zugefallen wäre, hätte übrigens die Schwierigkeit bestanden, dass Kleopatra die Mutter eines echten Caesar-Sohnes war, während Octavian nur adoptiert war. Aber diese mögliche Rivalität konnte im Augenblick auf sich beruhen bleiben. Es war Antonius, bei dem Kleopatra erreichen musste, dass Ägypten erhalten und dass sie Königin in Ägypten blieb.

Ja, gewiss: Jetzt begann eine der großen Liebesbeziehungen der Weltgeschichte. Aber sowenig in diesem Buch von dieser Dimension ihres Verhältnisses abgesehen werden darf und wird, so sehr muss an dieser Stelle versucht werden, nur das Politische im Auge zu behalten, soweit man es isolieren kann. Für die erste Etappe, den wilden Winter des Jahres 41/40 in Alexandria, ist das verhältnismäßig einfach. Politisches ist hier noch wenig zu berichten, es sei denn die einfache Tatsache, dass Antonius diesen Winter bei der ägyptischen Königin verbrachte und sie dadurch als solche anerkannte und keine Anzeichen erkennen ließ, Ägypten seiner staatlichen Selbständigkeit zu berauben. Als er dann nach Rom ging, sich mit Octavian vorläufig versöhnte und sogar dessen Schwester heiratete, hören wir von Kleopatra nichts, was auf irgendeine politische Aktivität schließen ließe. Dergleichen war anscheinend nicht nötig, denn auf römischer Seite war man durch anderes absorbiert.

Untätig blieb Kleopatra diese Jahre allerdings nicht: Sie regierte das Land; das ist, für die gesamte Zeit ihrer Herrschaft, im vorigen Kapitel geschildert worden. Die griechisch-römische Überlieferung erlaubt uns zwar nur geringe Einblicke, weil sie sich fast ausschließlich für das Verhältnis der Königin zu Rom und Römern interessiert, aber wenn es eine ägyptische Geschichtsschreibung gäbe, hätte sie nicht wenig Gelegenheit gehabt, von Kleopatras innenpolitischer Tätigkeit zu berichten.

Allerdings fand nun doch in Alexandria während der Abwesenheit des Antonius ein sehr privates Ereignis statt, das aber von überregionaler politischer Bedeutung war oder werden konnte. Kleopatra gebar Zwillinge, deren Vater Antonius war, einen Jungen und ein Mädchen. Wer konnte wissen, zu welchem Machtspiel sie in Zukunft eingesetzt werden würden? Dass Kleopatra für alle Fälle etwas mit ihnen vorhatte, zeigen ihre Namen. Der Neugeborene wurde nach dem Welteroberer Alexandros benannt, die Tochter nach ihrer großen Mutter selber, Kleopatra. Und dann die Beinamen: Helios und Selene, die wichtigsten Gestirne, Sonne und Mond. Das dürfte in Rom nicht unbemerkt geblieben sein.

Als Antonius drei Jahre später wieder in den Osten kam, Octavia zurückließ und wieder mit Kleopatra zusammenkam, da hat man das Gefühl, als ob alle Dämme aufgestauter Liebe brächen und alles Folgende nur noch unter ihrem Zeichen stünde. Aber Politik fand nichtsdestoweniger statt, und nicht nur durch Kleopatra, sondern auch durch Antonius. Es ist nicht allzu schwer, sich durch eine ruhige Betrachtung über ihre Elemente klar zu werden. Eine ruhige Betrachtung ist deshalb erforderlich, weil auch wir heute immer noch unter dem Eindruck der Liebesbeziehungen zwischen beiden stehen – Shakespeare und spätere literarische und künstlerische Verarbeitungen haben kräftig daran mitgewirkt – und weil es wirklich auf den allerersten Blick so aussieht, als habe sich Antonius durch seine Liebe zu Kleopatra verblenden lassen und wahllos römisches Herrschaftsgebiet an diese machtgierige Königin und ihre Kinder verschenkt. Wenn man etwas näher hinsieht, zeigt sich aber, dass es doch anders war.

Wir können alles beiseite lassen, was die augusteische Propaganda von der Willenlosigkeit, Abhängigkeit, Orientalisierung des Antonius verbreitet hatte. Dass das einfach nicht so gewesen sein kann, zeigt die schlichte Tatsache, dass er trotz seiner langen Abwesenheit von Rom und trotz seiner nun tatsächlich bestehenden persönlichen Bindung an Kleopatra und ihrer Bindung an ihn – irgendwann wird eine wirkliche Ehe daraus geworden sein – in Rom immer noch zahlreiche Anhänger hatte, und nicht irgendwelche, sondern viele von erheblichem politischem Gewicht. Immerhin verließen zu Beginn des Jahres 32 sogar die beiden Consuln und Hunderte von Senatoren Rom und begaben sich zu ihm in den Osten, was kein leichter Entschluss gewesen war. Dass einer der Consuln später wieder zurückkehrte, lag an dem übermütigen Benehmen Kleopatras, ein politischer Fehler, der aber keine prinzipielle Bedeutung hatte. Ebenso muss man berücksichtigen, dass Antonius ein gewaltiges Heer auf seiner Seite hatte, und diese kampferprobten Soldaten zusammen mit ihren Offizieren hätten nicht für jemanden gekämpft, der von weichlichen ägyptischen Eunuchen kaum noch zu unterscheiden war, wie die Propaganda der Öffentlichkeit weismachen wollte.

Und das Verschleudern römischen Herrschaftsgebietes? Man kann die Vorgänge der Jahre 37 und 34 zusammenfassen und zunächst für beide Fälle schon bei Betrachtung der äußeren Ereignisse sagen, dass sich Antonius selbstverständlich immer das letzte Wort vorbehalten hatte. Er war es, der aus eigener Machtvollkommenheit Kleopatra und ihre Kinder in die jeweiligen Positionen einsetzte, und wer unmündige Kinder unter zehn Jahren zu, man muss schon sagen, Phantasiekönigen machte, hatte selbstverständlich auch die Macht, sie jederzeit wieder abzusetzen. Es kam ja hinzu, dass es ein traditionelles römisches Herrschaftsmittel war, nicht überall direkte Herrschaft auszuüben, wie es in den römischen Provinzen der Fall war. Der Vordere Orient kannte zahlreiche lokale Fürsten, die als Klientelkönige zwar nominell selbständig waren, aber eine prekäre Herrschaft ausübten und ständig ihrem Patron, dem Römischen Reich, verantwortlich waren, das sie jederzeit ihrer Herrschaft entkleiden konnte; ein solcher Fürst war etwa Herodes der Große in Judäa. So sind die Verfügungen aufzufassen, die Antonius traf.

Das war Antonius – aber welche Politik trieb Kleopatra? Man muss Josephus nicht glauben, der davon berichtet, dass sie aus Macht- gepaart mit Geschlechts- und Mordlust König Herodes verführen und notfalls vielleicht umbringen wollte, jedenfalls nach seinem Reich strebte, und dass Antonius dieser Gier nicht nachgab.

Josephus schrieb als jüdischer Patriot, dem die kleopatrafeindliche Propaganda gerade recht kam. Allerdings – dass Kleopatra nach Erweiterung des ägyptischen Herrschaftsbereichs strebte, ist eindeutig und muss auch nicht überraschen, die Frage ist nur, in welche Form sie diese Erweiterung bringen wollte. Doch zunächst kurz die Tatsachen selbst und dann die Wertung.

Sie wollte nicht nur, sie erreichte auch, dass Ägyptens Herrschaft sich über einige auswärtige Gebiete erstreckte: Kyrene, der Ostteil Kretas, der südliche Teil Kilikiens, Zypern, Phönikien und Palästina mit Ausnahme einiger Städte und Judäas mit Jerusalem. Das waren nun in der Tat Gebiete, die auch früher zum Ptolemäerreich gehört hatten und die sie nun wiedergewonnen hatte. Diese Gebiete wurden nicht annektiert, sondern aus der doppelten Zählung ihrer Regierungsjahre, bei der diese Herrschaft eine eigene Zählung bekam, folgt, dass sie als etwas Eigenes betrachtet wurden. Der neue Beiname Philopatris, die Vaterlandsliebende, unterstreicht ihr Bestreben, trotz dieser Erweiterung dennoch weiterhin Ägyptens Identität zu bewahren und zu fördern.

In diese Zeit fällt nun der Erlass, in dem die Königin – nominell zusammen mit ihrem Sohn Kaisar – dem weiter nicht bekannten Römer Cascellius Aus- und Einfuhrzölle erlässt sowie Steuerfreiheit in gewaltigem Ausmaß gewährt. Das waren erhebliche Privilegien, die eine ägyptische Königin einem Römer, einem Ausländer, einräumte, und man würde geneigt sein zu sagen, dass damit doch eine nicht geringe Belastung der ägyptischen Wirtschaft eingetreten sei. Nun weiß man zwar nicht, was Cascellius seinerseits geleistet hatte, denn für nichts hätte Kleopatra das nicht getan, ein nicht geringer Eingriff in das ägyptische Wirtschaftsleben bleibt diese Bevorzugung eines Römers trotzdem. Man vergleiche das aber mit dem, wie sehr Kleopatras Vater Römer das ägyptische Wirtschaftsleben hatte dominieren lassen: Die Höhe von dessen Verschuldung übertraf das hier Gewährte bei weitem, und er musste sogar so weit gehen, einem Römer das ägyptische Amt des Dioiketen zu verleihen. Und das tat

Kleopatra nicht. Sie hat, sagen wir es ruhig anachronistisch, die Souveränität Ägyptens nicht so weit beeinträchtigt, wie Ptolemaios XII. es durch die Ernennung von Rabirius Postumus zum Dioiketen getan hatte. Das hätte wie bei ihm einen solchen Skandal gegeben, dass unsere Quellen ihn sich nicht hätten entgehen lassen.

Wir sehen also, dass Kleopatra bei allen Zugeständnissen an Römer doch die Eigenständigkeit Ägyptens wahrte, also wieder einen Balanceakt vollführen musste, diesmal zwischen den notwendigen Konzessionen an das übermächtige Rom und dem Erhalt der ägyptischen Identität. Ähnliches ist bei der Betrachtung ihrer Münzprägung in den neu ihrem Herrschaftsgebiet zugeschlagenen Gebieten zu beobachten. Wir hatten ja bereits die Merkwürdigkeit gesehen, dass sie Münzen mit ihrem Bild und dem des Antonius prägen ließ, also, noch einmal anachronistisch gesagt, ägyptische mit römischer Staatlichkeit zu verbinden wusste. Weiter lässt sich feststellen, dass von ihr geschlagene Münzen sich in Gewicht und Feingehalt den römischen Denaren anpassten. Und schließlich erscheint sie sogar auf römischen Denaren selber in lateinischer Sprache (Abb. 7):

CLEOPATRAE REGINAE REGUM FILIORUM REGUM
Von Cleopatra, der Königin der Könige und ihrer Söhne, die Könige sind.

Und nun die Endphase. Sie rückte zusammen mit Antonius militärisch auf Rom vor. Gewiss war es nicht Ägypten, gegen das Octavian vornehmlich Krieg führte, diese Propagandabehauptung hat auch in unseren Quellen keinen Glauben gefunden, es war der Endkampf gegen Antonius. Aber Kleopatra zog wirklich mit ihm und unterstützte ihn militärisch. Was mochte sie sich als ihr Ziel vorgestellt haben? Ihre hochmütigen Sprüche über das Capitol, von dem aus sie Recht sprechen wolle, sind wahrscheinlich ebenfalls Propaganda, aber ähnliche, wenn auch weniger provozierende Gedanken muss sie gehabt haben, weshalb hätte sie sonst Antonius begleitet? Konkretes muss im Unklaren bleiben, und wir erinnern uns daran, dass schon einmal etwas im Unklaren bleiben musste. Das war ihre Stellung, die sie im Rom Caesars einnahm und einnehmen sollte. Diese Stellung war zwar als konstitutiv gedacht, aber mehr kann man heute und konnte man auch damals nicht sagen. Vielleicht sogar Kleopatra selber nicht. Falls der Krieg gewonnen worden wäre und Antonius in Rom hätte einziehen können, wäre so etwas wie eine Art Selbständigkeit Ägyptens innerhalb des Römischen Reiches daraus entstanden. Kleopatra als die Frau der beiden jeweils mächtigsten Römer und die Kinder, die sie von beiden hatte, hätten diese ganz spezifische Variante des Klientelkönigtums ideal verkörpert. Aber ihr erster Versuch mit Caesar wurde durch seine Ermordung abgebrochen, ihr zweiter mit Antonius durch ihre eigene Niederlage und ihren Selbstmord.

19. Kapitel

KLEOPATRA UND DIE DICHTER

Kleopatra war eine so eindrucksvolle, das öffentliche Bewusstsein so prägende Gestalt, dass sie nicht nur die Politik, sondern auch die Dichtung ständig beschäftigte. Bevor also versucht wird, ein Bild von ihr zu entwerfen, muss gezeigt werden, wie die größten Dichter ihrer Zeit und kurz danach Kleopatra gesehen haben. Das ist umso nötiger, als gerade die Dichter, die wir hier besprechen, zeitlich näher an den Geschehnissen waren als die späteren Historiker, auf die man sich sonst stützen muss, und weil sie es waren, die das spätere Kleopatra-Bild entscheidend geprägt hatten. Auch hier wurde die Überlieferung im Allgemeinen vom Sieger bestimmt, also von Augustus. Wie genau das vor sich ging und bewerkstelligt wurde, wissen wir nicht, aber dass es Propaganda gab, tritt uns auf Schritt und Tritt entgegen, viel davon ist bereits angedeutet worden. Ihr Ziel war, den innenpolitischen Rivalen Marcus Antonius als jemanden darzustellen, der einer orientalischen, unrömischen Königin völlig verfallen war und ihr zuliebe das Römische Reich verspielte.

Demgemäß musste Kleopatra in diesem Sinne gezeichnet werden, und am besten tritt das durch die Rede vor Augen, die Cassius Dio Octavian vor der Schlacht von Actium an die Soldaten richten lässt. Das ist wie immer in der antiken Geschichtsschreibung eine fiktive Rede, deren Inhalt aber ziemlich genau das zusammenfasst, was überhaupt in der Propaganda gegen Antonius und Kleopatra vorgebracht worden ist:

[...] dass wir als Römer [...] von einem ägyptischen Weib zu Boden getreten werden [...] einem verderbenbringenden Weibe erlegen sind [...] Alexandriner und Ägypter [...], die kriechende und sonstige Tiere wie Götter verehren, die ihre eigenen Leichen einbalsamieren lassen, um ihnen den Anschein der Unsterblichkeit zu verleihen, und, zu Frechheiten sehr geneigt, sich, was Mannesmut anlangt, nur als erbärmliche Schwächlinge erweisen. Und was das Allerschlimmste ist, sie dienen als Sklaven einem Weibe statt einem Mann [...]. Wer würde nicht seufzen auf die Kunde hin, dass römische Ritter und Senatoren sie gleich Eunuchen umschmeicheln? Wem kämen nicht die Tränen, wenn er hört und sieht, dass Antonius [...] allen fremden und barbarischen Sitten nachgeeifert hat, dass er [...] jenem Frauenzimmer [...] wie einer Art Isis oder Selene huldigt und ihre Kinder Helios und Selene heißt?

Und schließlich hat er selbst den Beinamen Osiris und Dionysos angenommen und [...] ganze Inseln und Teile der Kontinente verschenkt [...] meine Schwester beleidigte [...] die Ägypterin ihr vorzog, ihren Kindern sozusagen alle eure Besitzungen schenkte [...] sie allein schon als Ausländerin [...] von jenem verwünschten Weib verhext [...] willenloser Sklave dieser Frau [...] niemand soll ihn daher als einen Römer, vielmehr als einen Ägypter betrachten und ihn auch nicht Antonius, sondern etwa Serapion nennen [...] nur Gymnasiarch [...] einer von den Zimbelspielern aus Kanopos [...] seine Tage in königlichem Luxus lebt und sich in weibischer Art verzärtelt [...] benimmt sich wie ein Weib und hat sich unnatürlicher Lust ergeben [...] Weib [...] ihre feinen Gefährten und Tischgenossen, welche sie sogar selber als Mistkerle bezeichnet [...].

Das ist zwar eine Rede, die die Soldaten anfeuern soll, aber dennoch treten in ihr alle die Elemente auf, die wir auch sonst in den historiographischen Texten finden.

Es ist jedoch bemerkenswert, dass auch eine andere Sicht der Königin greifbar ist. Plutarch, der große Biograph mit dem ruhiggesunden Urteil, kann natürlich nicht umhin, all die abschätzigen

Urteile über Kleopatra und Antonius sich teils zu Eigen zu machen, teils wenigstens zu berichten. Vielerorts meint man jedoch zu spüren, dass er durchaus auch Hochachtung vor der Königin und ihrem Bestreben hat, zwischen der Skylla einer demütigenden Abhängigkeit und der Charybdis einer nicht mehr möglichen völligen Souveränität hindurchzusteuern. Insbesondere haben wir gesehen, dass bei der Schilderung ihres freiwillig gewählten Todes Plutarchs Sympathie aufseiten Kleopatras und nicht auf der des berechnenden und kalkulierenden Siegers Octavian ist.

Gerade dieser Tod ist es dann, von dem die antike Literatur mit ebendiesem Akzent, zuweilen sogar in der Weise spricht, dass ihm ein Anflug von Heroismus zugebilligt wird. Selbst in nüchternen abrissartigen Darstellungen wie der des Historikers Velleius Paterculus heißt es, lobend gemeint, dass sie bei ihrem Tod nicht die bei Frauen übliche Furcht gezeigt habe. Cassius Dio dann sagt ihr in seiner zusammenfassenden Charakterisierung zwar Unersättlichkeit in jeder Beziehung nach, aber wenn er sagt, dass sie ägyptische Königin durch Liebe geworden sei und durch Liebe Königin der Römer habe werden wollen, schwingt darin doch eine Art Gefühl für Tragik mit. Noch deutlicher wird das durch die abschließende Wendung, sie habe die beiden größten Römer an sich gefesselt, sei aber am dritten gescheitert.

Wenn selbst nüchterne Geschichtsdarstellungen die laute Propaganda nicht vollständig übernahmen und ein Gefühl für Tragik zeigten, fragt man sich, wie die römische Dichtung Kleopatra würdigte. Vier der größten römischen Dichter haben nämlich prononcierte Porträts der Königin gezeichnet oder jedenfalls Urteile über sie abgegeben, und wenn im Folgenden vorgeführt wird, wie sie sich Kleopatra gegenüber äußern, dann geschieht das auch in der Absicht, uns selbst Maßstäbe für unser eigenes Urteil bereitzustellen. Ich will in umgekehrter zeitlicher Reihenfolge vorgehen, also mit dem Jüngsten von ihnen anfangen, mit Lukan, der schon hundert Jahre von den Ereignissen entfernt war, und mit dem Zeitgenossen

Horaz enden. Ein immer näheres Heranrücken an Kleopatras eigene Zeit scheint mir am instruktivsten zu sein.

M. Annaeus Lucanus, Neffe des Philosophen Seneca, stand zunächst in einem engen Verhältnis zu Kaiser Nero, dem er sich aber zunehmend entfremdete. Er nahm schließlich an einer Verschwörung gegen Nero teil, die aufgedeckt wurde, sodass er im Jahr 65 n. Chr., im 26. Lebensjahr, Selbstmord begehen musste. In seinem bedeutendsten – und einzig erhaltenen – Werk, dem Epos über den Bürgerkrieg zwischen Caesar und der republikanischen Seite unter Pompeius, in dem Lukan glühend für die republikanische Freiheit Partei ergreift, schildert er in Buch 10 Caesars Aufenthalt in Ägypten und verweilt lange bei dessen Verhältnis zu Kleopatra.

Es ist also nicht der Sieg bei Actium, sondern das erste unmittelbare Zusammentreffen Kleopatras mit Rom, sodass insofern kein Anlass bestand, im Sinne der augusteischen Propaganda zu schreiben. Trotzdem ist es erstaunlich, wie gnadenlos abschätzig Kleopatra dargestellt wird:

Schmach des ägyptischen Volks, für Latium Todeserinnys,
Zuchtlos zu Roms Unheil. Wie vormals Argos erschüttert
Und die ilische Burg der Spartanerin schändliche Schönheit,
Also hat Kleopatra vermehrt Hesperiens Wüten.
Mit dem Sistrum schreckte sie das Kapitol, wenn es möglich,
Brachte die römischen Adler hinweg in das feige Kanopos,
Führte zu Pharos auf im Triumph den gefangenen Caesar.
[…]
Solchen Mut einhaucht' ihr die Nacht, die zuerst auf dem Lager
Unseren Feldherrn mit der ptolemäischen Buhlerin einte.

Da weiter Stichworte fallen wie *ehbrechende Liebe – unrechtmäßiges Bett – Kinder von keiner Gemahlin – unzüchtige Mutter – schändliche Liebschaft,* wird man also leider sagen müssen, dass Lukans Schilderung der Kleopatra es fertig bringt, die seinerzeitige Hasspropaganda noch zu übertreffen. So auch bei der frei imaginierten liebevollen Ausmalung von Kleopatras äußerer Erscheinung bei dem Bankett, das sie Caesar gibt:

[...] gar unmäßig geschmückt die verderbliche Schönheit,
[...] am Hals und in Haaren
Trägt Kleopatra Reichtum und Schmuck, der schwer sie belastet.
Weiß durchschimmert die Brust Gewebe sidonischer Fäden,
Welche die Nadel am Nil, verdichtet vom Kamme der Serer,
Lockerte, dann ausdehnte zu prächtig weißem Gewande.

Falls man die detaillierte Beschreibung von Kleopatras aufregendem Busen unter ihrem sich dehnenden Obergewand nach heutigen Maßstäben eher wohlgefällig aufnehmen und die implizite Empörung entweder für unaufrichtig oder für übertrieben halten könnte, sollte man bedenken, dass durchsichtige Kleider ein Kennzeichen von Hetären oder gar Dirnen waren, sodass Lukan Kleopatra hier also mit solchen Frauen auf eine Stufe stellt. Immerhin nennt er Kleopatra wenigstens mit Namen, während alle anderen Dichter diesen Namen sorgfältig vermeiden, wodurch ihr bereits ein Teil ihrer Identität genommen wird.

Sextus Propertius lebte in der zweiten Hälfte des letzten Jahrhunderts vor Christus und ist durch seine Liebesdichtung berühmt geworden – *Also das wäre Verbrechen, dass einst Properz mich begeistert,* schrieb Goethe in dem von Properz gewählten Versmaß. In der Elegie 3, 11 beginnt der Dichter mit der Aufzählung von mächtigen, einflussreichen Frauen der Sage, um dann unvermittelt auf Kleopatra zu sprechen zu kommen:

Aber die unseren Waffen den Schimpf antat, sich zu messen,
Abgenutzt schon vom Verkehr mit ihrer Sklavenschar,
Sich die Stadt Rom als Preis für die schamlose Ehe gefordert
Und den Senat als nur ihr gehörig – was sag ich von ihr!

O Alexandria, du verschlagenes Land, o wie sträflich
Memphis auch, uns zum Leid oft schon von Blut überströmt
[…]
Ja, die Dirne, die Herrin im Lasterpfuhle Kanopos,
Einziger Schandfleck sie aus des Philippos Geschlecht,
Stellte den Kläffer Anubis frech Juppiters Größe entgegen,
Zwang den Tiber, des Nils Drohung ins Auge zu sehn,
Dachte auch Roms Trompete mit klirrender Klapper zu scheuchen,
Fuhr mit der Stange des Kahns hinter den Kriegsschiffen her,
Wollt' auf Tarpejischen Fels ihr schmähliches Lotterbett stellen.

Bevor man sich über die Beschimpfungen erregt, die der große Dichter hier über Kleopatra ausschüttet, muss man sich über zweierlei klar werden. Zum einen gab es in der Antike die Literaturgattung der Invektive, sozusagen die Schmähung an sich, und ebenfalls die rhetorische Figur der Diabolé, der Verleumdung, die beide ohne Rücksicht auf den Wahrheitsgehalt verwendet werden konnten und von der die Leser wussten, wie sie mit ihnen umzugehen hatten; und zum anderen mag das hier entworfene Kleopatra-Bild des Properz etwas mit dem inneren Aufbau des Gedichtes zu tun haben. Selbst wenn man das berücksichtigt, so bleibt doch ziemlich erschütternd, in welche Niederungen sich der, noch einmal, große Dichter hier begibt.

Zum Teil folgt Properz den offiziellen Schmähungen: Skandalös, dass Ägypten sich überhaupt anmaßt, Rom bekriegen zu wollen, Ägypten, das verschlagen, verrottet und verächtlich ist und sogar einen bellenden Hundsgott anbetet. Übertroffen wird diese Unverschämtheit noch dadurch, dass eine Frau an der Spitze dieses Landes steht – so dann auch in der letzten Elegie 4, 6 – und Rom beherrschen will; Antonius wird nur mittelbar durch die Erwähnung der *schamlosen Ehe* (*coniugis obsceni*, eigentlich Ehegatte) erwähnt. Was aber über diese Frau gesagt wird, kam denn doch von offizieller Seite nicht vor, insbesondere ihre Dirnenhaftigkeit und sexuelle Promiskuität, die sogar zu einem so ausgiebigen Geschlechtsverkehr mit ihren eigenen Sklaven – was ganz besonders verächtlich war – führte, dass sie schon ganz abgenutzt war. Wenn ihr zudem in weiteren, hier nicht wiedergegebenen Partien nachgesagt wird, dass sie wegen übermäßigen Weingenusses nur noch verwaschen sprechen konnte, dann wundert es immerhin, dass gerade sie schließlich ein Lob des Kaisers Augustus verkünden darf. Nun, wir wissen, dass Goethe wegen anderer Gedichte von Properz *begeistert* war, und das versöhnt.

Dass die teilweise Übernahme offizieller Propaganda keineswegs Schmähungen zur notwendigen Folge haben musste, zeigt zunächst Vergil. P. Vergilius Maro lebte von 70 bis 19, war also etwas älter als Properz. In seinem die Jahrtausende überdauernden Epos von der sagenhaften römischen Frühgeschichte, der Aeneis, überreicht Venus ihrem Sohn Aeneas von ihrem Gatten Vulcanus geschmiedete Waffen, darunter einen Schild, auf dem zahlreiche Ereignisse der römischen Geschichte dargestellt sind, auch die Schlacht bei Actium. Die Kleopatra betreffenden Verse lauten so:

Drüben mit Fremdvolks Macht Antonius, bunt seine Waffen,
Sieger bei Völkern des Morgens, am Strande des Roten Meeres,
Führt Ägypten und Kräfte des Orients her und das ferne
Baktra; es folgt ihm – Frevel und Schmach! – die ägyptische Gattin.
[...]
Mit ihrer Rassel ruft die Königin Völker zur Schlacht auf,
Sieht noch nicht das Schlangenpaar androhen im Rücken.
Götterfratzen jeglicher Art und der Beller Anubis
Schwingen gegen Neptunus und Venus und gegen Minerva
Ihre Geschosse.
[...]
[...] jäh entsetzt flieht jeder Ägypter und Inder,
Jeder Araber, wenden zur Flucht sich alle Sabäer.
Auch sie selbst, die Königin, sah man erbetenen Winden
Segel bieten und lockerer stets loslassen die Taue,

Mitten durch's Blutbad, bleich vor drohendem Tode, so flog sie,
Werk des Feuerbeherrschers, von Wogen geworfen und Westwind;
Ihr gegenüber in Riesengestalt der Nil, voller Gram
Hinbreitend der Falten Flut und mit ganzem Gewand herwinkend
In den blauen Schoß und der Flussarme Schlupf die Besiegten.

Das Fremdländische des gegnerischen Heeres, insbesondere im Vergleich mit der überhöht-strahlenden Schilderung der Seite Octavians, wird zu Unrecht hervorgehoben, denn Antonius kämpfte mit römischen Truppen, die zahlreicher waren als das Flottenkontingent Kleopatras; immerhin wird, an erster Stelle, Antonius mit Namen genannt. Der Hundsgott Anubis scheint den Römern besonders widerwärtig gewesen zu sein, und auch das Sistrum, die Rassel des Isiskultes, scheint Vergils Abscheu erregt zu haben, wenngleich sie natürlich nie in militärischer Signalfunktion eingesetzt worden war. Am drastischsten drückt Vergil sich noch aus, wenn er es als *Frevel und Schmach* – *nefas* – bezeichnet, dass Kleopatra die Gattin des Antonius gewesen war, aber das hat seine Berechtigung, wenn man bedenkt, dass Antonius viele Jahre gleichzeitig mit Octavia verheiratet war.

Legt man zu viel hinein, wenn man in diesen Versen eher eine Art Achtung, ja sogar einen Anflug von Tragik zu entdecken glaubt? Das liegt natürlich nicht an der für einen Ehrenmann wie Vergil selbstverständlichen Vermeidung von Beschimpfungen, erst recht sexueller Art. Aber bemerkenswert ist, dass Vergil auch sonst kein Wort über angebliche Herrschaftsgelüste Kleopatras verliert und dass er es nicht naserümpfend hervorhebt, dass sie nur eine Frau ist; Octavian war sich – nach Cassius Dio – nicht zu schade dafür. Kleopatras Name fällt zwar nicht, aber sie wird Königin genannt, der Nil zeigt echte Trauer – *maerentem* –, und in doch wohl tragischer Verblendung kennt sie ihr Ende noch nicht, obwohl die Schlangen schon hinter ihrem Rücken auf sie lauern. Die Passage schließt damit, dass Kleopatra und Antonius ehrenhaft und gleich zu gleich

Besiegte, victos, genannt werden. Eine solche Königin war eben keine verachtenswerte Feindin, sondern eine Kriegsgegnerin, und daher erhob der Sieg über sie auch den Sieger.

Horaz – Q. Horatius Flaccus – lebte von 63 bis 8. Nachdem seiner Epode 9 die Situation vor der Schlacht ohne gewichtige Erwähnung Kleopatras zugrunde liegt, zeigt allein schon seine Ode 1, 37 auf den Sieg über Kleopatra, dass er mit Recht als der größte lyrische Dichter Roms bezeichnet werden kann.

Jetzt heißt es trinken, jetzt mit dem freien Fuß
Die Erde stampfen, Saliermahle jetzt
Auf reichem Pfühl den Göttern spenden
Freunde, zum Fest bei des Danks Gelagen!

Verboten war des Cäcubers edler Saft
Aus altem Keller, da noch dem Kapitol
Ägyptens Herrin wahnvoll drohte
Schmählichen Sturz und dem Reich Vernichtung.

Verrannte maßlos gierenden Sinnes sich,
Mit ihrem Schwarm entarteten Männervolks
In Wunder was für Hoffnung, trunken
Schier ihres Glücks! Doch wie bald verdampfte

Der Siegesrausch, da kaum nur ein einziger Kiel
Der Glut entging! Wie schlug dann in offne Furcht
Der weinumflorte Sinn, als Caesar
Rastlos zu Schiff von Italiens Küste

Im Flug sie jagte – rasch wie der Falke scheucht
Die zarte Taube oder der Jägersmann
Den Hasen auf Hämoniens Schneefeld –
Dass er ergriff' und in Ketten schlüge

Das Schreckgespenst! Doch siehe, in edlerm Tod
Denkt sie zu sterben, zagt nicht nach Frauenart
Vor blanken Schwertern, sucht sich nicht in
Schirmender Bucht auf der Flucht zu bergen,

Sie hat die Stirn, betritt noch mit heiterm Blick
Die nun in Trümmer sinkende Königsburg.
Greift kühn dann zum Gezücht der Nattern
Tränkt ihre Brust mit dem schwarzen Gifte,

In freiem Tode selbst noch von höchster Art;
Denn sie versagt den römischen Seglern stolz,
Sie schmachvoll, bar der Königswürde –
Welch eine Frau! – im Triumph zu zeigen.

Das Gedicht ist merkwürdig zweiteilig aufgebaut. Der erste Teil mit fünf Strophen ist ein reines Sieges- und Glückslied, in welchem mehrere Bestandteile der gegen Kleopatra gerichteten Propaganda wiederkehren: Die Königin – immerhin wird sie als solche bezeichnet – habe auf dem Kapitol regieren wollen, und dass sie als Frau herrschen wollte, wird auch in der früheren Epode 9 als schmählich hervorgehoben; *entartete* Männer – lateinisch *turpis* und *inpotens* – spielt auf Eunuchen in ihrer Umgebung an, so auch in der Epode 9; *trunken* – *ebria* – deutet reale Betrunkenheit bloß an, aber *weinumflorter Sinn* – *mentem lymphatam Mareotico* – benennt sie unmittelbar; und schließlich: *Schreckgespenst* – das lateinische *fatale monstrum* könnte auch zurückhaltender übersetzt werden – hat etwas von einem den Schlusspunkt setzenden Donnerschlag an sich.

Plötzlich ändert sich nämlich der Ton, wenn die Rede auf Kleopatras Ende kommt. Sie will *edler* – *generosius* – sterben; hat keine Angst *nach Frauenart* – *muliebriter* –, will sich nicht verstecken; sie ist wagemutig – *ausa* –, betritt mit gelassenem Blick – *voltu sereno* – den schon zerstörten Palast. Sie geht freiwillig in den Tod – *delibera-*

ta morte –, ist kampfesmutig – *ferocior* – und verhindert mit ihrem Selbstmord durch Schlangenbiss die Absicht, sie im Triumphzug mitzuführen. Aus all diesen Gründen ist sie eine großartige Frau: *non humilis mulier*, wörtlich: *nicht niedrige Frau*, ein besonders gesteigerter Ausdruck der Hochachtung. Es ist staunenswert, wie souverän Horaz sich von der Hasspropaganda gegen Kleopatra freimacht und fast trotzig seine Bewunderung ausdrückt.

Non humilis mulier ist das Gegenstück zu *fatale monstrum*. Dessen negative Bedeutung wird dadurch natürlich nicht aufgehoben, im Gegenteil haben beide Seiten des Charakters der Königin jeweils ihren eigenen Wahrheitsgehalt. Im nächsten Kapitel wird davon ausführlicher die Rede sein; hier zusammenfassend nur so viel, dass Kleopatra anscheinend umso stereotyper beurteilt wurde, je weiter man sich von ihr zeitlich entfernte – oder wenn der Hassgesang des Properz einfach nur als Widerspruch gegenüber Horaz gedacht gewesen sein soll, umso weniger erfreulich für Properz. Freilich sollte man dieses Ergebnis nicht schematisch gelten lassen: Nichts spricht dagegen zu sagen, dass die beiden größten Dichter am besten in der Lage waren, die Ambivalenz in Kleopatras Dasein zu empfinden und ihr künstlerisch Ausdruck zu verleihen.

Die Betrachtung der vier Dichtungen hat vor allem gezeigt, dass Kleopatra die Zeitgenossen und die folgende Generation stark beschäftigt hat. Kleopatra war also wirklich eine Zentralfigur der Politik und der jüngeren Geschichte. Als Quelle für die historischen Ereignisse allerdings können die Texte nur bedingt gelten, wohl aber als unmittelbarer Beleg für die gegen Kleopatra und Antonius gerichtete Stimmung und auch Stimmungsmache, nicht einmal unverständlicherweise. Für diese Stimmung aber sind sie eine unschätzbare unmittelbare Quelle. Umso eindrucksvoller ist es dann, dass Vergil, vor allem aber Horaz in der Lage war, die persönliche Größe der Königin anzuerkennen und zu würdigen.

Das wirkt sich auch auf unsere Bewertung der erzählenden historiographischen Berichte aus. Wir sehen an Teilen von ihnen, vor allem aber an Plutarchs Erzählung, der nicht immer in den Chor der verachtungsvollen Hassgesänge einstimmt, dass seine Sicht der Person Kleopatras nicht nur eine ihn und seine persönliche Ansicht von menschlichen Charakteren und Schicksalen kennzeichnende Grundhaltung ist. Vielmehr entsprach sie auch zeitgenössischen Meinungen, und deren Wert ist umso höher, als sie der Welle von Hass und Verachtung entgegengesetzt war, der allzu viele erlegen waren. Wir können uns daher auf sie und auf Plutarch verlassen – und haben das ja auch getan.

20. Kapitel

KLEOPATRA

Wie sah Kleopatra aus? Das soll die erste noch verhältnismäßig einfache Frage sein, wenn wir versuchen wollen, ein im Ganzen notwendigerweise sehr komplexes Gesamtbild Kleopatras zu gewinnen. Schwierig ist das nicht nur deshalb, weil es überhaupt ein kühnes Unterfangen ist, sich umfassend über historische Personen zu äußern, die zudem noch über einen Abstand von 2000 Jahren von uns entfernt sind. Besonders schwierig ist es gerade bei Kleopatra, weil unsere erzählenden Quellen alles römische Quellen sind – auch wenn sie auf Griechisch geschrieben wurden –, die nun wahrlich nicht unparteiisch sein können. Zudem sind die römischen Quellen Literatur, was bedeutet, dass die dort berichteten Sachverhalte schon durch mindestens einen Kopf gegangen und also geformt sind. Wie wichtig aber unmittelbare Dokumente sind, haben wir in den Fällen sehen können, in denen wir ausnahmsweise Papyri vor uns haben, wodurch sich sofort wesentliche Erkenntnisse ergaben, von denen wir sonst nicht die geringste Vorstellung hätten. Sich Kleopatras äußere Erscheinung zu vergegenwärtigen, ist demgegenüber noch einigermaßen einfach.

Völlig problemlos ist es freilich nicht. Plastische Bildnisse, die als Porträts von ihr bezeichnet wären, gibt es nicht, wohl aber Münzbilder. Münzbilder haben durchaus den Anspruch, Individualität zu bieten, und sie sind durch die Umschrift als von denjenigen stammend gekennzeichnet, von denen sie ausgegeben wurden, von Städten, Königen und Königinnen. Kleopatra hat auf einigen, späteren, eine ausgesprochene Hakennase, aber weil ein solcher Befund ganz gewiss in den literarischen Quellen erwähnt worden wäre, brauchen wir nicht weiter über die Ähnlichkeit dieses Körperteils nachzudenken, sondern wir können mit Gewissheit sagen: Das ist ein Fehler der Prägung, so sah Kleopatra nicht aus. Da, nebenbei gesagt, Antonius auf diesen Münzen eher einem Freistilringer ähnelt, können auch diese Darstellungen gleich als Phantasieprodukte mitbezeichnet werden, womöglich hervorgerufen durch das Bestreben, sie an seleukidische Münzen anzugleichen.

Ein Wort im Übrigen zur Nase. Der Aphorismus Pascals, der dem Buch als Motto vorangestellt ist und von dem im Schlusswort noch einmal die Rede sein wird, hat viel Unheil angerichtet. Es wird ja immer wieder behauptet, er habe Kleopatra dort eine große Nase attestiert, während er in Wirklichkeit nur gesagt hat, dass die Weltgeschichte dann einen anderen Verlauf genommen hätte, wenn die Nase kürzer gewesen wäre, auf Deutsch: wenn sie eine Stupsnase gehabt hätte. Von einer langen Nase, die ruhig kürzer hätte sein können, ist nicht die Rede.

Auf den meisten anderen Münzen hat Kleopatra zudem ein sehr anderes Aussehen, mit nicht ganz winziger Nase zwar, aber durchaus proportioniert, mit einer einfachen Frisur und einem, sagen wir es ruhig, Dutt, und auch sonst wenig majestätisch, sondern eher bescheiden-zurückhaltend dreinblickend (Abb. 5).

Genau diesem Bild entspricht die Büste, die im Berliner Antikenmuseum steht und die wegen dieser Ähnlichkeit als die Büste Kleopatras identifiziert worden ist. Allerdings – von spektakulärer Schönheit künden weder die Münzbilder noch diese Büste, und andere Büsten, die etwa als solche von ihr firmierten und hinreißend schön wären, gibt es nicht. Ist es möglich, dass die Kleopatra, die die beiden Römer, die jeweils nicht wenig Erfahrung mit dem anderen Geschlecht hatten, in ihren Bann geschlagen hat, fast hausbacken ausgesehen hat (Abb. 10)?

Hier kommen die literarischen Quellen nun doch zu Hilfe. Spätere Autoren nennen sie nun wirklich von sinnverwirrender Schönheit, so etwa Cassius Dio, als er auf ihr erstes Zusammentreffen mit Caesar zu sprechen kommt:

Sie war ja überhaupt eine Frau von einzigartiger Schönheit und damals in der Blüte ihrer Jugend besonders berückend. Auch führte sie eine sehr gepflegte Sprache und verstand es, jedermann auf gewinnende Art zu begegnen. Herrlich war es, sie anzusehen und ihr zu lauschen, und so konnte sie jeden, selbst einen liebessatten Mann in bereits vorgerücktem Alter, sich gefügig machen.

Immerhin spricht er also auch von ihrem persönlichen Charme, und dieser ist es, der nach Plutarch, der auf gute Quellen zurückgeht und den wir schon oft als ruhigen und differenzierenden Autor kennen gelernt haben, das Ausschlaggebende war; es sei wiederholt:

An und für sich war ihre Schönheit, wie man sagt, gar nicht so unvergleichlich und von der Art, dass sie beim ersten Anblick berückte, aber im Umgang hatte sie einen unwiderstehlichen Reiz, und ihre körperliche Erscheinung, verbunden mit der gewinnenden Art ihrer Unterhaltung und der in allem sie umspielenden Anmut, hinterließ einen Stachel. Ein Vergnügen war es auch, dem Klang ihrer Stimme zu lauschen.

Dem muss es nicht widersprechen, wenn er sie später eine Frau nennt, die ihrer Schönheit außerordentlich bewusst gewesen sei, denn das kann sich natürlich auf ihren eben geschilderten Charme beziehen, und dasselbe gilt sogar ausdrücklich dafür, wenn Plutarch sagt, bei der Unterhaltung mit Octavian sei jener Reiz, jene Verführungskraft doch noch nicht ganz erloschen, sondern schimmerte trotz ihres kläglichen Zustandes irgendwie von innen hervor und verriet sich in ihrem Mienenspiel.

Es gibt nun eine weitere Skulptur, die schon länger bekannt war und einen Verlegenheitsnamen trug – Esquilinische Venus –, die aber vor kurzem insbesondere von Paolo Moreno und Bernard Andreae als Kleopatra identifiziert worden ist (Abb. 1 und 19). Vor weit über hundert Jahren, 1874, wurde in Rom in den Horti Laminiani, also in den Gärten der Kaiserin Agrippina der Jüngeren, der Gattin des Kaisers Claudius, die lebensgroße Marmorstatue einer nackten jungen Frau gefunden. Es ist die Kopie einer in die vierziger Jahre des 1. Jhs. v. Chr. zu datierenden Statue; nur die Arme fehlen, es sind aber einige Finger erhalten, an denen man erkennen kann, dass sie mit der linken Hand ihr Kopftuch festhielt.

Dafür, dass es sich um Kleopatra handelt, spricht die Porträtähnlichkeit vor allem mit der Berliner Büste – insbesondere, wenn man beide von vorne betrachtet –, dafür spricht die ägyptische Schlange, die sich um die Vase der Stütze windet, dafür spricht das umgekippte Kästchen mit den Rosenknospen, denn Rosen waren ein Symbol für Isis, und das Umkippen war eines für den Tod, dafür sprechen weitere charakteristische Abweichungen von anderen idealisierenden Aphroditestatuen, und dafür spricht schließlich die Datierung des Originals in genau die Zeit, während derer sich Kleopatra in Rom aufhielt. Vielleicht war das Vorbild für diese Skulptur die goldene Statue im Venustempel? Vielleicht stand sie in Caesars Gärten?

Es braucht einen nicht zu irritieren, dass hier eine lebende Königin in wahrlich erotisch wirkender Weise nackt öffentlich aufgestellt worden ist. Ägyptische Königinnen wurden in derart eng anliegenden Gewändern dargestellt, dass es der Nacktheit gleichkam, und allenfalls könnte man einwenden, dass hier sogar die Andeutung eines Gewandes fehlt, was möglicherweise doch ein großer Unterschied ist. Aber Aphroditestatuen waren nackt, und Kleopatra wurde ja mit Isis, griechisch Aphrodite, römisch Venus, gleichgesetzt. Schließlich hat es auch sonst in römischer Zeit befremdlicherweise Statuen von auch weiblichen Privatpersonen als Göttinnen gegeben, die dann nackt waren. Wir müssen die Identifizierung der Statue als Kleopatra ja nicht auf sämtliche anatomischen Einzelheiten von den Schultern abwärts erstrecken.

Kennen wir vielleicht sogar auch ihre Handschrift? Bisher haben wir den im Jahr 2000 veröffentlichten – wenn auch schon fast hundert Jahre lang im Museum liegenden – Papyrus aus dem Jahre 32, in dem einem Cascellius erhebliche Privilegien eingeräumt wurden, nur unter den Gesichtspunkten besprochen, dass Kleopatra persönlich regierte und dass er ein Indiz für ein starkes römisches Eingreifen in das ägyptische Wirtschaftsleben darstellt. Was aber in der Öffentlichkeit und auch in der wissenschaftlichen Literatur besonders Furore machte, war die Annahme, dass der am rechten unteren Ende des Schriftstücks stehende Vermerk «So soll es geschehen» von der Königin selber stamme. Soviel in den vergangenen Jahren zum besseren Verständnis des Textes und auch des Wortlautes publiziert worden ist, in einem war man sich einig: Kleopatra selber hat diesen Vermerk geschrieben.

Wer kann, so meinte man, Ausnahmegenehmigungen eines solchen Ausmaßes und von solcher politischer Tragweite einem Ausländer gewähren, und wer sagt zu einem Entwurf, der das vorsieht, dass das nun auch so geschehen solle? Das kann doch nur die Person sein, die das zu entscheiden und das letzte Wort hatte, also die Königin, also Kleopatra selber. Obwohl nun der Verfasser dieses Buches vielleicht mehr als mancher andere es gerne sähe, unter dem Glas auf der Berliner Museumsinsel ein Wort betrachten zu können, das sie mit eigener Hand geschrieben hat – es gibt Zweifel. Kennen wir die internen Verwaltungsabläufe wirklich so genau, um auszuschließen, dass dieser Vermerk eine rein interne verwaltungstechnische Bedeutung gehabt hatte und nicht die inhaltliche Genehmigung der Sache selbst war? Immerhin erscheint genau derselbe Vermerk auch sonst gelegentlich, so auf der oben besprochenen Inschrift, die sich gegen Missstände bei der Steuereintreibung richtete.

Eine merkwürdige orthographische Besonderheit fällt demgegenüber weniger ins Gewicht. Das griechische Wort für «So soll es geschehen» weist nach dem o am Schluss noch einen längeren Strich auf, der für den Buchstaben Iota, also i gehalten wird. Der gehört da aber nicht hin, und sollte man wirklich annehmen, dass die Königin orthographische Fehler begangen habe? Ich habe meine Zweifel, ob das wirklich ein Iota ist, aber selbst wenn, dann muss man sagen, dass die Orthographie damals keineswegs so strikt gehandhabt wurde wie bei uns vor Beginn der Rechtschreibreform; insbesondere neigte man allerorten dazu, ein o gerne noch mit einem Iota zu versehen, auch wenn das dort keineswegs hingehörte. Wäre es denn eine bessere Lösung, wenn man meinte, der hier vorauszusetzende gebildete Grieche als höherer Verwaltungsbeamter, den man sonst als denjenigen annehmen müsste, der diesen Vermerk geschrieben hätte, habe schlechtes Griechisch geschrieben? Nein, das war eine durchaus gängige Schreibweise.

Trotz allen gegebenen Zweifels besteht wirklich eine gewichtige Möglichkeit, dass Kleopatra selber diesen Befehl daruntergesetzt hat. Ein Stückchen Papier also, schon auf den Abfall geworfen, schon zu Karton verarbeitet und zum Einwickeln einer Mumie benutzt, dieses Papier hat uns möglicherweise ein von ihr selber geschriebenes Wort erhalten. Man braucht nicht übermäßig romantisch zu sein – darf es aber durchaus, wenn der kontrollierende Verstand nicht ausgeschaltet wird –, um sich an der Vorstellung zu erfreuen, dass sie selbst diesen Papyrus in der Hand gehabt hat. Von keinem griechischen Philosophen, von keinem römischen Kaiser können wir das sagen. Aber von Kleopatra. Hoffentlich. Wir müssen abwarten, was die Wissenschaft weiter zu diesem Thema zu sagen haben wird.

Von ihrer Person wissen wir im Übrigen wenig, wir müssen alles erschließen. Selbstverständlich war sie grausam, aber das war sie nicht allein. Politische Morde in Rom waren zu ihrer Zeit an der Tagesordnung, und insbesondere im ptolemäischen Herrscherhaus war das Töten nächster Angehöriger gang und gäbe, zuletzt hatte ja ihr Vater seine eigene Tochter Berenike töten lassen, weil sie ihm politisch im Wege stand. Wenn sich Josephus darüber erregt, dann tut es gut, sich die Strecke zu vergegenwärtigen, die Herodes der Große allein an Ehefrauen erlegt hat, von allen anderen Opfern zu schweigen. Dass sie ein luxuriöses Leben führte, ist ihr nicht nur nicht vorzuwerfen, sondern das gehörte zum Lebensstil eines hellenistischen Herrschers, ja, das wurde von ihm erwartet. Selbst im republikanischen Rom machte man sich lustig und hielt es für eine unpassende Marotte, wenn einem Senator gelegentlich einfiel, sich altrömischer Bescheidenheit zu befleißigen.

Anders steht es mit den Berichten darüber, dass sie durchaus in der Lage war, militärische Kommanden zu führen. Manches könnte dadurch zu erklären sein, dass Derartiges mit den Königspflichten zu tun hatte, die sie als Alleinherrscherin auszuüben hatte. Dazu gehörte etwa das Aussenden ihrer Flotte, die den Caesarianern nach Caesars Ermordung helfen sollte, oder erst recht das Kommando über ihre Kriegsflotte in der Schlacht von Actium, obwohl sie da möglicherweise nicht so ganz sachgerecht kommandiert hatte. Die abschätzigen Bemerkungen über sie als Frau in dieser letzten Phase ihres Lebens bezogen sich weniger auf die konkrete militärische Kommandotätigkeit als vielmehr darauf, dass sie über Rom überhaupt habe herrschen wollen.

Bisher unbeachtet, jedoch für Kleopatras Charakter bezeichnend, ist aber die Nachricht über ihre kurzzeitige Verbannung aus Ägypten während der Thronstreitigkeiten mit ihrem Bruder, die Caesar dann beendet hatte. Wenn es da heißt, dass sie in Palästina Söldner gesammelt habe, dann bedeutet das, dass eine Zwanzigjährige auf eigene Faust einen Haufen aus höchst wilden Gesellen zusammengestellt hatte, die sie natürlich an sehr kurzem Zügel führen musste. Da verblassen die Initiativen von Pompeius und Octavian, die im selben Alter als Privatleute mit mehreren Legionen in das politische Geschehen eingegriffen hatten; Pompeius, indem er im Jahre 83 dem Dictator Sulla zu Hilfe kam, Octavian, der nach der Ermordung Caesars plötzlich mit einem Heer auf der Bildfläche erschien. In beiden Fällen hatte es sich um ausgebildete und disziplinierte römische Soldaten gehandelt, die in militärischen Einheiten zusammengefasst waren und in einem Loyalitätsverhältnis zu ihren jugendlichen Befehlshabern standen. Bei Kleopatra ist von alldem nicht die geringste Rede: *Sie* hatte eine sehr raue Bande im Zaum zu halten.

Vielleicht lag so etwas in der Familie. Von Kleopatras Brüdern Ptolemaios XIII. und XIV. zwar ist Ähnliches nicht bekannt; allenfalls scheint der ältere der beiden insofern eine Art Initiative entwickelt zu haben, als er möglicherweise bei seinem Heer kämpfend fiel, doch weiß man nicht, inwieweit er doch nur von Hintermännern gedrängt worden war.

Ganz anders aber Arsinoe, Kleopatras Schwester. Dazu, nach Caesars Anordnung Zypern zu regieren, war sie nicht mehr gekommen, weil sie zum ägyptischen Heer geflohen war, das unter dem Befehl des Achillas gegen Caesar – und Kleopatra – kämpfte, und dort ließ sie sich zur Königin ausrufen. Aber statt sich damit zu begnügen und sich gemäß der weiblichen Rolle in militärische Dinge nicht einzumischen, geriet sie mit Achillas in Streit, ließ ihn ermorden und setzte statt seiner ihren Vertrauten, den Eunuchen Ganymedes, ein, der es dann freilich auch nicht besser konnte. Sie wurde gefangen genommen, zog in Caesars Triumphzug mit und ging nach ihrer Freilassung nach Ephesos. Dort wurde sie durch Kleopatra ermordet. Für beide zusammen war kein Platz, sie waren sich zu ähnlich.

Zurück zu Kleopatra und nun zu den Geschichten, die über ihren Hochmut und ihr herausforderndes Betragen erzählt wurden. Da und dort werden sie übertrieben sein, sie sind aber nicht grundlos. Das ergibt sich daraus, dass auch Cicero, dem wir keine Propaganda im Sinne des späteren Kaisers Augustus unterstellen können, über Ähnliches erbittert war. Zu erklären ist das wohl so, dass sie sich als Königin Ägyptens und letzte Vertreterin der ruhmreichen Nachfolgereiche Alexanders des Großen in der Tat über vieles und viele erhaben fühlte und glaubte, ein solches Verhalten ihrer

Stellung schuldig zu sein. Wenn man liest, dass der eigentlich doch bedeutende L. Munatius Plancus bei einem Bankett nackt, blau angemalt, mit Schilf im Haar und einem Fischschwanz angetan als eine griechische Sagenfigur Tänze aufführte und dabei auf allen vieren kroch, dann wird so etwas nicht dazu beigetragen haben, Kleopatra besondere Hochachtung vor dem römischen Senatorenstand einzuflößen.

Eine andere Frage ist, ob es taktisch richtig war, dieses ihr Selbstverständnis derartig hervorzukehren; aber bescheidene Zurückhaltung von ihr zu erwarten, wäre vielleicht zu viel verlangt gewesen. Persönlichkeitsfremd wird das alles aber nicht gewesen sein, Kleopatra wird sich nicht haben anstrengen müssen, sich hochmütig und herausfordernd zu benehmen und die Überlegene herauszukehren. Damit beging sie aber einen schweren politischen Fehler. Antonius gelang es, sich in seinem Betragen den Griechen und Ägyptern anzupassen und sich ihnen dadurch verständlich, ja sympathisch zu machen. Kleopatra gelang das mit der römischen Führungsschicht nicht. Vielleicht konnte sie es nicht.

Dass sie aber sonst eine sehr kluge Frau war, ist sicher. Ob sie wirklich, wie ihr später zugeschrieben wurde, Abhandlungen über Kosmetik verfasst hat, wollen wir lieber dahingestellt sein lassen, aber ihre Sprachbegabung spricht dafür sowie die Tatsache, dass unter ihrer und der Förderung ihres Vaters das geistige und wissenschaftliche Leben Alexandrias insbesondere in der Medizin nach langem Darniederliegen wahrscheinlich wieder einen Aufschwung erlebte. Schließlich ist sie immerhin für zwei Jahrzehnte eine dominierende Gestalt der gesamten damaligen Geschichte gewesen, und zwar nicht irgendwie, sondern mit eigenständiger Politik.

Diese eigenständige Politik zeigte sich einmal darin, wie sie mit von außen gegebenen Situationen umging. Wenn die Ereignisse ihres Lebens erzählt werden, nimmt man sie meistens als selbstverständliche Fakten und macht sich nicht klar, dass sie auch ganz anders hätten eintreten können und dass es für Kleopatra darauf ankam, mit diesen unabhängig von ihrem Willen eintretenden Sachverhalten geschickt umzugehen. War vorherzusehen, dass Caesar nach Ägypten kam, dass sie von ihm einen Sohn bekam, dass Caesar ermordet wurde, dass sie mit Mark Anton ein noch engeres Verhältnis eingehen konnte, dass beide zwei Söhne und eine Tochter miteinander hatten? Das waren negative und positive Geschehnisse, mit denen sie jeweils so umging, dass sie sich zu ihren Gunsten auswirkten.

Noch eindrucksvoller sind die zahlreichen selbständigen Entscheidungen, die sie in Situationen fällte, die entschlossenes Handeln verlangten und denen sie gewachsen war, vom Regierungsantritt bis zu ihrem Tod – in jedem dieser Fälle wäre auch ein ganz anderes, ein hilf- und kraftloses Verhalten möglich und bei vielen anderen wahrscheinlich gewesen: die zeitweilige Alleinregierung nach dem Tod ihres Vaters; während dieser Zeit die Festnahme der Mörder der Bibulus-Söhne und ihre Auslieferung an deren Vater; die Zusammenstellung einer Söldnertruppe während ihres Exils in Palästina; die Erlangung des Zutritts zu Caesar, im Bettsack oder auf andere Weise; ihr Aufenthalt in den *horti Caesaris*; ihr Machtkalkül nach Caesars Ermordung; die – gewiss zu tadelnde – Ermordung ihres Bruders und ihrer Schwester; die Erhebung ihres Söhnchens zum Mitregenten; die Inszenierung ihrer Begegnung mit Antonius am Kydnos; ihr Stillhalten während der Jahre 40 bis 37, als Antonius in Italien war und Octavia geheiratet hatte; die Loyalität gegenüber Antonius nach seinem gescheiterten Partherfeldzug; ihre Einmischungen in Judäa.

Es wäre pedantisch und ermüdend, die Kette der selbständigen, zielgerichteten, energischen Entscheidungen in ihre Einzelheiten zu zerlegen, aus denen ihr gesamtes weiteres Verhalten bestand, das zu der Übertragung der orientalischen Herrschaftspositionen durch Antonius führte, der Krieg gegen Octavian, das standhafte Verhalten nach der Niederlage und bis zu ihrem Selbstmord. Jeder andere – vielleicht mit Ausnahme ihrer Schwester Arsinoe – wäre schon frühzeitig gescheitert. Kleopatras Entschlussfähigkeit und Spannkraft sind ohne Beispiel. Es kommt aber noch etwas hinzu, für die meisten Betrachter das Wichtigste. Die Liebe.

Etwas langweiliger gefragt: Können wir erstens wirklich von Liebe sprechen, und wenn ja, welches war ihre historische Funktion, ihr historischer Ort? Wie haben wir ihre Liebesverhältnisse mit Caesar und mit Antonius zu beurteilen sowie deren Beziehung zu der von ihr betriebenen Politik? Spielt diese Liebe wirklich die herausragende Rolle, die ihr im allgemeinen Bewusstsein wohl von Anfang an und bis zum heutigen Tage zugemessen wird? Hat Kleopatra, wie die ihr feindlich gesinnten Quellen nicht müde werden zu behaupten, Caesar und insbesondere Antonius zu Liebessklaven gemacht, ihre erotischen Künste also kühl zu politischen Zwecken eingesetzt? Hatte die Liebe Caesar und besonders Antonius blind gemacht und sie die Politik vergessen lassen? War die Liebe gegenseitig? Oder ist die jeweilige Liebesgeschichte eine übertriebene romantische Ausschmückung von Geschehnissen, die nur kalt und politisch zu erklären sind?

Natürlich kann es in dieser Darstellung nicht darauf ankommen, unsere kulturell geprägte Moral an Kleopatra heranzutragen. Besondere Lasterhaftigkeit kann ihr aber – ob das heutige Leser nun erfreut oder nicht – wirklich nicht zugeschrieben werden, weil nichts Spezifiziertes in den Quellen steht. Q. Dellius, ein Vertrauter des Antonius, soll ihr obszöne Briefe geschrieben haben, aber er war ohnehin eine unerfreuliche Gestalt, die Antonius eine Zeit lang mit schönen Mädchen und Knaben versorgte, im Bürgerkrieg habituell die Seiten wechselte und zum Schluss rechtzeitig bei Octavian landete. Das einzig Konkrete ist, dass Josephus behauptet, Kleopatra habe versucht, Herodes zu verführen, aber das wird nicht im Entferntesten glaubhaft gemacht. Hätte es erotische Eskapaden Kleopatras gegeben, dann hätte die seinerzeitige Öffentlichkeit nicht eine Sekunde gezögert, um von ihnen genüsslich und mit Namensnennung zu berichten. Es gab aber nichts.

Nun hat es allerdings häufig wechselnde und Neben-Liebschaften gegeben, aber nur aufseiten der beiden Römer und meist vor ihrem Zusammentreffen mit Kleopatra, sowohl bei Caesar als auch bei Antonius, und das wird nicht nur ohne Tadel berichtet, sondern, wenig überraschend bei der auch damals schon herrschenden Doppelmoral, mit gelegentlichem bewunderndem Unterton. Im Einzelfall konnte das insbesondere bei Antonius etwas anders liegen, und sein Hin und Her zwischen Kleopatra und Octavia ist heftig missbilligt worden, wenn auch weniger aus moralischen Gründen. Schließlich aber ist er für dauernd bei Kleopatra geblieben, und sei es nur deshalb, weil er, wie Kleopatras Gegner Josephus schreibt, Angst vor ihr gehabt habe – was für eigene Lebenserfahrungen mit seiner Ehefrau mögen Josephus in die Feder geflossen sein? Nein, das Verhältnis zwischen Antonius und Kleopatra war eine feste, enge, dauernde Verbindung größter gegenseitiger seelischer und körperlicher Nähe, vielleicht sogar ohne Seitensprünge des männlichen Teils, und gemeinhin wird so etwas wie genannt? Liebe.

Es geht nicht anders, die Quellen stimmen, mit negativem oder positivem Akzent, in alldem überein, die Sachverhalte sprechen sämtlich dafür, und es ist keine unzulässige Romantisierung: Das Verhältnis zwischen Caesar und dann besonders das zwischen Antonius und Kleopatra war ein enges Liebesverhältnis, und wenn es denn noch eines Beweises bedurft hätte, dann die Tatsache, dass der sehr polygam veranlagte Antonius Kleopatra später die Treue hielt. Diese Liebe ist ein Faktum, das selbst der illusions- oder besser gefühlloseste Historiker berücksichtigen muss. Aber wie?

Zunächst hat man, auch zum Zwecke der Entromantisierung, die Reihenfolge zu beachten, über die üblicherweise hinweggegangen wird. Auch der gefühlvollste Betrachter wird nicht behaupten können, dass es jeweils zunächst ein großes Liebeserlebnis mit Caesar und später mit Antonius gegeben hätte, aus dem dann politische Konsequenzen gezogen worden wären. Zuerst gab es die politischen Ereignisse und Situationen, zu denen die persönlichen Erlebnisse hinzutraten, die sich dann freilich ihrerseits auswirkten. Das nimmt der Rolle der engen persönlichen Nähe nichts von ihrer Bedeutung und ihrem Gewicht.

Für die politische Dimension vergegenwärtigt man sich am besten die beiderseitigen politischen Interessen, das ist ja nicht schwer. Ein römischer Machthaber, Antonius, hatte im östlichen Teil des Mittelmeergebietes die römische Herrschaft zu wahren und zu stärken und sich auf einen unabweislichen Machtkampf mit Octavian einzustellen. Eine ägyptische Königin hatte die Selbständigkeit des Landes zu erhalten und dabei die realen Machtverhältnisse zu berücksichtigen, das heißt, das erdrückende Übergewicht Roms richtig einzuschätzen. Wie immer gab es im Fließenden des politisch-geschichtlichen Lebens für die beiderseitigen Interessen verschiedene Möglichkeiten der konkreten Ausgestaltung.

Rom standen, wie schon gesagt, zwei Organisationsformen zur Verfügung, die Schaffung von Provinzen und von Klientelkönigreichen, zudem musste die Gefahr gebannt werden, die durch die Parther drohte. Ägypten an Rom zu binden, war deshalb besonders risikoreich, weil eine Provinzialisierung gerade bei diesem selbstbewussten und traditionsgesättigten Land unbekannte Gefahren haben konnte und weil man bei einem Klientelkönig nie sicher sein konnte, ob er im Konfliktfall – und auf den kommt es ja immer an – wirklich zu Rom halten würde. Ähnliches gilt für den zersplitterten Vorderen Orient. Syrien allerdings war schon vor 25 Jahren mit Erfolg zur Provinz gemacht worden, aber bei Syrien handelte es sich nicht um einen uralten traditionsreichen festgefügten Staat. Ein König von Ägypten jedoch musste sich in einem Balanceakt nach mehreren Seiten hin versuchen. Er musste sein Land so eng an Rom binden, dass Rom sich seiner ganz sicher sein konnte und nicht in die Versuchung geriet, das Land endgültig anzuschließen. Er durfte aber nicht so weit gehen, dass dadurch die Identität Ägyptens verloren ging; Ägypten musste politisch, kulturell, wirtschaftlich das hellenistische Ägypten bleiben.

Die – jedenfalls de facto – eheliche Verbindung Kleopatras zuerst mit dem mächtigsten Römer überhaupt, der dabei war, eine Alleinherrschaft aufzurichten, später mit dem mächtigsten Römer im Osten, der sich anschickte, den Mächtigsten des Westens zu verdrängen – es kam sogar zu gemeinsamen Kindern –, schien der beiderseitigen Interessenlage ideal zu entsprechen, war zumindest so gedacht. Ägypten konnte selbständig bleiben, und Rom konnte sich sicher sein, dass es auf Dauer auf Ägypten zählen konnte. Ptolemaios-Kaisar-Caesar, Alexandros Helios und Ptolemaios Philadelphos als Söhne sowohl der Mächtigsten in Rom als auch der Königin Ägyptens würden auch für die Zukunft die Gewähr dafür bieten. Wie das allerdings konkret aussehen sollte, war ungewiss, dazu hätte entweder Caesar am Leben bleiben oder Antonius Sieger im Bürgerkrieg werden müssen; womöglich war an die Begründung einer neuen Dynastie gedacht. Und eines war die konstitutive Bedingung dafür: die dauerhafte Liebe zwischen einem Mann wie Antonius und einer Frau wie Kleopatra. Man stelle sich etwa vor, ägyptischer König wäre ein farbloser, schwächlicher und minderjähriger Mann gewesen, wie es deren nicht wenige gegeben hatte, oder der römische Machthaber im Osten wäre ein sittenstrenger oder gar lederner römischer Senator gewesen, wofür es auch Beispiele gäbe. Das alles war nicht kalkulierbar gewesen, und diese über das nüchtern Planbare hinausgehende Liebe zwischen beiden weist ihr ihren historischen Platz zu.

Eine ganz andere Frage ist es allerdings, ob es, und jetzt kommt ein für diesen Zusammenhang schreckliches Wort, ob es vernünftig war. War es klug, alles auf die persönliche Beziehung zweier Personen zueinander zu setzen, alles davon abhängig zu machen? Natürlich nicht. Diese auf nur vier Augen gestellte Basis konnte fragiler nicht gedacht werden, und die gemeinsamen Kinder waren ja doch nur eine Nebenkonstruktion, die bei dem Versagen der Basis ebenfalls zusammenbrechen musste. Und beides trat ein. Mit dem Untergang von Antonius und Kleopatra gingen auch die weiter gehenden politischen Pläne in Rauch auf, die Kinder wurden getötet oder spielten marginale Rollen. Dass Kleopatra und Antonius sich auf diese offensichtlich irrationale Fehlplanung verließen, bestätigt deutlicher als alles andere den Charakter der Beziehung zwischen beiden. Es war Irrationalität in reinster Form, es war wirklich Liebe.

21. Kapitel
KÖNIGIN IN DREI KULTUREN

Kleopatra lebte und handelte in drei Kulturen, der ägyptischen, der griechischen und der römischen, sie hatte sich das nicht ausgesucht. Freilich unterschied sich ihr Verhältnis zu jeder einzelnen dieser Kulturen von den anderen.

Das Ägyptische war die Basis, von der aus alle Herrschaft ihren Ausgang nahm und die auch von Kleopatra bis zum Schluss peinlich genau beachtet wurde. Sie war zuallererst der ägyptische Pharao. Gerade sie hatte zusammen mit ihrem Vater die ägyptischen Kulte, auf die alles ankam, besonders intensiv gefördert. Auch sie muss in Memphis gekrönt worden sein, sie baute den riesigen und raffiniert durchdachten Tempel von Dendera – wer ihn gesehen hat, weiß, was das bedeutet. Über ihre konkrete Mitwirkung haben wir keine ausdrücklichen Nachrichten. Bei der Helligkeit ihres Geistes und ihrer durch die Sprachkenntnisse dokumentierten Anteilnahme am Ägyptischen dürfte es aber ausgeschlossen sein, dass sie – beziehungsweise ihr Vater – nur den Startschuss gegeben hätte und im Übrigen die Architekten und Priester nach Gutdünken hätte bauen und ausgestalten lassen. Bis zum Beweis des Gegenteils ist als sicher anzunehmen, dass sie über alles informiert wurde, über alles im Rahmen der ägyptischen Tradition mitentschied und dass sie spätestens auf diese Weise auch inhaltlich mit der Gedankenwelt vertraut wurde, die hinter allem stand.

Weiter südlich führte sie in einer spektakulären Zeremonie den neuen Buchis-Stier ein und baute für sich und ihren Sohn Kaisar ein

Geburtsheiligtum, im Norden spendete sie für den Apis-Stier von Memphis, und sie dürfte gerade auch beim Apis-Kult anwesend gewesen sein. Gewiss zeigte sie sich noch oft bei anderen Gelegenheiten ihren ägyptischen Untertanen als deren Pharao, auch wenn die lückenhafte Überlieferung davon nicht berichtet. Bei all diesen Gelegenheiten trug sie natürlich ägyptischen Königsornat – wie wir an den erhaltenen Statuen und Reliefs sehen –, erschien in Begleitung der Priester, vollführte die Opfer und die komplizierten Riten. Soll man etwa annehmen, sie hätte sich dabei nur verkleidet und hätte immer jemanden neben sich gehabt, der ihr zuflüsterte, wie sie sich zu bewegen hätte? Vielleicht war das bei dem einen oder anderen früheren Ptolemäerkönig so gewesen, bei ihr haben wir jedoch abermals ihre außergewöhnliche Intelligenz und die Tatsache in Rechnung zu stellen, dass sie sich um die ägyptische Sprache gekümmert hatte. Nein, ohne ein bestimmtes Ausmaß an eigener Teilnahme hat das alles nicht stattgefunden.

Hinzu kommt ihre praktische Tätigkeit. Sie regierte als Königin, in ihrer Verantwortung wurden königliche Erlasse verfasst, sie hat selbst Dekrete veranlasst und erlassen. Sie hielt Audienzen ab, bei denen ihr Bitten und Beschwerden vorgetragen wurden, denen sie gegebenenfalls nachkam, und aus Plutarchs Bemerkung über ihre Sprachkenntnisse folgt auch, dass sie mit ausländischen Gesandtschaften und sonstigen Besuchern selbständig verhandelte. Das alles konnte sie nur tun, weil sie auf dem dreitausendjährigen Thron der Pharaonen saß. Sie war ägyptische Königin ohne Wenn und Aber.

Dass sie aber – und mit ihr alle anderen ptolemäischen und hellenistischen Könige – kulturell Griechin war, stand dem nicht entgegen, obwohl die verschiedenen Nationalitäten auch den Ägyptern immer bewusst geblieben waren, wie noch im Krönungsbericht des Psen-Ptah zu lesen ist. Dieses Bewusstsein von der Andersartigkeit der griechischen Kultur und der Griechen hinderte nicht die Akzeptanz der Ptolemäerkönige und auch Kleopatras bei den Ägyptern; gelegentliche Unruhen hatten, auch wenn sie sich national ausdrückten, vor allem soziale Ursachen. Den Ägyptern kam es vor allem darauf an, dass ihre Könige die Götter ehrten und sich dadurch auch religiös legitimierten, und das geschah ja in sehr intensiver Weise. Das Vordringen der griechischen Sprache scheint keine Animositäten verursacht zu haben, und die griechischsprachige tonangebende Schicht hatte ihrerseits keine Schwierigkeiten damit, dass hieroglyphenägyptische oder demotische Inschriften publiziert wurden. Die mehrsprachigen Stelen belegen die ruhige Selbstverständlichkeit, mit der man miteinander umging.

Schon immer hatten die Griechen eine tiefe Bewunderung für die uralte ägyptische Kultur gehegt, die in ihrer Sagenwelt eine unübersehbare Rolle spielte. In Gestalt der archaischen Statuen unbekleideter Jünglinge, der Kuroi, ist augenfällig, dass ägyptische Standbilder als Vorbild gedient hatten. Im 5. Jh. widmete Herodot, der nach unseren Begriffen erste Historiker überhaupt, der ägyptischen Kulturgeschichte ein ganzes Buch seiner Historien, voller Hochachtung vor dieser Zivilisation, und im selben Jahrhundert half Athen, die damalige Vormacht der griechischen Welt, den Ägyptern sogar militärisch bei einem Abfallversuch von Persien und beteiligte sich, wenn auch vergeblich, an der Belagerung einer von den Persern gehaltenen Stadt namens Weiße Mauer, also Memphis. Schließlich war das ptolemäische Ägypten selbstverständlicher Teil der internationalen Politik in der hellenistischen Zeit.

Anders sah es mit der dritten Komponente aus, mit dem Römischen. Die Aufgabe bestand zwar nicht darin, mit einer neu hinzukommenden Bevölkerungsschicht auszukommen, sondern darin, die außenpolitischen Interessen des übermächtigen Römischen Reiches so zu befriedigen, dass eine, wenn auch reduzierte, Selbständigkeit Ägyptens – oder: Ägyptens multikulturelle Identität – bewahrt werden konnte. Nebeneinanderher leben hätten beide schon allein deswegen nicht können, weil Rom zumindest das Interesse im Vorderen Orient hatte, dass sich dort keine ihm gefährlich werdende Macht herausbilden konnte. Im Besonderen lagen die Dinge aber noch bedrohlicher, weil Ägypten selbst seit vielen Jahrzehnten Rom als Schiedsrichter in die ägyptische Innenpolitik hereingerufen hatte, genauer: zur Entscheidung über Thronstreitigkeiten. Gegen Schluss ging es ja nur noch darum, welcher Römer Kleopatras Vater nach Ägypten zurückführen sollte, und der moralische Tiefpunkt dieser Beziehungen war der Aufenthalt des bettelnden Ptolemaios XII. in Rom – wenn man nicht den problemlosen Einmarsch von Gabinius mit vier Legionen nach Ägypten im Jahre 55 für noch deprimierender halten möchte.

Thronstreitigkeiten waren es dann auch, bei denen wir Kleopatra zum ersten Mal politisch handeln sehen konnten und bei denen sie römische Unterstützung herbeirief, die Caesars, und sofort gewannen die ägyptischen Bemühungen um römische Unterstützung eine neue Qualität. Man braucht jetzt nicht gleich zu lächeln und glauben, dass damit allein die Liebesbeziehung gemeint wäre. Das ist sie zwar auch, aber Kleopatra residierte in Rom nicht nur wie die Königin, die sie ja war, sondern ihr – und mittelbar beider – Sohn wurde in der Begründung einer neuen Form von Caesars Herrschaft eine konstitutive Rolle zugewiesen. Die Aufstellung ihres Standbildes im Tempel der Venus Genetrix und neben der Göttin selber bedeutete genau das. Auch hier: Welche Rolle das genau hätte sein können, das blieb noch offen, auch sie wurde wie ihr Sohn wohl eher in Bereitschaft gehalten. Zunächst hatte Caesar zwar seinen Partherfeldzug vor, aber alle Pläne wurden durch seine Ermordung zunichte.

Einen neuen Anlauf unternahm Kleopatra durch ihre Beziehung zu Marcus Antonius. Zunächst waren ihr sowie seinen und ihren Kindern in durchaus traditioneller Weise Klientelkönigreiche zugewiesen worden, wenn auch überdimensioniert und zum Teil sogar illusionär. Dass aber Kleopatra schließlich nicht nur als die Gattin des Antonius, sondern auch mit eigenen Kontingenten und als seine Gefährtin in der Herrschaft in die Schlussphase des Bürgerkrieges zog, zeigt ganz unabhängig von ihren angeblichen Aussprüchen und der augusteischen Propaganda, dass ihr im Falle des Sieges eine Rolle zugekommen wäre, die weit über die einer Königin von Ägypten hinausging. Auch hier allerdings können wir nicht sagen, wie diese Rolle ausgestaltet worden wäre, die militärische Niederlage brach alle Planungen ab.

So viel scheint jedoch ersichtlich, dass Kleopatra in atemberaubender Weise die ägyptische Politik nicht nur auf eine neue Basis stellen wollte, sondern Ägypten mit einem Schlag aus der Position des nur noch gnadenhalber existierenden Bittstellers zum Teilhaber an der Weltherrschaft machen wollte. So sah also ihre Art aus, die römische als neue, dritte Kultur den beiden anderen, in denen sie lebte, hinzuzufügen und sich dienstbar zu machen.

Kleopatras Annäherung an Rom fand noch auf weiteren Ebenen statt, betraf sogar Lebensstil und Tafelsitten. Der Zufall hat uns eine trivial erscheinende Einzelheit überliefert. Ein kaiserzeitlicher Autor, der sich über viele Bücher hinweg über alles verbreitet, was mit Essen, Trinken und allem, was auch in weiterem Sinne dazugehört, schreibt:

Bis in die makedonische Zeit hinein aß man beim Essen von Keramikgeschirr. Aber als die Römer ihren Lebensstil in Richtung auf größere Kostspieligkeit veränderten, änderte Kleopatra, die dem ägyptischen Königreich den Untergang gebracht hatte, in Nachahmung der Römer auch ihre Lebensweise. Den griechischen Namen konnte sie nicht eintauschen, aber sie nannte einfach weiterhin «Krug», was in Wirklichkeit silbernes oder goldenes Geschirr war und was sie ihren Tafelgästen zu schenken pflegte.

Wenn man diese Nachricht und ihre Weiterungen ernst nimmt und ein wenig ausweitet, dann versuchte Kleopatra tatsächlich, sich auch in ihren Lebensgewohnheiten römischem Brauch anzupassen, und die Frage ist nur, auf welchen Gebieten das sonst noch geschah. Auf allzu vielen doch wohl nicht. Die Sprache jedenfalls, in der sie sich mit Römern verständigte, dürfte trotz ihrer Sprachbegabung nicht das Lateinische gewesen sein – diese Sprache erwähnt ja auch Plutarch nicht –, sondern die Sprache der Gebildeten auch in Rom, das Griechische. Ganz ohne Lateinkenntnisse kann sie allerdings nicht gewesen sein, sonst hätte sie an der doch gewiss lateinisch geführten geistreichen Unterhaltung des Sängers Tigellius kein Vergnügen haben können. Und da das Latein auch sonst im Vordringen begriffen war, können auch weitere Kenntnisse angenommen werden. Später findet man Latein auf Münzen, und wenn wir bedenken, dass die Münzen Spiegel der Identität der ausgebenden Stelle sind, dann ist es schon erstaunlich, dass Kleopatra sich in einer Sprache benennen ließ, die weder ihre noch die ihrer Untertanen war. Ebenso ist es zu werten, wenn sie zusammen mit dem römischen Trumvirn Marcus Antonius auf zahlreichen Münzen erschien, also, in anachronistischer Sprechweise, die römische und die ägyptische Souveränität miteinander verschmolz.

Und nun Kleopatras Kinder. Alle vier hatten einen römischen Vater, den jeweils mächtigsten Römer, und einer, Ptolemaios Kaisar, hieß sogar wie sein römischer Vater, trug freilich zusätzlich seinen ägyptischen dynastischen Namen. Diese Kinder stellten die physische Verschmelzung zwischen dem ägyptischen Herrscherhaus und Rom dar. An eine Verschmelzung der beiden Bevölkerungen insgesamt kann aber schon deshalb nicht gedacht worden sein, weil es in Ägypten bisher noch nie eine nennenswerte ethnische Verschmelzung zwischen Ägyptern und Griechen gab, geschweige denn eine bewusste, und jetzt natürlich erst recht keine mit Römern. Die Verbindungen mit Caesar und Antonius einschließlich der gemeinsamen Kinder müssen eher als eine Art dynastischer Ehen angesehen werden. Das bedeutete im Fall von Mark Anton allerdings, dass die oben vorläufig gegebene Deutung der Einsetzung der Söhne als Klientelkönige deshalb zu kurz greift, weil sie weit mehr waren als das. Sie waren eben nicht nur Kleopatras Söhne, sondern auch die von Antonius, von Antonius, der in diesem Zusammenhang also nicht nur römischer Triumvir war, sondern auch Dynast. Daher dürfen wir für ein Gesamtbild nicht nur Kleopatra betrachten, sondern müssen auch Antonius einbeziehen und uns fragen, ob und wie er auf die Verhältnisse im östlichen Mittelmeergebiet zugegangen ist.

Wie also steht es mit der – in römischen Augen schmachvollen – angeblichen Orientalisierung des Antonius? Dass er sich als Neuer Dionysos feiern ließ, ist für ihn nicht spezifisch. Auch Pompeius und Caesar übernahmen diese Rolle und später sogar Octavian selbst – eine Verhaltensform, mit der auch schon früher römische republikanische Machthaber im Osten sich den dortigen Bewohnern verständlich machten und so die Last der römischen Herrschaft etwas leichter gestalteten. Allenfalls hatte Antonius das zu sehr internalisiert und selbst zu kräftig mitgefeiert. Auch gelegentliche Übernahme griechischer Kleidungssitten hätte ihm eigentlich nicht vorgeworfen werden dürfen, obwohl das ein beliebter Vorwurf denen gegenüber war, denen man schaden wollte. Auch C. Rabirius Postumus, dem vorübergehenden Dioiketen Ptolemaios' XII., war das als Nebenpunkt eines Strafprozesses vorgeworfen worden. Wir lesen in Ciceros Verteidigungsrede:

Man mag ihm noch so oft vorwerfen, er sei ständig in griechischer Kleidung und mit sonstigen unrömischen Kennzeichen aufgetreten […] er musste […] in Alexandria griechische Kleider tragen, um in Rom wieder in der Toga auftreten zu können […]. Weil es Mode war und ihnen Spaß machte, haben sich schon oft Römer in fremder Tracht sehen lassen: nicht nur gewöhnliche Bürger, sondern auch junge Adelige und sogar einige Senatoren aus vornehmsten Häusern […] der berühmte Feldherr L. Sulla trug einen griechischen Rock. Von L. Scipio vollends, der den Krieg in Asien geführt und Antiochos geschlagen hat, seht ihr auf dem Kapitol ein Standbild, das ihn in einem griechischen Rock und sogar mit Sandalen zeigt. Und beide blieben nicht nur von den Gerichten, sondern auch von den Reden der Leute unbehelligt.

Übernahme griechischer Lebensformen war also nicht nur üblich, sondern wurde bei ruhiger Betrachtungsweise auch als sinnvolles Mittel der politischen Einflussnahme gewürdigt. Daher stand im Zentrum der propagandistisch vergröberten Kritik an Antonius auch nicht das, sondern sein Liebesverhältnis mit Kleopatra, der Königin Ägyptens. Als Römer habe er sich in unwürdiger Weise auch hinsichtlich seines öffentlichen Auftretens untergeordnet, habe sich als Osiris benommen, sei ihr nachgelaufen, und wohl am abfälligsten war es gemeint, wenn die Stichwörter Isisrassel und Eunuchen fielen – selbst der innerlich überlegene Horaz breitet das aus. Mit der Bindung an Kleopatra war also in doppelter Weise eine Verschärfung der bisher auch anderen gegenüber erhobenen Vorwürfe eingetreten. Mit der griechischen Kultur waren die Römer seit langem vertraut, Ägypten aber war fremd, und das Verhalten Mark Antons gegenüber Kleopatra konnte in keiner Weise mehr als taktische Strategie erklärt oder aufgefasst werden, sondern war etwas Tieferes und spätestens durch die – zudem demütigende – Scheidung von Octavia etwas Endgültiges.

All das gehört entscheidend zur Beurteilung von Kleopatras Verhalten gegenüber der römischen Zivilisation, zu der wir nun zurückkehren. Wenn es nämlich verständlich sein mag, dass die ägyptischen Komponenten in Mark Antons Verhalten ihn einem Teil der römischen Öffentlichkeit entfremdet hatten, dann folgt daraus nicht notwendig, dass die genuin ägyptisch-griechische Königin Kleopatra von den Römern nicht doch hätte akzeptiert werden können, zumal da die römische Ablehnung keineswegs von allen geteilt wurde und Mark Antons Anhängerschaft trotz allem und bis zuletzt überraschend groß war. Wie Antonius bei Wahrung seiner Bindungen zu Rom, das seine politische und kulturelle Basis bleiben musste, die griechische und dann die gräko-ägyptische Führungsschicht für sich gewinnen musste, so musste Kleopatra darauf sehen, Entsprechendes in Rom zu erreichen. Und damit scheiterte sie.

Wenn den faktischen – und monogamen – Ehen mit Caesar und

Marcus Antonius in dieser Hinsicht ein politisches Kalkül zugrunde gelegen hatte, dann war es insofern nicht falsch, als Roms Zukunft tatsächlich bei der wie immer politisch gefassten Herrschaft eines einzigen Mannes lag. Das Kalkül ging nur deshalb nicht auf, weil Caesar ermordet wurde und Antonius militärisch unterlag. Doch selbst wenn die Ereignisse einen anderen Verlauf genommen hätten: Wir hatten ja gesehen, dass Kleopatras Stellung bei Caesar wie bei Antonius zwar auf Teilhabe an der Herrschaft zielte, dass ihre konkrete Form aber völlig offen geblieben war. Kleopatra hätte es zudem drauf ankommen müssen, in jedem Fall nicht nur auf diese zwei Männer zu setzen, sondern hinreichend viele Senatoren und Männer des geistigen Lebens für sich zu gewinnen. Stattdessen kehrte sie schon Cicero gegenüber die hellenistische hochmütige Königin heraus, und dieses Verhalten verstärkte sich noch in den letzten Jahren mit Antonius.

Es kann nicht darum gehen, Kleopatra 2000 Jahre später gute Ratschläge zu erteilen; es muss vielmehr ihr Scheitern erklärt oder jedenfalls beschrieben werden. Wenn sie auf römische Adressaten einwirken wollte, so verfehlte sie sie. Mit lateinisch beschrifteten Münzen, mit Münzbildern, die sie zusammen mit einem römischen Machthaber zeigten, mit einer sehr äußerlichen Angleichung an römische Tischsitten, selbst mit einem allmählichen Eindringen in römische Kunstgenüsse war es nicht getan – aber war mehr überhaupt möglich?

Trotz aller äußerlichen und sehr sichtbaren Unterscheidung zwischen altägyptischer und griechischer Kultur war die politische Verbindung zwischen beiden den Ptolemäern seit 300 Jahren ja gelungen. Das hatte daran gelegen, dass das makedonisch-griechische Königshaus keine Schwierigkeiten hatte, in die politische Form der ägyptischen Königsherrschaft einzutreten und vor allem das Wichtigste unangetastet zu lassen und sogar ostentativ zu fördern, was die ägyptische Identität ausmachte, die Religion. Die Griechen ihrerseits, deren Sprache ohnehin zur administrativen Verkehrssprache wurde, hegten von alters her eine Bewunderung für die ägyptische Kultur, empfanden jetzt zwar eine Art Überlegenheit, trotzdem aber hatte sich doch vielleicht gegenseitiger Respekt erhalten, der sich in der teilweisen Akkulturation äußerte.

Eine solche Akkulturation, eine gegenseitige Durchdringung ägyptischer und griechischer insbesondere kultureller Elemente, hat es durchaus gegeben. Es ist noch nicht lange her, dass man glaubte, Ägypter und Griechen – und andere Volksgruppen – hätten nebeneinanderher gelebt. Im Allgemeinen verschmolzen Griechen und Ägypter auch wirklich nicht miteinander. Das rein Ägyptische – wie Edfu und Dendera – war vom rein Griechischen strikt getrennt, und sei es nur in Sprache und Schrift. Wenn sich die Griechen der ägyptischen Religion annäherten, dann zumeist dadurch, dass sie ägyptische Götter mit griechischen gleichsetzten, wenn aber Ägypter auf die Griechen zugingen, dann gleich vollständig dadurch, dass sie sich, auch in den Namen, gräzisierten. Von Doppelnamen abgesehen, ist es daher schwer, vom griechischen Namen auf den ethnischen Ursprung einer Person zu schließen; auf diesen Gesichtspunkt kommt es aber kaum an, sondern darauf, welcher Kultur die betreffende Person angehört oder angehören will, und dazu reicht der Name aus.

In einer absoluten Rigorosität lässt sich das aber nicht mehr halten. Schon dass im Hathor-Tempel von Dendera eine ausgefeilte Tierkreis-Symbolik einen wesentlichen Platz einnimmt, in der griechische und ägyptische Elemente – wenn auch in ägyptischer Form – miteinander verbunden sind, zeigt das zur Genüge. Auch sonst gibt es nicht ganz wenige Beispiele eines Ineinander von Ägyptischem und Griechischem, auch im persönlichen Bereich. Etwas Derartiges tritt uns etwa in der frühen Weihinschrift vom 2. Juli 51 entgegen, also aus der Anfangszeit der Regierung Kleopatras (Abb. 16). Das ägyptische Relief stellt einen der Isis opfernden männlichen König dar, der Text bezieht sich aber auf Kleopatra und ist in griechischer Sprache abgefasst. Er lautet in leicht interpretierender Übersetzung so:

Der Königin Kleopatra, der Vaterliebenden, wurde gewidmet der Sitz der Kultgemeinschaft der Isis Snonais, deren Vorsitzender Onnophris ist. Jahr 1, Monat Epiphi, Tag 1.

In einem anderen Fall zeigt eine von Heinz Heinen neu vorgestellte Inschrift, dass ein Grieche, Herodes von Pergamon, hoher militärischer Befehlshaber und Inhaber der Hofrangklasse der Diadochen, gleichzeitig ägyptischer Priester sein konnte:

Herodes, Sohn des Demophon, Pergamener, einer der Diadochen, Truppenkommandant, Garnisonskommandant von Syene, Wächter der Befestigungen, Befehlshaber der Oberen Regionen, Prophet des Chnubis, Oberankleidepriester der Heiligtümer in Elephantine, Abaton und Philai [...].

In der Porträtkunst, insbesondere bei dem uns hier interessierenden Herrscherbild, kann man feststellen, dass es neben rein ägyptischen Plastiken auch solche gab, die durch griechische Elemente wie Porträthaftigkeit des Gesichts oder die unter dem Kopftuch hervorkommenden Locken (Abb. 14) griechische Elemente aufnahmen, und das gilt auch für Kleopatra.

Alles in allem sind das aber doch Einzelfälle, und wenn man sich die Inschrift des Psen-Ptah oder die großen Tempel auf der einen, die griechischen Münzen oder Porträts auf der anderen Seite ansieht, waren es verschiedene Gesellschaften, die ihre Identität auch im künstlerischen Ausdruck bewahrten. Das gilt auch für Kleopatra selbst. In ihrem Verhalten ist nur gelegentlich etwas zu entdecken, was auf die Verschmelzung beider Kulturen hindeutete. Zum einen war das ihre Darstellung als Isis, die die Griechen mit Aphrodite gleichsetzten, zumal wenn dann noch Harpokrates, der Sohn der Isis, hinzukam, unter dem die Griechen den Eros als Sohn Aphrodites verstehen konnten.

Zum anderen waren das die zahlreichen Anspielungen auf Arsinoe II. Die Symbolik der doppelten beziehungsweise dreifachen Uräusschlange richtete sich nur an Ägypter, aber das doppelte Füllhorn auf den Münzen beider Königinnen war etwas, was sowohl Griechen als auch Ägypter verstanden. Insbesondere könnte das dann der Fall gewesen sein, wenn damit auf die Erneuerung der Kultivierung der großen Oase des Fayum angespielt werden sollte, die sowohl Griechen als auch Ägyptern zugute kam und an der Arsinoe maßgeblich beteiligt gewesen sein soll. Ganz im Bereich der griechischen Kultur würde die Kulturpolitik Arsinoes liegen, die entscheidend an der Gründung des Museions und der Bibliothek beteiligt gewesen war. Aber sonst: Kleopatra war ganz Ägypterin und ganz Griechin. Ob das die beiden Uräusschlangen bei Arsinoe ausdrücken sollten? Und sollten die drei Schlangen bei Kleopatra auf Rom verweisen?

Die sprachlichen, kulturellen, politischen, mentalen Unterschiede zur römischen Republik waren demgegenüber so immens, dass sie hier gar nicht stichwortartig aufgezählt werden können, sie sind ja offenkundig. Wie hätte eine Kombination oder ein sich gegenseitig duldendes Nebeneinander aussehen sollen? Wenn Kleopatra Ägypten gleich als Provinz oder auch als willfähriges Klientelfürstentum in das Römische Reich hätte überführen wollen, das wäre vielleicht noch gegangen. Sie wollte ja aber mehr. Sie wollte zwar den Machtverhältnissen Rechnung tragen, aber innerhalb dieser wollte sie doch ein selbstbewusstes, möglichst selbständiges Reich errichten, ja, sie zielte sogar auf Teilhabe an der römischen Herrschaft. Das aber wäre die Quadratur des Kreises gewesen. Ihr hochfahrendes Verhalten, ihre Brüskierung wesentlicher Teile der römischen Gesellschaft, das waren keine vermeidbaren Ausrutscher, das war Ausdruck dessen, was sie wollte. Und das ging nicht.

Oder wäre es doch gegangen? Bisher ist ja so getan worden, als ob alles kühles politisches Kalkül gewesen wäre. Der Faktor wurde gar nicht berücksichtigt, der, wir haben es gesehen, mit allem untrennbar verbunden war. Ganz unromantisch: die Liebe. Sie ist eine wirkende, eine gewaltig wirkende Macht, das ist unromantische, kühle Erkenntnis. In welcher Weise haben wir sie jetzt zu berücksichtigen? Nach dem, was wir wissen können, war sie in doppelter Weise die Basis von Kleopatras Politik. Erstens dadurch, dass sie monogam war, dass also Kleopatra eben überhaupt nicht triebhaft war, sondern fest und ausschließlich zu Caesar und anschließend zu Antonius hielt. Zweitens dadurch, dass Kleopatra von jedem der beiden Kinder hatte. Die emotionale Bindungswirkung gemeinsamer Kinder braucht gar nicht in Rechnung gestellt zu werden, was zählt, ist die Tatsache, dass die Kinder von beiden für eine, allerdings unbestimmte und unbestimmbare, Nachfolge in Bereitschaft gehalten wurden.

Wenn das die Basis für Kleopatras Politik gewesen ist, dann muss man sich schon wundern, dass eine kluge Frau, die in einer uralten Herrschaftstradition stand, glaubte, auf einem so schwankenden Boden ihre hochfliegenden Pläne verwirklichen zu können. Wieder muss der etwas törichte Eindruck vermieden werden, als ob ein Mitteleuropäer des 21. Jhs. vom hohen Thron seiner doch sehr beschränkten Kenntnisse endgültige Urteile fällen möchte. Aber Kleopatras Sichtweise war zu sehr im hellenistisch-ägyptischen Denken befangen, der emotionalen Bindung an zwei – allerdings bedeutende und nicht mehr republikanisch denkende – Mächtige der römischen Republik eine derart konstitutive Rolle beizumessen.

Hierhin gehören allerdings die von Heinen herausgearbeiteten Indizien, die darauf schließen lassen, dass Kleopatra Caesars Vaterschaft von Kaisar in der Weise formalisieren wollte, dass Caesar als der Begründer einer neuen Dynastie erschienen wäre. Nach dem, was man bisher sagen kann, war das aber eine innerägyptische Angelegenheit, die mit Caesars Tod und mit der Geburt der drei anderen Kinder eines anderen Vaters wohl gegenstandslos geworden war. Selbst wenn zuerst Caesar und dann Antonius nicht gewaltsam geendet wären, unklar wäre immer noch geblieben, welche Position Kleopatra denn ganz konkret hätte einnehmen sollen, und diese Unklarheit ergibt sich nicht aus einer Mangelhaftigkeit der Quellen, sondern aus der Sache selbst. Die Liebe – oder die menschliche Nähe – wäre ein wenig praktikabler Ersatz gewesen. Vielleicht läuft es darauf hinaus: Die Tatsache, den beiden Mächtigen zuzugehören, betrachtete sie als hinreichend, und darin hatte sie sich getäuscht.

Das war aber eine verzeihliche Selbsttäuschung, denn wenn man Caesar und Antonius betrachtet, dann ist deren Verhalten noch weit erstaunlicher. Beide, die ja nun wirklich in keiner Beziehung Anfänger waren, hatten sich an Kleopatra gebunden; Caesar etwas weniger, aber durch ihren Aufenthalt in Rom und durch Aufstellen ihrer Statue in dem Tempel, der seine Herrschaft legitimieren sollte, doch in unübersehbarer Weise. Der Grund kann außer ihrer im Verhältnis wenig eindrucksvollen Stellung als Königin eines schwächelnden Staates nur in ihrer Person gelegen haben.

Wir haben im Verlauf des Buches gesehen, was das bedeutet. Kleopatra war von hinreißendem persönlichen Umgang, sie war die kluge und besonders tüchtige Regentin eines komplizierten Landes, von starkem Willen und der Fähigkeit, in schwierigen Situationen standfest und auch sich selbst gegenüber hart zu sein, von großer Verlässlichkeit, großer Zielstrebigkeit und starkem Willen. Kein Wunder, dass Caesar und Antonius glaubten, mit ihr ihre eigene Zukunft gestalten zu können – der größte römische Dichter, Horaz, mag das verstanden haben. Kleopatra wurzelte in den beiden Kulturen, in denen sie aufgewachsen war, und ging souverän mit ihnen um. Die dritte glaubte sie sich durch die beiden Männer dienstbar machen zu können, die sie liebte und von denen sie im selben Sinne geliebt wurde. Soll man das ihr, der großen Frau, zum Vorwurf machen?

22. Kapitel
KLEOPATRAS NACHRUHM

Am 10. Dezember 1799 schreibt Schiller an Goethe:

Je tiefer man in die Handlung hineinkommt, desto schwächer erscheint das Werk. Die Motive sind schwach, zum Teil sehr gemein und plump. Antonius ist gar zu einfältig […]. Kleopatra ist nur widerwärtig, ohne Größe.

Es handelt sich um *Octavia. Ein Trauerspiel in fünf Aufzügen*, zunächst anonym eingereicht, aber von August von Kotzebue stammend, einem fruchtbaren und seinerzeit erfolgreichen Theaterdichter, der heute allenfalls noch dadurch bekannt ist, dass ihn später der Student Sand ermordete und dadurch die Karlsbader Beschlüsse auslöste. Kotzebue charakterisiert in dem «Vorbericht» der Druckfassung, in welchem er über die Quellen zu seinem Stück Auskunft gibt, Kleopatra in der Tat so:

Lange schien es ihm – dem Dichter – *unmöglich, die vielen seltsamen Widersprüche zu vereinigen, die aus ihren Thaten hervorgehen. Lange hat er darüber nachgedacht, und endlich den Grund derselben nur in dem sinnlichsten Egoismus, und daraus entspringender consequentester Bosheit zu finden geglaubt. […] Furcht, Herrschsucht und Liederlichkeit waren […] die einzigen Fäden, wodurch jene schmutzige Seele sich an den Helden gebunden fühlte. […] Als der Schwärze ihrer Seele widersprechend, könnte man vielleicht ihren heldenmüthigen*

Tod anführen [...] Aber [...]. nur eine nothwendige Folge von Cäsars – Octavians – *Unerbittlichkeit und unbesiegbarer Kälte gegen ihre Reize.*

Zwischen diesen beiden Polen, der Anerkennung der Größe Kleopatras und der üblen Nachrede auf geschlechtlichem Gebiet, bewegt sich, generell gesprochen, in den auf sie folgenden zwei Jahrtausenden die Rezeption ihrer Lebensgeschichte; eine Besonderheit stellt die arabische Überlieferung dar, die in ihr eine große Gelehrte sah. Vielleicht könnte man als Zwischenstufe die der geistreich-ironischen Behandlung einiger Abschnitte ihres Lebens bezeichnen, und auch hier dürfte Kotzebue einen Tiefpunkt darstellen: 1803 veröffentlichte er *Cleopatra. Eine Tragödie* als Beispiel von *Parodien oder Travestirungen zur geselligen Unterhaltung auf dem Lande*, die durch überdeutliche Anspielungen auf zeitgenössische Literatur eher in die Gattung der sauren Späße gehört.

In einem kurzen Kapitel kann der Kleopatra-Mythos nicht in seiner ganzen Breite dargestellt werden. Es bleibt nichts anderes übrig, als einige wenige der bedeutendsten oder jedenfalls für ihre Zeit charakteristischsten Werke vorzuführen und einige Schlüsse daraus zu ziehen. Objektiv kann diese Auswahl nicht sein, und insofern bekennt sich dieses Buch dazu, selber ein Stück Rezeptionsgeschichte darzustellen; ich habe mich auch bemüht, einige weniger bekannte Texte anzuführen. An sich ist Kleopatras Leben selber ein Roman, wie man ihn sich hinreißender kaum vorstellen kann, und es ist auch nicht schwer, sich vorzustellen, was die Künstler anziehen musste: Königin des als sehr fern empfundenen Ägypten, Lebensgefährtin von zwei der weltgeschichtlich wichtigsten Römer, Mutter von deren Kindern, durch ihre militärische Niederlage mittelbare Begründerin des römischen Kaisertums, hochdramatischer Tod – und angebliche sinnverwirrende Schönheit gepaart mit Triebhaftigkeit und Promiskuität.

Das Letztere überwiegt bei den drei großen Italienern Dante

Alighieri (1265–1321), Francesco Petrarca (1304–1374) und Giovanni Boccaccio (1313–1375), gewiss auch durch die literarische Quellenlage verursacht. In Dantes «Göttlicher Komödie», *Divina Commedia*, erscheint Kleopatra zweimal. Zuerst begegnen ihr der Autor und der ihn führende Vergil in der Hölle – *Inferno* – dort, wo diejenigen Frauen büßen, die sich der Wollust – *lussuria* – schuldig gemacht haben, und nach Semiramis und Dido erscheint sie kurz nur dadurch, dass sie als *lussuriosa* charakterisiert wird (5, 63): «Dantes Papier-Kleopatra, Fleischeslust der Klosterfibel», wie Rudolf Borchardt gesagt hat. Zum zweiten Mal wird sie im Paradies – *Paradiso* – als diejenige genannt, die vor dem Siegeszug Octavians floh und sich durch eine Schlange selber den Tod gab (6, 76–78).

Im umfangreichen Werk Petrarcas erscheint Kleopatra gelegentlich auch als unkeusche Frau. In einem Brief stellt er sie der palmyrenischen Königin Zenobia gegenüber, die im Gegensatz zu ihr Tugend und Keuschheit besessen habe, und in den *Trionfi* (Triumph des Ruhms 2, 106–108) vergleicht er sie im selben Sinne mit Zenobia, stellt sie aber mit Semiramis auf dieselbe Stufe, weil beide voll unwürdiger Glut – *indegno foco* – gewesen seien:

Sah dann Kleopatra; sie beid erfahren
Unwürdger Glut; doch sah ich auch daneben
Zenobia besser ihren Ruhm bewahren.

Zumeist aber ist Kleopatra ohne Unwerturteil diejenige, die von Caesar über alle Maßen geliebt wurde. Im «Einsamen Leben» – *De vita solitaria* – heißt es, Caesar habe aus Liebe zu Kleopatra ihren Bruder abgesetzt und getötet, um sie mit der Herrschaft auszustatten; in den «Heilmitteln gegen beiderlei Schicksal» (*De remediis* 1, 49) wird Caesar als der Mann bezeichnet, der während der langen Reihe seiner Siege zwischendurch in Alexandria durch Liebe zur Königin selbst besiegt worden sei (*in medio tantarum victoriarum ab amore regio interim apud Alexandriam victus est*), und dieser Gedanke erscheint zweimal in den *Trionfi*. Einmal (Triumph des Ruhms 1, 22–26) ist Scipio Knecht der Tugend und nicht der Liebe, Caesar aber Knecht beider; an anderer Stelle (Triumph der Liebe 1, 88–93) wird er, der Welteroberer, von Kleopatra zwischen Blumen und Gras gefesselt (*legò tra' fiori e l'erba*) und von ihr im Triumph geführt:

Der, den voran so herrisch-stolz wir schauen,
Ist Caesar, welchen in Ägyptens Landen
Kleopatra umstrickt auf Blumenauen.
Nun folgt er im Triumph! Des, der in Banden
Die Welt schlug, und von andern ward bezwungen,
Spottet mit Recht, wer siegreich ihn bestanden.

Hervorgehoben soll daher werden, dass Petrarca nicht nur die üblichen Stereotypen nachbetete – Boccaccio allerdings kann sich leider gar nicht genug tun, in seinen «Berühmten Frauen» (*De claris mulieribus*, 88) Kleopatra über Seiten hinweg und in den verschiedensten Formulierungen alle die üblen Eigenschaften zuzuschreiben, die die augusteische Propaganda nicht müde geworden war über sie zu verbreiten: Habgier (*avaritia*), Grausamkeit (*crudelitas*), Triebhaftigkeit (*luxuria, lascivia, libido, cupidissima*) bei großer Schönheit (*formosissima, pulchritudo*), Promiskuität und Koketterie in Blick und Wort (*oculorum scintillantium ars, lascivientes oculi, oris facundia quos vellet capere*), Hurenhaftigkeit (*scortum*), Tempelraub, Herrschsucht (*romanum postulavit imperium*) – nur als der jugendliche Octavian sich nicht habe verführen lassen, habe sie sich durch Schlangenbiss getötet.

Von großer Selbständigkeit des Denkens zeugt weiter, dass der vor allem durch die *Canterbury Tales* bekannte Geoffrey Chaucer (1340–1400) Kleopatra nicht nur überhaupt in *The Legende of Good Women* aufgenommen hat, sondern sie, in der zweiten und endgültigen Fassung seines Gedichts, als eine Art Märtyrerin ihrer Liebe zu Mark Anton darstellte. Es genügt, einige Formulierungen wiederzugeben: *Al for the love of Cleopataras* (601); *As Cleopataras for to love and serve* (604); *In the defence of hir and of hir ryght* (606); *This noble queene* (607); *she was faire as is the rose in May* (613).

In William Shakespeares (1564–1616) «Antonius und Kleopatra» (*The Tragedy of Antony and Cleopatra*, 1606/07) fällt als Erstes auf, dass nahezu sämtliche Tatsachen und Einzelheiten, die aus den antiken Quellen, vor allem aus Plutarch, bekannt sind, bei Shakespeare wiederkehren, ohne dass auch nur im Mindesten der Eindruck einer Nacherzählung entsteht, alles ist lebendiger und tiefer als selbst bei Plutarch – «jener wunderbare Prozess der Weltergänzung», nennt Heinrich Heine das. Die ganzen zehn Jahre vom ersten Zusammensein der beiden Hauptpersonen in Alexandria über Mark Antons Aufenthalt in Rom bis zu beider Tod sind in schneller Abfolge der Schauplätze Gegenstand der Handlung, und wenn etwa die Kydnos-Szene nicht auf der Bühne erscheint, so wird sie doch durch eine Erzählung eingeführt.

Nicht umsonst ist die Shakespeare-Literatur übereinstimmend der Ansicht, dass Kleopatra eine der unerschöpflichsten Gestalten des Dichters ist, und das kann nicht im luftleeren Raum geschehen sein. Das muss auch an Kleopatra selber gelegen haben. Shakespeare zeichnet sie von vielen Seiten, durch eigene Äußerungen und durch den Mund anderer, durchaus auch negativ, aber nie so, dass ein moralisches Unwerturteil über sie gesprochen würde. In einer Szene etwa, in der sie sich fast ängstlich nach der äußeren Erscheinung Octavias erkundigt, zeigt sie durchaus eifersüchtige Schärfe, gleichzeitig wird aber klar, dass sie dazu allen Anlass hatte, und an anderer Stelle wird die hochmütige Aggressivität, mit der sie sich vor der Schlacht von Actium weigert, nach Ägypten zurückzufahren, deutlich, aber nicht anklagend vor Augen geführt.

Einen so großen Raum die politisch-militärische Handlung auch einnimmt, so sehr kulminiert das Stück schließlich doch in der Liebe zwischen Kleopatra und Antonius, die am Schluss alles andere hinter sich lässt. Bevor Antonius von seinem ehrenvollen Tod spricht, der ihn als Römer durch einen Römer ereilt hat, sagt er sterbend:

Ich sterb', Ägypten, sterbe; nur ein Weilchen
Lass' ich den Tod noch warten, bis ich dir
Von so viel tausend Küssen den armen, letzten
Auf deine Lippen drückte.

Mit «Ägypten» ist, wie bei Shakespeare immer, der Herrscher gemeint, also Kleopatra. Und sie dann:

O edelster der Männer! willst du scheiden?
So sorgst du nicht um m i c h? Aushalten soll ich
In dieser schalen Welt, die ohne dich
Nicht mehr ist als ein Viehstall?
[...]
Nicht Achtungswertes bietet mehr sich dar
Unter dem späh'nden Mond.

Die französische Klassik konnte schlechterdings keine niedrige Kleopatra auf die Bühne stellen, und wenn sich Pierre Corneille (1606 bis 1684) darauf berief, sich für «Der Tod des Pompeius» (*La mort de Pompée*, 1642) vor allem auf Lukan gestützt zu haben, dann ist er bei der Gestalt der Kleopatra gewiss nicht dessen Charakterisierung gefolgt. Kleopatra ist bei ihm aus Gerechtigkeitsgefühl empört über den Mord an Pompeius, sie liebt Caesar aufrichtig, hält sich aber aus Delikatesse zunächst zurück, sie will durchaus herrschen, aber deshalb, weil ihr das legitimerweise zusteht. Von Caesar lässt sie sich als Königin einsetzen, aber sie respektiert das jeweilige Selbstwertbewusstsein: *Ich weiß das, was ich bin, ich weiß das, was Ihr seid* (*Je sais ce que je suis; je sais ce que vous êtes*).

Für den Barock bot Kleopatras Leben eine Fülle von Situationen, die mit großem Aplomb vorgeführt werden konnten, und auch hier konnte man keine verächtliche Kleopatra brauchen. Zwei Beispiele. Die Tragödie *Cleopatra* von Daniel Casper von Lohenstein (1635 bis 1683), in Alexandrinern geschrieben, erschien 1661 in einer ersten,

1680 in einer zweiten Fassung; hier soll über die erste Fassung berichtet werden. Ihr Motto ist eine Tacitus-Stelle (Historien 3, 66, 4), in welcher von dem Untergang Geweihten berichtet wird, sie hätten gesagt:

Gestorben müsse werden, ob als Besiegte, ob als Kapitulierende: Nur darauf komme es an, ob sie ihren letzten Atemzug in Schmach und Schande täten oder in Tapferkeit.

Kleopatras heroischer Tod ist also das, worauf das Stück hinausläuft. Anders als bei Plutarch gelingt es Octavian zunächst, dass Antonius und Kleopatra sich gegenseitig nach dem Leben trachten, aber dann folgt der versuchte Selbstmord des Antonius und sein Tod in ihrem Schoß. Zum fünften Akt heißt es in Lohensteins eigener Inhaltsangabe:

Cleopatra begeht des Antonii Leichbegängnüß / eröfnet der Charmium und Iras des Keysers Falschheit / welcher sie nach Rom zum Schau-Spiel führen wolle. Und nach dem sie Augusto einen demüttigen Brieff zugeschrieben / lässt sie sich die in einem Korbe verwahrte Schlange in Arm stechen und stirbt.

Octavian verhält sich jetzt alles in allem ritterlich, und das Stück endet mit einem Ausblick über die zu erwartende Größe des Römischen Reiches, *das künftig auf die Deutschen kommen werde.* Irgendwelche Unzüchtigkeiten werden Kleopatra nicht angelastet, und wenn sie gegen Antonius vorgeht, dann nur deshalb, weil sie dasselbe von ihm vermutet und weil das Ganze auf eine Intrige Octavians zurückzuführen ist. Aber auch er wird nicht eindimensional dargestellt, sondern ihm wird schließlich doch auch menschliche und historische Größe zugebilligt.

In Georg Friedrich Händels (1685–1759) Oper «Julius Caesar» (1724, *Giulio Cesare,* Text: Nicola Francesco Haym, 1678–1729) läuft die Handlung darauf hinaus, dass Caesar Kleopatra die Herrschaft über Ägypten zuspricht und dass beide ihre gegenseitige Liebe bekennen; eine kunstvoll damit verschlungene Nebenhandlung hat Cornelia, die Frau, und Sextus, den Sohn des Pompeius, zum Mittelpunkt; Ptolemaios wird in schwarzen Farben, Achillas ambivalent gezeichnet. Abgesehen davon, dass Kleopatra sich zuerst mit *astuzie e frodi* (List und Täuschung) als eine Lydia ausgibt und Caesars Liebe erweckt, geht es ihr um ein legitimes Anliegen, nämlich den ihr rechtmäßig zukommenden Thron gegen ihren tückischen Bruder Ptolemäus und dessen Helfer Achillas zu gewinnen, die Mörder des Pompeius. Im Lauf der Handlung entdeckt sie sich Caesar als Kleopatra, wird von Ptolemäus gefangen genommen, aber schließlich von Caesar befreit.

Diese große Oper, Händels Meisterwerk, weist weitere hochdramatische Nebenhandlungen auf, aber sie lebt davon, dass sich das Verhältnis zwischen Kleopatra und Caesar aus anfänglicher zweckgerichteter Koketterie zu einer echten und tiefen Liebe entwickelt. Ich zitiere einige Verse aus dem Schlussakt der Oper, und zwar deshalb in italienischer Sprache, weil die gängige deutsche Fassung von einer solchen Trivialität ist, dass sie das Komische streift; diese deutsche Übersetzung ist in den Nachweisen wiedergegeben.

Ces. Bellissima Cleopatra:
Quel diadema, che miri, a te s'aspetta;
Io te ne cingo il crine
Regina dell'Egitto;
Darai norma alle genti, e legge al Trono.
Cleo. Cesare: questo Regno à sol tuo dono.
Tributaria Regina
Imperator ti adorerò di Roma.
Ces. (Amor chi vide mai più bella chioma?)
Cleo. } *a 2.* { *Caro* } *Più amabile beltà.*
Ces. } { *Bella* }

Mai non si troverà
Del tuo bel volto;
In me }
In te } *non splenderà.*
Nè amor nè fedeltà
Da te }
Da me } *Disciolto*
Caro }
Bella } *Da Capo*

Noch 1742 wurde die Königliche Oper in Berlin (heute Staatsoper) mit Carl Heinrich Grauns *Cleopatra e Cesare* eröffnet.

Abermals: Hier wird keine enzyklopädische Darstellung gegeben, daher in einem großen Sprung zu Heinrich Heine. Er sieht Kleopatra außerhalb der einfachen Alternative von Lasterhaftigkeit und Größe. In seinem großen Essay *Shakespeares Mädchen und Frauen* skizziert er, wenn auch gewiss zu einseitig, Shakespeares Kleopatra in dem Sinne, dass er ihr einen *ordnungslosen, müßigen und beunruhigten Lebenswandel(s)* zuschreibt, allerdings nicht mit moralischer Entrüstung, sondern mit amüsiert-genießerischem Wohlgefallen. Sie erinnert ihn an französische Kurtisanen, also

an eine gewisse Klasse verschwenderischer Frauen, deren kostspieliger Haushalt von einer außerehelichen Freigebigkeit bestritten wird, und die ihre Titulargatten sehr oft mit Liebe und Treue, nicht selten auch mit bloßer Liebe, aber immer mit tollen Launen plagen und beglücken. […] Dieses launische, lustsüchtige, wetterwendische, fieberhaft kokette Weib, diese antike Pariserin, diese Göttin des Lebens […].

Heine wusste, wovon er sprach, und insofern haben wir bei ihm ein Kleopatra-Bild, das zwar von der Aktualität geprägt war, aber in sehr spezifischer und persönlicher Weise. Wieder konventioneller dann und manchen schwülen Bedürfnissen der Mitte des 19. Jhs. entsprechend, zwei andere Pariser Autoren. In der Erzählung *Une Nuit de Cléopâtre* greift der Autor Théophile Gautier (1811–1872) eine obskure spätantike Notiz dankbar auf und malt in grellen Farben aus, wie Kleopatra einem jungen Mann eine Liebesnacht gewährt, nach welcher er dann sterben muss. Selbst für Charles Baudelaire (1821 bis 1867) scheint Kleopatra der Inbegriff lasterhafter Dekadenz gewesen zu sein, wenn er sie auch nur beiläufig erwähnt. In der Erzählung *La Fanfarlo* wird die Üppigkeit eines Mahles durch einen Vergleich mit gastronomischen Raffinessen Kleopatras besonders hervorgehoben; in seinen Kunstbetrachtungen des *Salon* 1846 wird sie durchaus abschätzig – nicht im Sinne des späteren *luxe, calme et volupté* – als *wollüstige Königin (reine voluptueuse)* erwähnt, die nur wegen des Verlustes ihres Thrones und ihres Geliebten Selbstmord begangen habe, und ein anderes Mal beschreibt er ein Gemälde eines Schülers von Delacroix, das Kleopatras Tod darstellte, ohne auf Kleopatra selbst näher einzugehen.

Der etwas eindimensional aufklärerische George Bernard Shaw (1856–1950) brachte es in seinem Stück *Cäsar und Kleopatra* (1898) fertig, überaus progressiv und geistreich und gleichzeitig, ohne es zu wollen, einen fast naiven Ausdruck unverhüllten Kolonialismus auf die Bühne zu stellen. In der rückständigen Welt Ägyptens begegnet der überlegene und zivilisierte Caesar, der in seiner gelassenen Humanität sogar schon der eigenen Umgebung voraus ist, der kindlichen und abergläubischen Kleopatra, und obwohl das Kindliche und Vorzivilisierte bis zum Schluss bei ihr immer wieder durchbricht, ist der Handlungsverlauf doch der, dass Caesar dabei ist, Kleopatra nicht nur zur Frau, sondern auch ihrerseits überlegen und erwachsen zu machen.

Kleopatra sagt einmal von sich, der Entwicklung des Stückes etwas vorgreifend:

Jetzt, wo Caesar mich weise gemacht hat, ist es gleichgültig, ob mir etwas Vergnügen macht oder nicht: ich tue, was getan werden muss, und habe keine Zeit mehr, auf mich selbst zu achten. Das bedeutet nicht Glück, aber Größe. Und Caesar antwortet einem Griechen, der den Römern künstlerische Leistungen abspricht: *Was? Rom bringt keine Kunst hervor? Ist Frieden keine Kunst? Sind Krieg, Verwaltung, Zivilisation keine Künste?*

Dennoch sprüht das Stück von Witz und Ironie, in die auch die Briten einbezogen werden, über die Shaw sich lustig macht, und daher ist es kein Wunder, dass es mit Lust im Film und auf dem Theater inszeniert wird. Höhepunkte waren – und nicht nur wegen der Szene, in der Kleopatra aus einem Teppich (eigentlich Bettsack) gewickelt wird – der Film mit Vivien Leigh und Claude Rains, zu dem Shaw das Drehbuch geschrieben hatte, und die Aufführung im Hamburger Schauspielhaus von 1959 mit Ingrid Andree und Gustaf Gründgens (Abb. 17).

Zwischen dem 19. und dem 20. Jh. steht die Dichtung des alexandrinischen Griechen Konstantin Kavafis (1863–1933). Kleopatra selbst wird nicht besungen, wohl aber tragische, in Alexandria spielende Situationen ihrer Lebensgeschichte. In *Der Gott verlasse Antonius* wird Mark Anton ermahnt, seinem Untergang ins Auge zu sehen: *deinen sinkenden Stern, all' deiner Werke Misslingen, / deines Lebens Entwürfe, die alle vergeblich, / beklag' sie nicht unnütz.* In *Alexandrinische Könige* erscheint die Gymnasion-Szene in ihrer Nichtigkeit: *Die Alexandriner hatten natürlich begriffen, / dass dies alles Worte und Theater war.* In 31 *v. Chr. in Alexandria* ist von einem Straßenhändler die Rede, der einen Freudentumult um ihn herum nicht versteht und dem auf seine Frage geantwortet wird: *da schleudert des Palastes Riesenlüge ihm einer / ins Gesicht: dass Antonius in Griechenland Sieger ist.* Und schließlich *Kaisarion*, wo Kleopatras Sohn in einer Art Vision dem Dichter erscheint:

O – da bist du nun – mit deinem Zauber, der so schwer
Zu fasssen ist. Nur wenige Zeilen finden sich
In der Geschichte über dich. [...]
blass und müde, herrlich schön in deiner Traurigkeit,
noch in der Hoffnung, sie erbarmten deiner sich,
die Schurken, die immerwährend zischelten
den Spruch: «Zu viele der Cäsaren.»

Die Dichtung des 20. Jhs. sah wieder oder immer noch die beiden gegensätzlichen Möglichkeiten, in Kleopatra den Inbegriff der Promiskuität zu erblicken oder ihr Größe zuzubilligen. Die erste finden wir, reichlich banal, wenn auch ironisch gebrochen – und oft zitiert –, bei Bertolt Brecht in der *Dreigroschenoper*:

Ihr saht die schöne Kleopatra
Ihr wißt, was aus ihr wurd!
Zwei Kaiser fielen ihr zum Raub,
Da hat sie sich zu Tod gehurt
Und welkte hin und wurde Staub.
Wie schön und groß war Babylon!
Und seht, da war es noch nicht Nacht
Da sah die Welt die Folgen schon:
Die Schönheit hatte sie so weit gebracht –
Beneidenswert, wer frei davon!

Sehr anders Rudolf Borchardt in seinem Kleopatra-Fragment. Zwar sieht er in ihr nur die Griechin, aber im Übrigen braucht man nur zu zitieren:

Kleopatras Chronisten – und die des Antonius – sind jene friedsamen Kleinhändler mit fertig zugeschnittenen Tugenden des Privatlebens und der geschichtlichen Rhetorik gewesen, die sehr mit Recht gefunden haben, dass unberechenbare Frauen Feindinnen der Ordnung, der

Ruhe und eines vorbildlich geregelten Familienlebens sind und ihnen daher überall das Schlimmste, nämlich das jenen Idealen Entgegengesetzteste, zuzutrauen ist [...]

Kleopatra liegt wie die Königsmumien des Landes, in dem sie herrschte [...], unausgegraben sechs Faden tief unter Sandmeeren der Vergessenheit und der Irrtümer. Unverrückbar und unzugänglich steht darüber die Pyramide der Schulbücher zweier Jahrtausende [...].

Wo Rom, um ein Weltreich zu werden, sein letztes Band mit der griechischen Welt zerreißt, geht der Riß durch die Erste griechische Frau und gleichzeitig die Letzte, in der es gelegen hat, große Dinge zu wollen und zu entscheiden.

Neben die Literatur oder oft an deren Stelle trat im 20. Jh. der Film. Bis zum Jahre 2005 hat es 72 Kleopatra-Filme gegeben, und niemanden wundert es, wenn in den meisten Kleopatra bloß als verführerisches Weib erscheint. Zunächst und auf lange Zeit ist Kleopatra eine *femme fatale*, ab 1970 häufen sich die Filme, in denen sie die Hauptperson von Sex- und Pornofilmen ist, und auch insofern ist die Kleopatra-Rezeption ein Spiegelbild ihrer Zeit. In allen Filmen wird, und das liegt natürlich an den optischen Möglichkeiten, Kleopatra sehr viel deutlicher als Ägypterin dargestellt – mehr oder weniger authentisch –, als es in der Literatur der Fall war. Als ernst zu nehmende Verfilmungen seien drei genannt.

Cecil B. De Milles *Cleopatra* von 1934 mit Claudette Colbert in der Titelrolle zeigt die gesamte Geschichte Kleopatras. Obwohl natürlich nicht wenige bekannte Stereotypen erscheinen, trägt Kleopatra selber doch durchaus auch Züge einer emanzipierten jungen Frau der zwanziger/dreißiger Jahre, und auch die männlichen Hauptfiguren Caesar und Antonius werden durchaus mit Tiefenschärfe dargestellt. Von der Shaw-Verfilmung von 1945 war schon die Rede, und inhaltlich gilt für sie dasselbe, was für Shaws Stück gesagt wurde. Bemerkenswert bei *Cleopatra* von 1963 mit Elizabeth Taylor in der Titelrolle ist etwas Besonderes. In der Version, die schließlich in die Kinos und dann in das Fernsehen kam, handelt es sich um kaum mehr als um einen Ausstattungsfilm mit einer seltsam starr agierenden Hauptdarstellerin. Claudia Wenzel hat aber etwas ganz anderes zeigen können: «Kleopatra wäre in einer sechs Stunden langen Filmversion die intelligente, politisch geschickte und kluge Königin eines ägyptischen Staates gewesen, der [...] Rom in keiner Weise unterlegen, sondern ebenbürtig gewesen wäre.» Diese Kleopatra hätte dann dem sich in den sechziger Jahren wandelnden Frauenbild entsprochen. Nun wären sechs Stunden wirklich etwas zu viel gewesen, jedoch hätten die Kürzungen anscheinend anders vorgenommen werden können.

Auch in der bildenden Kunst seit der Renaissance, vor allem in der Malerei, sind fast alle Episoden aus Kleopatras Lebenslauf beliebte Gegenstände gewesen und wandelten sich entsprechend den neuzeitlichen Geschichtsepochen. Bis zur ägyptischen Expedition Napoleon Bonapartes wurde Kleopatra in antikem Gewand dargestellt, in der Renaissance manchmal von durchaus bäuerlicher Schönheit; von Tiepolo (1696–1770) in mehreren oft variierten Gemälden, die ihr erstes Zusammentreffen mit Antonius oder ein Bankett zum Gegenstand haben, als prachtvoll gekleidete, hoheitsvoll-herrscherliche Fürstin.

Das Bekleidetsein Kleopatras ist jedoch die Ausnahme. Alle neuzeitlichen Epochen nehmen, zum Teil durch die antike Charakterisierung verursacht, die Darstellung Kleopatras zum Anlass, an ihr die Schönheit des Frauenkörpers zu zeigen, zumindest den Busen (Abb. 18). Gelegentlich geschieht das ohne weitere Veranlassung, und wenn Kleopatra in ein durchsichtiges Gewand gekleidet ist, erhöht das den beabsichtigten erotischen Charakter des Bildes. Es ist aber ihr Selbstmord durch den Schlangenbiss, der zuallermeist dargestellt wird, schon in der Renaissance, aber in kaum zu zählender Anzahl in der Historienmalerei des 19. Jhs., und auch hier ist es meist der Busen, in den die Schlange beißt, nicht der Arm, wie es in den Quellen steht.

Es wäre eine lohnende und ästhetisch sehr reizvolle Aufgabe, alle diese Gemälde zu sammeln und im Zusammenhang zu analysieren; vielleicht kommt nicht mehr dabei heraus als die sich der Gewissheit nähernde Vermutung, unter dem Vorwand der Darstellung historischer Situationen erotische Bilder zu schaffen. In gewissem Maße dürfte heute der Film an die Stelle dieser Bilder getreten sein.

Zum ernsten Abschluss der Hinweis auf eine Erwähnung Kleopatras und Mark Antons, in der beider Schicksal überhaupt paradigmatisch für ein ernstes und tragisches Lebensschicksal erscheint. Es ist nicht gerade nahe liegend, dass es bei Wilhelm Raabe (1831–1910) zu finden ist. In seinem späten Roman *Die Akten des Vogelsangs* (1896) heißt es im letzten Kapitel:

Sie waren auch alte Leute, er über die Fünfzig hinaus, sie vierzig Jahre alt, und haben doch ihren Kampf um sich kämpfen müssen bis zum Tode, bis sie beide tot waren. Sie zuletzt!

SCHLUSS

Nicht nur wegen Kleopatras Nase war Pascals Aphorismus dem Buch als Motto vorangestellt worden. Vor allem war wichtig zu sehen, in welchem Zusammenhang diese – so oft missverstandene – Bemerkung steht, nämlich in Bezug darauf, dass die Liebe als etwas Unwägbares – *je ne sais quoi* – gewaltige Wirkungen haben kann und dass sie ihrerseits von verhältnismäßig geringfügigen Faktoren abhängig ist. Und dass die Liebe zwischen Kleopatra und Caesar und dann die zwischen ihr und Marcus Antonius ein politischer Faktor war, das ist eine der Thesen des Buches.

Kleopatra bewegte sich in drei Kulturen, der ägyptischen, der griechischen und der römischen, jedoch in jeweils anderer Weise. Von ihrer Kultur und Zivilisation her war sie Griechin. Die ägyptische Kultur war die Basis ihrer politischen Existenz, und es wird ganz unvermeidlich gewesen sein, dass sie mit der Religion, der Gedankenwelt und den Lebensformen Ägyptens in intensive Beziehungen getreten ist, schon deshalb, weil sie sich als Erste ihrer Dynastie ernsthaft darum bemüht hatte. Ägypterin aber war sie nicht, und die einzige Auswirkung auf ihre Politik hatte ihre Rolle als ägyptische Königin nur dadurch, dass sie das Reich selbständig erhalten wollte, und allenfalls in gelegentlichem hochfahrenden Benehmen. Erst recht war sie keine Römerin, wohl aber versuchte sie, sich zivilisatorisch und politisch Rom anzunähern, ja, sich einzugliedern. Das ist ihr nicht gelungen – ob ihr das vielleicht nicht nur nicht als Manko, sondern sogar hoch anzurechnen ist? Wie das genau hätte aussehen sollen, ist nicht deutlich zu sagen, wohl weil es selber nicht deutlich war und nicht deutlich sein konnte.

Es wäre der Quadratur des Kreises nahe gekommen, gleichzeitig selbstbewusste Königin zu sein und sich in eine ganz anders geartete republikanische Kultur einzuordnen, selbst wenn diese Republik auf eine Monarchie hinstrebte. Das persönliche Verhältnis zu Caesar und zu Antonius mit den gemeinsamen Kindern war eine zu schwache Basis, um dieses Defizit auszugleichen. Selbst wenn Caesar nicht ermordet oder wenn Antonius nicht besiegt worden wäre, selbst wenn jeder eine Art Monarchie aufgerichtet hätte, hätte das auf die Dauer nicht ausgereicht. Dass sie das nicht gesehen hat, lag an der Überschätzung dieses persönlichen Verhältnisses, das Liebe zu nennen hiermit ein letztes Mal geschieht. Spricht es gegen sie, dass sie diesem *je ne sais quoi* eine so große Macht zugetraut hatte? Immerhin hatten das ja auch die beiden Römer getan.

Nein, hier ist ihr nach zweitausend Jahren nicht noch einmal jemand verfallen. Zwar hat in ihr die Ptolemäerdynastie noch ein letztes Mal eine grandiose Persönlichkeit hervorgebracht, zwar war sie klug, tatkräftig, bezaubernd, aber eben auch hochmütig, grausam, rücksichtslos, von unheimlich anmutender Selbstdisziplin und Willensstärke. Historisch stand sie auf verlorenem Posten. Aber dass sie sich diesem Schicksal mit ihrer ganzen widersprüchlichen Individualität und im Entscheidenden nicht kalt rechnend entgegengestemmt hat, das ist in der Folgezeit zu selten wahrgenommen worden, aber das macht, wie Friedrich Schiller und Rudolf Borchardt gesehen haben, ihre politische und menschliche Größe aus.

ANHANG

ZEITTAFEL

(alle Angaben v. Chr.; frühe Daten meist nur annäherungsweise)

3000–2150	Altes Reich
2134–2040	Erste Zwischenzeit
2040–1650	Mittleres Reich
1650–1551	Zweite Zwischenzeit
1551–1070	Neues Reich
1070–715	Dritte Zwischenzeit
715–331	Spätzeit
332	Eroberung durch Alexander d. Gr.
331	Gründung Alexandrias
323–282	Ptolemaios I. Soter
283–246	Ptolemaios II. Philadelphos
279–268	Arsinoe II.
100–44	C. Iulius Caesar
80–51	Ptolemaios XII.
76	Krönung in Memphis
69–30	Kleopatra VII.
57–55	Ptolemaios XII. nach Rom und Ephesos
55	Gabinius führt Ptolemaios zurück
54	Baubeginn von Dendera
52	Mitregierung Kleopatras
51/50	Kleopatras Alleinregierung
51	Kleopatra führt den Buchis-Stier ein
49/48	Kleopatra geht ins Exil
48	Caesar siegt bei Pharsalos über Pompeius
48	Pompeius wird ermordet
48/47	Alexandrinischer Krieg
48	Kleopatra kehrt zurück und wird eingesetzt
48	Kleopatra wird Caesars Geliebte
47	Caesar verlässt Ägypten

47 Geburt Kaisars
46–44 Kleopatra in Rom
46 Kleopatra-Statue im Venustempel
44 Caesar wird ermordet
44 Kleopatra zurück
44 Kaisar Mitregent
41 Kleopatra trifft Mark Anton
41/40 Antonius in Alexandria
40 Geburt von Alexandros Helios und Kleopatra Selene
40–37 Antonius in Rom, Heirat mit Octavia
37/36 Wiederbegegnung
37/36 Kleopatra wird Klientelkönigin im Nahen Orient
37/36 zusätzliche neue Jahreszählung
36 Geburt von Ptolemaios Philadelphos
34 Gymnasion-Szene in Alexandria
32 Kleopatra und Antonius in Ephesos, Samos, Athen
32 Scheidung von Octavia
32 Octavian öffnet gewaltsam Mark Antons Testament
32 Kriegserklärung an Kleopatra
31 2. September: Niederlage bei Actium
30 Octavian nimmt Alexandria
30 Selbstmord Mark Antons
30 Selbstmord Kleopatras

BILDNACHWEIS

Tafelteil

Hirmer Verlag: 1, 19
© Copyright The British Museum, London: 2, 8
New Carlsberg Glyptotek, Kopenhagen, Foto Ole Haupt: 3
nachgezeichnet von Lepsius: 4
aus: Helmut Kyrieleis: Bildnisse römischer Ptolemäer,
Gebr. Mann Verlag: 5, 6, 7
D. Wildung: 9
Eremitage, St. Petersburg: 10
Staatliche Museen – Preußischer Kulturbesitz, Berlin
– Antikensammlung; Foto Johannes Laurentius: 11
– Antikensammlung; Foto Jürgen Liepe: 12
– Ägyptisches Museum und Papyrussammlung; Foto: Margarete Büsing: 15
National Maritime Museum, Haifa: 13
Ägyptisches Museum, Kairo: 14
Musée du Louvre, Paris (© Photo RMN, Paris/Chuzeville): 16
G. B. Shaw: Cäsar und Cleopatra. Szenenfoto mit Ingrid Andree und Gustaf Gründgens. Deutsches Schauspielhaus Hamburg 1959, Regie Gustaf Gründgens / Karl Vibach. Universität Hamburg, Hamburger Theatersammlung, © Rosemarie Clausen: 17
© akg-images / Erich Lessing: 18

Karten

Seite 17 und 30 aus Manfred Clauss: Alexandria. Eine antike Weltstadt, Klett-Cotta; Zeichnung: Gertrud Seidensticker, Berlin

NACHWEISE

EINLEITUNG

Klassische und immer noch nützliche Gesamtdarstellungen sind Stähelin 1921 und Volkmann 1953; kurze neuere Arbeiten sind Clauss 1995 und Baumann 2003; ausführlich Grant 1977 – alle mit dem Hauptgewicht auf der römischen Geschichte, ganz besonders dann Kleiner 2005; nüchtern-informativ die entsprechenden Abschnitte in Huß 2001 und Hölbl 2004; ausführlich auf Polnisch Łukaszewicz 2005; sehr anschaulich und wissenschaftlich weiterführend die Ausstellungskataloge Bianchi 1988 und Kleopatra 1989 (die deutsche Variante, nicht identisch, leider ohne wissenschaftliche Nachweise, sodass dafür auf Bianchi zurückgegriffen werden muss); Walker/Higgs 2001 mit der Ergänzungspublikation Walker/Ashton 2003; Andreae/Westheider außerordentlich plastisch auf dem neuesten Forschungsstand – sämtliche mit wichtigen Aufsätzen, die hier in den meisten Fällen nicht eigens ausgewiesen werden; Heinen 1966 ist ein grundlegendes Werk für die Zeit von Kleopatras Regierungsantritt bis zum Ende des Alexandrinischen Krieges, das von mir immer wieder herangezogen wird.

Blaise Pascal, Pensées 162. – Auf Deutsch, leicht interpretierend: Wer die Eitelkeit der menschlichen Existenz vollkommen erfassen will, braucht nur die Ursachen und Wirkungen der Liebe zu betrachten. Ihre Ursache ist ein Ich-weiß-nicht-was (Corneille), und ihre Auswirkungen sind fürchterlich. Dieses Ich-weiß-nicht-was, so gering, dass man es gar nicht erkennen kann, bewegt die ganze Erde, die Fürsten, die Armeen, die gesamte Welt.
Wenn Kleopatras Nase kürzer gewesen wäre, hätte sich das Angesicht der ganzen Welt verändert.

Kommentar zu Plutarchs Antonius-Biographie: Pelling 1988; zu Appian: Magnino 1993; Kommentar zu Cassius Dio: Reinhold 1988. Einzeln nachgewiesen werden diese drei Autoren nur bei wörtlichen Zitaten oder bei mir wichtigen Details, sonst sind die hier genannten Sachverhalte im Zusammenhang in diesen drei Hauptquellen und den Gesamtdarstellungen nachzulesen.
Aus Gründen der Konvention bleibe ich bei der üblichen Zählung der Ptolemä-

erkönige, spreche also von Ptolemaios XII. und Kleopatra VII. (siehe aber Huß 2001, S. 11).

1. KAPITEL

Allgemeines. – Fraser 1972 und Clauss 2003 stellen neben dem ptolemäischen Alexandria auch die kaiserzeitliche und spätantike Stadt dar, über die man weitaus mehr weiß; vor allem die Archäologie des ptolemäischen Alexandria in den prachtvollen Büchern Grimm 1998 und Pfrommer 1999; die Unterwasserarchäologie bei Empereur 1998 und Goddio/Clauss 2006, diese weitaus am meisten über die neuen Funde von Kanopos und Herakleion = Thomis; ein Beispiel für geweckte Erwartungen, die in Wirklichkeit nicht erfüllt werden, ist Foreman 2000, wo im Haupttitel Kleopatras Palast versprochen wird, der Untertitel jedoch nur von der Suche nach ihm spricht, einer Suche, die bisher erfolglos war, wie sich dann aus dem Inhalt des Buches ergibt. – Zu Memphis Thompson 1988.

Einzelnachweise. – Plutarch zur Gründung Alexandrias: Alexander 26, 6–10; Strabon über Alexandrias Topographie: 17, 1, 6–10 (791–795); Goddio/Clauss 2006, S. 371 über die Ergebnisse der Unterwasserarchäologie hinsichtlich des Palastviertels: «Allerdings ist man weit davon entfernt, den Zeitpunkt der Ausstattung und Veränderung der einzelnen Abschnitte festzulegen, die Gebäude, die es gegeben haben mag, zu beschreiben oder gar zu benennen und die Umstände, die aus diesen Orten ein chaotisch anmutendes Trümmerfeld gemacht haben, datieren zu können.»; Achilleus Tatios, Leukippe und Kleitophon, 5, 1, 1–4; Lukan, Pharsalia 10, 111–126; Achilleus Tatios 5, 1, 6; Theokrit, Frauen am Adonisfest, Verse 44 f.; 67 f.; Ammianus Marcellinus zum Sarapis-Tempel: 22, 16, 12; Diodor von Sardes über den Pharos: Anthologia Graeca 9, 60; Caesar über die Insel Pharos: Bürgerkrieg 3, 112, 1–3; Kleino: Polybios 14, 11, 12; Stratonike: SEG 18, 836, und Athenaios von Naukratis 576 F; Strabon über Kanopos: 17, 1, 17 (801); Strabon über Memphis: 17, 1, 31 f. (807); Bastet und Bubastis: Schuller 2006; Wasserstandsmeldung des Nils: Hengstl 1978, S. 43 f. (Nr. 7); Psen-Ptah: Bergman 1968, S. 111 f., Reymond 1981, S. 148 f.

2. KAPITEL

Pharaonische Geschichte und Kultur: Hornung 2004, 2005 a und 2005 b; Assmann 2000; Zauzich 2000; Ptolemäerzeit: Hölbl 2004; Huß 2001 – die beiden letztgenannten Bücher liegen zahlreichen Angaben des Buches zugrunde und werden deshalb nicht jedes Mal eigens ausgewiesen.

3. KAPITEL

Edfu: Cauville 1984; Dendera: Daumas 1969, Cauville 1990; König und Priester: Koenen 1983, Huß 1994, Heinen 1995, Herz 1996; Sprachbegabung: Plutarch, Antonius 27, 4 f.; Pharaonin: Quaegebeur 1978. 1988. 1991, Hölbl 2003; Buchis-Stier: Thompson 1988, S.125, Ray S. 10; Memphis-Spende: Revillout 1891, S.127 f.; Hermonthis: Lepsius 1970, Abt. IV, Blatt 60 a – eine Fotografie des Jahres 1857 zeigt den Geburtstempel von Kaisar und Kleopatra vor der Zerstörung (Walker/Higgs 2001, S. 136); Zypern-Münze (Abb. 5): Ich muss gestehen, außer einer Art Knubbel kann ich, und nicht nur ich, nichts Spezifisches erkennen, das auf ein kleines Kind hinwiese – womöglich wird man sich die Münze selber ansehen müssen; Kleopatra in Dendera: Quaegebeur 1991, Ray 2003; Ritualtexte in Dendera: Leitz 2001; Tierkreise in Dendera: Leitz 2006; Königsnamen: Beckerath 1999.

4. KAPITEL

Zu den Porträts siehe Kapitel 20.

5. KAPITEL

Gute Übersicht Christmann 2005; Antiochos IV. vor Alexandria: Polybios 29, 27, 1–8; mögliche ägyptische Herkunft der Mutter Kleopatras: Huß 1990. – Dass Kleopatra «schwarz» gewesen sei kann auf sich beruhen bleiben.

6. KAPITEL

Athenischer Grabstein: Wilhelm 1934; Biographie des Pompeius: Gelzer 1984, nüchtern mit zahlreichen Quellennachweisen; Testament Ptolemaios' XII.: Caesar, Bürgerkrieg 3, 108, 4–6; Bibulus-Söhne: Valerius Maxímus 4, 1, 15; Thronstreit: Caesar, Bürgerkrieg 3, 107–109, 1; Kleopatra vertrieben: Caesar, Bürgerkrieg 3, 103, 2; nach Theben: Johannes Malalas 9, 6, nach Syrien: Appian, Bürgerkriege 2, 84; Mord an Pompeius: Caesar, Bürgerkrieg, 3,103,2 – 104; Plutarch, Pompeius 77–80

7. KAPITEL

Biographie Caesars: Gelzer 1960, nüchtern, mit zahlreichen Quellennachweisen; Alexandrinischer Krieg: Caesar, Bürgerkrieg 3, 107–112; «Alexandrinischer Krieg» 1–33; Bibliotheksbrand: Huß 2001, S. 715, dafür, Cécile Orru in Hoepfner 2002, S. 34–37, dagegen; Ptolemaios zornig: Dio 42, 35, 2; Caesar schwimmt: Florus 2, 59; Appian 2, 90; Plutarch, Caesar 49, 7 f.; Dio 42, 40, 4; Kleopatra eingewickelt zu Caesar: Plutarch, Caesar 49, 2; Nilfahrt: Appian 2, 90; Sueton, Caesar 52, 1; Thalamegos: Athenaios, Gelehrtenmahl 5, 204 D–206 C, Rekonstruktion bei Pfrommer 1999, S. 93 ff.; Kaisareion: Philon, Gesandtschaft zu Gaius, 150 f.

8. KAPITEL

Horti Caesaris: D'Arms 1998; Arsinoe im Triumphzug: Dio 43, 19, 3 f.; trans Tiberim: Horaz, Satire 1, 9, 18; Tigellius: Horaz, Satire 1, 2, 3 (dazu Pseudo-Acronius) und 1, 3, 1–4 (dazu Porphyrio); Philostratos: Leben der Sophisten 1, 5, 486; Sosigenes: Plinius, Naturgeschichte 18, 211; mehrere Ehen?: Sueton, Caesar 52, 3; goldene Statue: Appian, Bürgerkriege 2, 102; Dio 51, 22, 3. – Gruen 2003 zieht mancherlei in Zweifel, ausgehend von der filmischen Darstellung durch Mankiewicz, im Einzelnen einer detaillierten Erwiderung wert, im Ganzen wenig überzeugend; siehe Heinen in Andreae/Westheider.

9. KAPITEL

Biographie Mark Antons: Huzar 1986 (zahlreiche Quellennachweise); Biographien Octavians/Augustus': Kienast 1982, Bleicken 2000; Mark Antons Leichenrede: Plutarch, Antonius 14, 6–8; Shakespeare: 3. Akt, 2. Szene; Ermordung des Ptolemaios: Josephus, Jüdische Altertümer, 15, 89; Kydnos-Szene und Gastmahl: Plutarch, Antonius 25, 6–27; Athenaios, Gelehrtenmal 4, 147 E–148 B; Arsinoe ermordet: Appian, Bürgerkriege 5, 9; Dio 48, 26, 2; Perle: Macrobius 3, 17, 14–18; Leben in Alexandria: Appian, Bürgerkriege 5, 10 f.; Plutarch, Antonius 28 f.; Räucherfisch: 29, 6 f.; zu Fulvia und Octavia zuletzt Fischer 1999.

10. KAPITEL

Die Organisation des Ostens und nüchterne Bewertung des Verhältnisses Kleopatras und Mark Antons Schrapel 1996 und Benne 2001; eine andere Deutung von Thea Neotera bei Queyrel in Andreae/Westheider. – Die Zitate: Plutarch, Antonius 36, 1–4, Dio 49, 32, 5; Papyrus: Brashear 1980, S. 31 – nach einigen Diskussionen scheint akzeptiert, dass «vaterlandsliebend» sich auf Ägypten bezieht.

11. KAPITEL

Schalit 2001, sehr detailliert, und Günther 2005, die neueste Biographie Herodes', stimmen im Wesentlichen mit meinem Urteil überein. Die Zitate: Jüdischer Krieg 1, 18, 4 f.; Jüdische Altertümer 15, 3, 2 f.

12. KAPITEL

Weißdorf: Plutarch, Antonius 51; Eifersucht: Plutarch, Antonius 53, 5–11; Triumphzug: Plutarch, Antonius 50, 6 f.; Dio 49, 40, 3 f.; Zug Ptolemaios' II.: Athenaios, Gelehrtenmal 5, 197 C–203 B, dazu Grimm 1998, S. 51–62, Pfrommer 1999, S. 62–68; Gymnasion-Szene: Plutarch, Antonius 54, 5–9; Dio 49, 41, 1–3.

13. KAPITEL

Bestechung: Plutarch, Antonius 56, 3–6; Samos: Plutarch, Antonius 56, 6–10; Athen: Plutarch 57, 1–3; Dio 50, 5, 1–4; Scheidung: Plutarch, Antonius 57, 4; Dio 50, 3, 2; Ehrenstatue: Dio 50, 15, 2; hochfahrend: Plutarch, Antonius 58, 4. 10 f.; 59, 2–8; Brief Mark Antons: Sueton, Augustus 69, 2; Domitius und Sosius: Dio 50, 2, 2–7; Munatius Plancus und Titius, Testament: Dio 50, 3, 1–5; Plutarch, Antonius 58, 5–8; weitere Erzählungen: Plutarch 58, 9–11; 59.

14. KAPITEL

Toryne: Plutarch, Antonius 62, 6; Kleopatra flieht mit 60 Schiffen: Plutarch, Antonius 66, 5–7; Velleius Paterculus 2, 85, 3; Florus 2, 21, 8 f.; Orosius 6, 19, 11;

Antonius ihr nach: Plutarch, Antonius 66, 7f.–67, 1–7; Gladiatoren: Dio 51, 7, 2–7; Kleopatra fingiert Sieg: Dio 51, 5, 4f.; angeblich zum Roten Meer: Plutarch, Antonius 69, 4f.; Antonius schließt sich ab: Plutarch, Antonius 69, 7f.; Feiern der Verzweiflung: Plutarch, Antonius 71, 2–5; Verhandlungsvorschläge: Plutarch, Antonius 72, 1; 73, 1; 75, 1; 78, 6; Dio 51, 6, 5. 6. 8, 1; Verrat Kleopatras: Plutarch, Antonius 73, 2–5; 74, 1f.; 76, 3. 4; Dio 51, 8, 6f.; 9, 5f.; 10, 4–6; letzter Sieg: Plutarch, Antonius 74, 4–6; endgültige Niederlage: Plutarch, Antonius 76, 1–3.

15. KAPITEL

Grabmal: Plutarch, Antonius 74, 2f.; Dio 51, 8, 6; Selbstmordversuch Mark Antons: Plutarch, Antonius 76, 4–11; Dio 51, 10, 4–8; sein Tod: Plutarch, Antonius 77; Dio 51, 10, 9–11, 1; Ausprobieren der Gifte: Plutarch, Antonius 71, 6–8; Gefangennahme Kleopatras durch List: Plutarch, Antonius 78, 4–6; 79; Dio 51, 11, 4; Bestattung Mark Antons: Plutarch, Antonius 82, 1f.; Octavian verhindert Selbstmord: Plutarch, Antonius 82, 3–5; angeblicher Verführungsversuch: Florus 2, 21, 9; Plutarch, Antonius 83, 1–3; Dio 51, 12, 1–5 (liest sich sehr nach überhitzter Phantasie des Autors); Octavian getäuscht: Plutarch, Antonius 83, 7; Selbstmord, verschiedene Varianten: Velleius 2, 87, 1; Florus, 2, 21, 11; Dio 51, 13, 5–14, 5; de viris illustribus 86, 3 – und dann Plutarch: Antonius 85f.; Kleopatras Statuen: Plutarch, Antonius 86, 9 – vgl. die Geschichte des Joseph von Arimathia: Matthäus 27, 57; Lukas 23, 50–53; Johannes 19, 38; Triumphzug: Dio 51, 21, 8.

16. KAPITEL

Kaisarion: Deininger 2000; Kaisar: jede Inschrift und jeder Papyrus; Cascellius-Papyrus: Zimmermann 2002; Louvre-Stele: Devauchelle 2001 (freundlicher Hinweis von Werner Huß); zur Abstammung immer noch gültig (mit Ausnahme der Louvre-Stele) Heinen 1969; wie hier auch Pomeroy 1984, S. 26; demotische Stele: Farid 1995, S. 32–76, Umschrift S. 36 f., Übersetzung S. 37–39.

17. KAPITEL

Canidius: Plutarch, Antonius 56, 4 (angeblich hätte Kleopatra ihn bestochen – das Argument muss aber jedenfalls durchgeschlagen haben); Ricketts 1980 passim; Papyrus vom 1. 11. 50: Hengstl 1978, S. 53–55 (Nr. 12); Papyrus vom 13. 4. 41: Lenger 1980, S. 210–215 (Nr. 75–76); Clauss 1995, S. 43 f.; Kallimachos-Inschrift: Hutmacher 1965; Bernand 1992, S. 106–115 (Nr. 46); Cascellius-Papyrus: Sarischouli 2000; van Minnen 2000 und 2001; Zimmermann 2002.

18. KAPITEL

Die Nachweise stehen bei den Kapiteln 9, 10 und 12; siehe insbesondere Schrapel 1996 und Benne 2001.

19. KAPITEL
Erschöpfende Übersicht Becher 1966, zu Lukan der Kommentar Schmidt 1986 – die Berge von Literatur zu Horaz, Properz und Vergil können nicht eigens angeführt werden, sie sind für unsere Zwecke auch nicht nötig; zur römischen Sicht auf Ägypten allgemein Sonnabend 1986; Octavian-Rede: Dio 50, 24–30; Velleius: 2, 87, 1; Dio: 51, 15, 4; Lukan: 10, 59–69. 137–143; Vergil, Aeneis 8, 685–713

20. KAPITEL
Münzen: Schrapel 1996; Williams 2003; Nase: Anzuerkennen ist, dass Kleopatras Nase auch in der Parodie durch die beiden Asterix-Bände, die Kleopatra zum Gegenstand haben – *Asterix und Kleopatra* und *Der Sohn des Asterix* –, nicht (zu) groß, sondern keck und leicht aufgestülpt ist und dass sie unablässig als sehr anziehend apostrophiert wird, siehe Goscinny/Uderzo 2005 und Uderzo 1983; Berliner Büste: Vierneisel 1980, grundlegend; Schönheit: Dio 42, 34, 4 f.; Plutarch, Antonius 27, 3 f.; 73, 2; 83, 3; Esquilinische Venus: Moreno 1994, 703 f. 730 f., 740–752; Andreae 2001, 4. 211–219; Andreae/Westheider 2006; Privatpersonen nackt: Wrede 1981 (freundlicher Hinweis von V. M. Strocka); Munatius Plancus: Velleius Paterculus 2, 83, 2 f.; monogam: so auch Pomeroy 1984, S. 26.

21. KAPITEL
Generell zur kulturellen Identität Assmann/Friese 1998 und Gotter 2000; zu Ägypten Johnson 1992 und Beck/Bol/Bückling 2005; römische Tischsitten: Athenaios, Gelehrtenmal 6, 229 C; Cicero: Für Rabirius Postumus, 25 f.; Inschrift von 51: Kleopatra 1989, S. 216–218 (Nr. 72); Herodes-Inschrift: Heinen 1996; Mischporträt: Walker/Higgs 2001, S. 164 (Nr. 163), S. 165 (Nr. 164); Zurückweisung, dass es archäologische Belege dafür gebe, dass Kleopatra als Hure dargestellt wäre, bei Grimm in Andreae/Westheider 2006.

22. KAPITEL
Moormann-Uitterhove 1995 bieten nützliche Auflistungen, aus denen sich die Fülle der Bearbeitungen des Kleopatra-Stoffes ergibt, noch nicht einmal vollständig; speziell Kleopatra: Hughes-Hallett 1990 differenziert mit reichem Bildmaterial, Hamer 1993 mit feministischem Einschlag; Ägyptomanie überhaupt Seipel 1994, darin Christiane Ziegler S. 373–389 über Kleopatra in der europäischen Kunst mit vorzüglichen Abbildungen, ebenso Walker/Higgs 2001, S. 341–369; Film: Wenzel 2005.

Kotzebue, Vorbericht, in: Theater von August v. Kotzebue, Zwölfter Band, Wien und Leipzig 1840, S. 32 f.; Parodie: A. von Kotzebue, Almanach dramatischer Spiele zur geselligen Unterhaltung auf dem Lande, Erster Jahrgang, Berlin 1803, S. 31–51 (freundlicher Hinweis von Ernst Osterkamp); arabische Überlieferung: kurz El Daly 2003, umfassend derselbe 2005 (freundlicher Hinweis von Heiner Höfener); Shakespeare: Akt 4, Szene 13; Händel: Der italienische Text ist der

Faksimile-Ausgabe Ellen T. Harris (Hrsg.), The Librettos of Handel's Operas, Bd. 4, New York und London 1989, S. 91, entnommen, die deutsche Version, «Übersetzung und Einrichtung von Oskar Hagen», Berlin 1952, S. 31, lautet: «Caesar (zu Cleopatra) / Du lieblichste Tochter Ägyptens, – / Dieser Reif erglüht schier, dir die Stirn zu küssen! / Ich schling' ihn dir in die Locken. / Sei Königin Ägyptens, / Sprich Gesetz und Recht den Völkern, die dir dienen! / Cleopatra Starker! / Caesar Schönste! / Beide Für alle Ewigkeit / Bleib Sonne meines Glücks / Du mein Holder (meine Holde)! / Wenn je du ferne bist, / So hab ich Traurigkeit, – / Drum bleibe stets mir nah! / Für alle Ewigkeit / Bleib Sonne meines Glücks / Du mein Holder (meine Holde)!»; Heine: Sämtliche Schriften, Vierter Band, herausgegeben von Klaus Briegleb, München 1971, S. 181 und S. 208–210; Baudelaire: Pléiade-Ausgabe 1975 und 1976, 1, S. 575, 2, S. 442 und 494; Shaw: Akt 4, S. 110; Akt 5, S. 145; Kavafis: S. 108–111. 130–133. 332 f. 224–227; Brecht: *Salomo-Song* aus *Die Dreigroschenoper*, 3. Akt, 1. Szene (nicht in das Brecht-Liederbuch von Fritz Hennenberg aufgenommen); Borchardt: alle Zitate aus *Kleopatra*, in: Rudolf Borchardt, Prosa IV, herausgegeben von Marie Luise Borchardt unter Mitarbeit von Ulrich Ott und Ernst Zinn, Stuttgart 1973, S. 81–89. 423; weitere Anspielungen in Raabes *Der Dräumling*: Kydnos-Szene (Kapitel 3), Dendera (Kapitel 30); sowie in *Höxter und Corvey*: Horaz c. 1,37 (Kapitel 13).

BIBLIOGRAPHIE UND ABKÜRZUNGEN

1. ÜBERSETZUNGEN ANTIKER UND MODERNER AUTOREN

Die Zitate im Text sind meistens von mir abgewandelt, gelegentlich werden die Übersetzungen hier nur für die Benutzung der Leser aufgeführt, ohne dass ich sie übernommen hätte; bei gebundener Rede wurden Übersetzungen im Versmaß den Prosaübersetzungen vorgezogen.

Achilleus Tatios: Achilleus Tatios, Leukippe und Kleitophon, eingeleitet, übersetzt und erläutert von Karl Plepelits, Stuttgart 1980

Anthologia Graeca, Buch IX–XI, Griechisch-Deutsch, ed. Hermann Beckby, München 1958

Athenaios: Athenaeus Naucratites, Das Gelehrtenmahl, Band 2, Eingeleitet und übersetzt von Claus Friedrich, kommentiert von Thomas Nothers, Stuttgart 1998

Cicero, Briefe: Marcus Tullius Cicero, Atticus-Briefe. Lateinisch-deutsch, ed. Helmut Kasten, München 1976

Cicero, Für Rabirius Postumus: Marcus Tullius Cicero, Sämtliche Reden, eingeleitet, übersetzt und erläutert von Manfred Fuhrmann, Band VI, Zürich und München 1980

Dio: Cassius Dio, Römische Geschichte, Bände 2 und 3, übersetzt von Otto Veh, Zürich und München 1985. 1986

Horaz: Horaz, Sämtliche Werke. Lateinisch und deutsch, übersetzt von Hans Färber, München 1964

Josephus: Flavius Josephus, Geschichte des Jüdischen Krieges, Übersetzung von Heinrich Clementz, Wiesbaden 1985

– Des Flavius Josephus Jüdische Altertümer. Übersetzt und mit Einleitung und Anmerkungen versehen von Dr. Heinrich Clementz. II. Band, Darmstadt 1967

Kavafis: Konstantin Kavafis, Das Hauptwerk. Gedichte griechisch und deutsch. Übersetzt und kommentiert von Jörg Schäfer, Heidelberg 2003

Lukan: Des Markus Annäus Lukanus Pharsalia. Uebersetzt im Versmaße der Urschrift mit Erläuterungen und Anmerkungen von Julius Krais, Stuttgart 1863

Petrarca: Francesco Petrarca, Canzoniere. Triumphe. Verstreute Gedichte. Italienisch und Deutsch. Aus dem Italienischen von Karl Förster und Hans Grote, Düsseldorf und Zürich 2002
Plutarch: Plutarch, Große Griechen und Römer. Eingeleitet und übersetzt von Konrat Ziegler, Band V, Zürich und Stuttgart 1960
Polybios: Polybios, Geschichte. Gesamtausgabe in zwei Bänden, eingeleitet und übertragen von Hans Drexler, Zürich und Stuttgart 1961. 1963
Properz: Properz, Gedichte, lateinisch und deutsch, von Rudolf Helm, Berlin 1965
Shaw: George Bernard Shaw, Cäsar und Kleopatra. Historisches Drama, Deutsch von Annemarie und Heinrich Böll, Frankfurt am Main 1965
Strabon: Strabons Geographika. Mit Übersetzung und Kommentar herausgegeben von Stefan Radt, Band 4. Buch XIV–XVII, Göttingen 2005
Sueton: C. Suetonius Tranquillus, Das Leben der römischen Kaiser. Herausgegeben und übersetzt von Hans Martinet, Düsseldorf 2001
Theokrit: Theokrit. Die echten Gedichte. Deutsch von Emil Staiger, Zürich und Stuttgart 1970
Vergil: Vergil, Aeneis, Lateinisch-deutsch, in Zusammenarbeit mit Maria Götte, herausgegeben und übersetzt von Johannes Götte, München 1965

2. WISSENSCHAFTLICHE LITERATUR

Andreae 2001 = Bernard Andreae, Skulptur des Hellenismus, München 2001
Andreae/Westheider 2006 = Bernard Andreae/Ortrud Westheider (Hrsgg.), Kleopatra und die Caesaren. Bucerius Kunst Forum Hamburg 28.10.2006 bis 4.2.2007, München 2006
Assmann 2000 = Jan Assmann, Ägypten. Eine Sinngeschichte, Frankfurt am Main 2000 (1. Auflage München und Wien 1996)
Assmann/Friese 1998 = Aleida Assmann/Heidrun Friese (Hrsgg.), Identitäten. Erinnerung, Geschichte, Identität 3, Frankfurt am Main 1998
Baumann 2003 = Uwe Baumann, Kleopatra, Reinbek 2003
Becher 1966 = Ilse Becher, Das Bild der Kleopatra in der griechischen und lateinischen Literatur, Berlin 1966
Beck/Bol/Bückling 2005 = Herbert Beck/Peter C. Bol/Maraike Bückling (Hrsgg.), Ägypten, Griechenland, Rom. Abwehr und Berührung, Frankfurt am Main/Berlin 2005 (Ausstellungskatalog Städelsches Kunstinstitut)
Beckerath 1999 = Jürgen von Beckerath, Handbuch der ägyptischen Königsnamen, Mainz 1999
Benne 2001 = Marcus Antonius und Kleopatra VII. Machtausbau, herrscherliche Repräsentation und politische Konzeption, Göttingen 2001
Bergman 1968 = Jan Bergman, Ich bin Isis. Studien zum memphitischen Hintergrund der griechischen Isisaretalogien, Uppsala 1968
Bernand 1992 = André Bernand, La prose sur pierre dans l'Égypte hellénistique et romaine, Bd. 1, Textes et traductions, Paris 1992

Bianchi 1988 = Robert S. Bianchi u. a., Cleopatra's Egypt. Age of the Ptolemies, Brooklyn 1988 (Ausstellungskatalog)
Bingen 1999 = Jean Bingen, La politique dynastique de Cléopâtre VII, CRAI 1999, 50–66
Bleicken 2000 = Jochen Bleicken, Augustus. Eine Biographie, Berlin 2000
Brashear 1980 = William M. Brashear, Ptolemäische Urkunden aus Mumienkartonage, Berlin 1980
Cauville 1984 = Sylvie Cauville, Edfou, Kairo 1984
Cauville 1990 = Sylvie Cauville, Le temple de Dendera, Kairo 1990
Christmann 2005 = Kathrin Christmann, Ptolemaios XII. von Ägypten, Freund des Pompeius, in: Coşkun 2005, S. 113–126
Clauss 1995 = Manfred Clauss, Kleopatra, München 1995
Clauss 2003 = Manfred Clauss, Alexandria. Schicksale einer antiken Weltstadt, Stuttgart 2003
Coşkun 2005 = Altay Coşkun (Hrsg. in Zusammenarbeit mit Heinz Heinen und Manuel Tröster), Roms auswärtige Freunde in der späten Republik und im frühen Prinzipat, Göttingen 2005
D'Arms 1998 = John H. D'Arms, Between public and private: The *Epulum Publicum* and Caesar's *Horti trans Tiberim*, in: Maddalena Cima/Eugenio La Rocca (Hrsgg.), Horti Romani. Atti del Convegno Internazionale Roma, 4–6 maggio 1995, Roma 1998, 33–43
Daumas 1969 = François Daumas, Dendara et le temple de Hathor, Kairo 1969
Deininger 2000 = Jürgen Deininger, Bemerkungen zum alexandrinischen Scherznamen für Ptolemaios XV., ZPE 131, 2000, 221–226
Devauchelle 2001 = Didier Devauchelle, La stèle du Louvre IM 8 (Sérapéum de Memphis) et la prétendue date de naissance de Césarion, Enchoria 27, 2001, 41–61
El Daly 2003 = Okasha El Daly, 'The Virtuous Scholar': Queen Cleopatra in Medieval Moslem/Arab Writings, in: Walker/Ashton 2003, S. 51–54
El Daly 2005 = Okasha El Daly, Egyptology: The Missing Millennium. Ancient Egypt in Medieval Arabic Writings, 2005
Empereur 1998 = Jean-Yves Empereur, Alexandria Rediscovered, London 1998
Farid 1995 = Adel Farid, Fünf demotische Stelen aus Berlin, Durham, London und Oxford mit zwei demotischen Türinschriften aus Paris und einer Bibliographie der demotischen Inschriften, Berlin 1995
Fischer 1999 = Robert Alexander Fischer, Fulvia und Octavia. Die beiden Ehefrauen des Marcus Antonius in den politischen Kämpfen der Umbruchszeit zwischen Republik und Principat, Berlin 1999
Foreman 2000 = Laura Foreman, Kleopatras versunkener Palast. Suche nach einer Legende, München 2000
Fraser 1972 = P. M. Fraser, Ptolemaic Alexandria, 3 Bände, Oxford 1972
Gelzer 1960 = Matthias Gelzer, Caesar, der Politiker und Staatsmann, Wiesbaden 1960

Gelzer 1984 = Matthias Gelzer, Pompeius, Stuttgart 1984
Goddio/Clauss 2006 = Franck Goddio/Manfred Clauss (Hrsgg.), Ägyptens versunkene Schätze, München u. a. 2006 (Ausstellungskatalog)
Goscinny/Uderzo 2005 = René Goscinny/Albert Uderzo, Asterix und Kleopatra, Berlin 2005 (französisch zuerst 1965, deutsch 1969)
Gotter 2000 = Ulrich Gotter, «Akkulturation» als Methodenproblem der historischen Wissenschaften, in: W. Eßbach (Hrsg.), Identität und Alterität in Theorie und Methode, Würzburg 2000, 373–406
Grant 1977 = Michael Grant, Kleopatra. Eine Biographie, Bergisch Gladbach 1977
Grimm 1998 = Günter Grimm, Alexandria. Die erste Königsstadt der hellenistischen Welt. Bilder aus der Nilmetropole von Alexander dem Großen bis Kleopatra VII., Mainz 1998
Gruen 2003 = Erich Gruen, Cleopatra in Rome: Facts and Fantasies, in: David Braund und Christopher Gill (Hrsgg.), Myth, History and Culture in Republican Rome, Exeter 2003, S. 258–274
Günther 2005 = Linda-Marie Günther, Herodes der Große, Darmstadt 2005
Hamer 1993 = Mary Hamer, Signs of Cleopatra. History, politics, representation, London und New York 1993
Heinen 1966 = Heinz Heinen, Rom und Ägypten von 51 bis 47 v. Chr. Untersuchungen zur Regierungszeit der 7. Kleopatra und des 13. Ptolemäers, Dissertation Tübingen 1966
Heinen 1969 = Heinz Heinen, Cäsar und Kaisarion, Historia 18, 1969, 181–203 (= Heinen 2006, S. 11–33)
Heinen 1995 = Heinz Heinen, Vorstufen und Anfänge des Herrscherkultes im römischen Ägypten, in: ANRW II 18.5, 1995, 3144–3180 (= Heinen 2006, S. 154–202)
Heinen 1996 = Heinz Heinen, Ein griechischer Funktionär des Ptolemäerstaates als Priester ägyptischer Kulte, in: B. Funck (Hrsg.), Hellenismus, Tübingen 1996, 339–353 (= Heinen 2006, S. 203–217)
Heinen 2006 = Heinz Heinen, Vom hellenistischen Osten zum römischen Westen. Ausgewählte Schriften zur Alten Geschichte, Stuttgart 2006
Hengstl 1978 = J. Hengstl (Hrsg.), Griechische Papyri aus Ägypten, München 1978
Herz 1996 = Peter Herz, Hellenistische Könige. Zwischen griechischen Vorstellungen vom Königtum und Vorstellungen ihrer einheimischen Untertanen, in: Alastair Small (Hrsg.), Subject and Ruler: The Cult of the Ruling Power in Classical Antiquity, Ann Arbor 1996, 27–40
Hölbl 2003 = Günther Hölbl, Ptolemäische Königin und weiblicher Pharao, in: N. Bonasca u. a. (Hrsgg.), Faraoni come dei. Tolemei come faraoni. Atti del V Congresso Internazionale Italo-Egiziano Torino 8–12 dicembre 2001, Torino-Palermo 2003, S. 88–97
Hölbl 2004 = Günther Hölbl, Geschichte des Ptolemäerreiches. Politik, Ideo-

logie und religiöse Kultur von Alexander dem Großen bis zur römischen Eroberung, Darmstadt 2004, 2. Aufl.
Hoepfner 2002 = Wolfram Hoepfner (Hrsg.), Antike Bibliotheken, Mainz 2002
Hornung 2004 = Erik Hornung, Einführung in die Ägyptologie. Stand, Methoden, Aufgaben, Darmstadt 2004, 5. Aufl.
Hornung 2005a = Erik Hornung, Grundzüge der ägyptischen Geschichte, Darmstadt 2005, 5. Aufl.
Hornung 2005b = Erik Hornung, Der Eine und die Vielen. Altägyptische Götterwelt, Darmstadt 2005, 6. Aufl.
Hughes-Hallett 1990 = Lucy Hughes-Hallett, Cleopatra: Histories, Dreams and Distortions, New York und London 1990
Huß 1990 = Werner Huß, Die Herkunft der Kleopatra Philopator, Aegyptus 70, 1990, 191–203
Huß 1994 = Werner Huß, Der makedonische König und die ägyptischen Priester. Studien zur Geschichte des ptolemäischen Ägypten, Stuttgart 1994
Huß 2001 = Werner Huß, Ägypten in hellenistischer Zeit 332 – 30 v. Chr., München 2001
Hutmacher 1965 = Rudolf Hutmacher, Das Ehrendekret für den Strategen Kallimachos, Meisenheim am Glan 1965
Huzar 1986 = Eleanor Goltz Huzar, Mark Antony. A Biography, London u. a. 1986 (Neudruck der Ausgabe von 1978)
Jehne 1987 = Martin Jehne, Der Staat des Dictators Caesar, Köln und Wien 1987
Johnson 1992 = Janet H. Johnson (Hrsg.), Life in a Multi-Cultural Society: Egypt from Cambyses to Constantine and beyond, Chicago 1992
Kienast 1982 = Dietmar Kienast, Augustus. Prinzeps und Monarch, Darmstadt 1982
Kleiner 2005 = Diana E. E. Kleiner, Cleopatra and Rome, Cambridge/Mass. und London 2005
Kleopatra 1989 = Kleopatra. Ägypten um die Zeitenwende, Mainz 1989 (Ausstellungskatalog München)
Koenen 1983 = Ludwig Koenen, Die Adaptation ägyptischer Königsideologie am Ptolemäerhof, in: E. Van 't Dack u. a. (Hrsgg.), Egypt and the Hellenistic World, Löwen 1983, 143–190
Leitz 2001 = Christian Leitz, Die Außenwand des Sanktuars in Dendara. Untersuchungen zur Dekorationssystematik, Mainz 2001
Leitz 2006 = Christian Leitz, Die Sternbilder auf dem rechteckigen und runden Tierkreis von Dendara, SAK, im Druck
Lenger 1980 = Marie-Thérèse Lenger, Corpus des Ordonnances des Ptolémées, Brüssel 1980, 2. Aufl.
Lepsius 1970 = Denkmaeler aus Aegypten und Aethiopien nach der von Seiner Majestät dem Koenige von Preussen Friedrich Wilhelm IV. nach diesen

Ländern gesendeten und in den Jahren 1842–1845 ausgeführten wissenschaftlichen Expedition auf Befehl Seiner Majestät herausgegeben und erläutert von C.R. Lepsius, Neudruck der Ausgabe 1849–1858, Band IX, Osnabrück 1970

Łukaszewicz 2005 = Adam Łukaszewicz, Kleopatra. Ostatnia królowa starozytnego Egiptu. Ksiazka i Wiedza, Warszawa 2005

Magnino 1993 = Domenico Magnino, Le ‹Guerre Civili› di Appiano, in: ANRW II 34. 1, 1993, S. 523–554

van Minnen 2000 = Peter van Minnen, An official act of Cleopatra, AncSoc 30, 2000, 29–34

van Minnen 2001 = Peter van Minnen, Further Thoughts on the Cleopatra Papyrus, APF 47, 2001, 74–80

Moormann/Uitterhoeve 1995 = Eric W. Moormann/Wilfried Uitterhoeve, Lexikon der antiken Gestalten. Mit ihrem Fortleben in Kunst, Dichtung und Musik, Stuttgart 1995

Moreno 1994 = Paolo Moreno, Scultura ellenistica, Roma 1994

Pelling 1988 = C.B.R. Pelling, Plutarch, Life of Antony, Cambridge u.a. 1988

Pfrommer 1999 = Michael Pfrommer, Alexandria. Im Schatten der Pyramiden, Mainz 1999

Pomeroy 1984 = Sarah B. Pomeroy, Women in Hellenistic Egypt. From Alexander to Cleopatra, New York 1984

Porter/Moss 1939 = Bertha Porter/Rosalind Moss, Topographical Bibliography of Ancient Egyptian Hieroglyphic Texts, Reliefs, and Paintings VI. Upper Egypt. Chief Temples (excluding Thebes) Abydos, Dendera, Esana, Edfu, Kôm Ombo, and Philae, Oxford 1939

Quaegebeur 1978 = Jan Quaegebeur, Reines ptolémaiques et traditions égyptiennes, in: H. Maehler/V. M. Strocka (Hrsg.), Das ptolemäische Ägypten, Mainz 1978, 245–262

Quaegebeur 1988 = Jan Quaegebeur, Cleopatra VII and the Cults of the Ptolemaic Queens, in: Bianchi 1988, 41–54

Quaegebeur 1991 = Jan Quaegebeur, Cléopâtre VII et le temple de Dendara, GM 120, 1991, 49–72

Ray 2003 = John Ray, Cleopatra in the Temples of Upper Egypt: The Evidence of Dendera and Armant, in: Walker/Ashton 2003, 9–11

Reinhold 1988 = M. Reinhold, From Republic to Principate. An Historical Commentary on Cassius Dio's Roman History Books 49–52 (36–29 B.C.), Atlanta 1988

Revillout 1891 = Eugène Revillout, Leçon d'ouverture prononcée à l'école du Louvre, le lundi, 19 Décembre 1887, Revue Égyptologique 6, 1891, 113–149

Reymond 1981 = E. A. T. Reymond, From the Records of a Priestly Family from Memphis, Vol. 1, Wiesbaden 1981

Ricketts 1980 = Linda Maurine Ricketts, The Administration of Ptolemaic Egypt under Cleopatra VII, Diss. University of Minnesota 1980

Sarischouli 2000 = Panagiota Sarischouli, Συγχώησις-Vertrag, in: FS Jean Bingen, Leuven 2000, 213–422
Schalit 2001 = Abraham Schalit, König Herodes. Der Mann und sein Werk, Berlin und New York 2001, 2. Aufl.
Schmidt 1986 = Manfred Gerhard Schmidt, Caesar und Cleopatra. Philologischer und historischer Kommentar zu Lucan. 10,1–171
Schrapel 1996 = Thomas Schrapel, Das Reich der Kleopatra. Quellenkritische Untersuchungen zu den ‹Landschenkungen› Mark Antons, Trier 1996
Schuller 2006 = Wolfgang Schuller, Bastet das Kätzchen, in: Clemens Wischermann (Hrsg.), Von Katzen und Menschen, Konstanz 2006 (im Druck)
Seipel 1994 = Wilfried Seipel (Hrsg.), Ägyptomanie. Ägypten in der europäischen Kunst 1730–1930. Die Sehnsucht Europas nach dem Land der Pharaonen. Zur Begegnung von Orient und Okzident am Beispiel des Alten Ägypten, Ausstellungskatalog, Wien 1994
Sonnabend 1986 = Holger Sonnabend, Fremdenbild und Politik. Vorstellungen der Römer von Ägypten und dem Partherreich in der späten Republik und frühen Kaiserzeit, Frankfurt am Main u. a. 1986
Stähelin 1921 = Felix Stähelin, Kleopatra VII. Philopator, RE 21, 1921, 750–781
Thompson 1988 = Dorothy J. Thompson, Memphis under the Ptolemies, Princeton 1988
Uderzo 1983 = Uderzo, Der Sohn des Asterix, Stuttgart 1983 (französisch ebenfalls 1983)
Van't Dack 1970 = Edmond Van't Dack, La date de C.Ord.Ptol. 80–83 = BGU VI 1212 et le séjour de Cléopâtre VII à Rome, AncSoc 1, 1970, 53–67
Vierneisel 1980 = Klaus Vierneisel, Die Berliner Kleopatra, Jahrbuch der Berliner Museen 22, 1980, 1–33
Volkmann 1953 = Hans Volkmann, Kleopatra. Politik und Propaganda, München 1953
Walker/Ashton 2003 = Susan Walker/Susan-Ann Ashton (Hrsg.), Cleopatra Reassessed, London 2003
Walker/Higgs 2001 = Susan Walker/Peter Higgs (Hrsg.), Cleopatra of Egypt. From History to Myth, London 2001 (Ausstellungskatalog)
Wilhelm 1934 = Adolf Wilhelm, Ein Grabgedicht aus Athen, in: Mélanges Bidez, Bruxelles 1934, 1007–1020
Williams 2003 = Jonathan Williams, Imperial Style and the Coins of Cleopatra and Mark Antony, in: Walker/Ashton 2003, 87–94
Wrede 1981 = Henning Wrede, Consecratio in formam deorum. Vergöttlichte Privatpersonen in der römischen Kaiserzeit, Mainz 1981
Zauzich 2000 = Karl-Th. Zauzich, Hieroglyphen ohne Geheimnis. Eine Einführung in die altägyptische Schrift für Museumsbesucher und Ägyptentouristen, Mainz 2000, 11. Aufl.
Zimmermann 2002 = Klaus Zimmermann, Eine Steuerbefreiung für Q. Cascellius, adressiert an Kaisarion, ZPE 138, 2002, 133–139

AncSoc = Ancient Society
ANRW = Aufstieg und Niedergang der Römischen Welt
APF = Archiv für Papyrusforschung und verwandte Gebiete
CRAI = Comptes Rendus de l'Académie des Inscriptions
FS = Festschrift
GM = Göttinger Miszellen
RdE = Revue de l'Égyptologie
RE = Realencyclopaedie der classischen Altertumswissenschaft
SAK = Studien zur Altägyptischen Kultur
SEG = Supplementum Epigraphicum Graecum
ZPE = Zeitschrift für Papyrologie und Epigraphik

DANKSAGUNG

Das Buch verdankt seine Entstehung einer Anregung Alexander Fests. Ich bin ihm sehr dankbar dafür und kann nur hoffen, dass das Buch ihm als Erstem gefallen möge. Gewidmet ist das Buch dem Andenken meines viel zu früh verstorbenen Löwener Kollegen Jan Quaegebeur, der mir zuerst die Faszination des ptolemäischen Ägypten nahe gebracht hatte.

Geholfen haben mir in unterschiedlicher Weise mein Lektor Heiner Höfener, dazu Hartwig Altenmüller, Bernard Andreae, Manfred Clauss, Ulrich Gotter, Joachim Hengstl, Patricia Katterre, Bärbel Kramer, Christian Leitz, Karin Rhein, Axel Steyer, Volker Michael Strocka – ihnen allen sage ich meinen großen Dank. Und wenn ich darüber hinaus einen erwähnen darf, dessen nüchterne Arbeiten und dessen historisches Judiz mir besonders geholfen haben, dann ist es mein Freund Heinz Heinen gewesen.

Konstanz, Juni 2006 *Wolfgang Schuller*

REGISTER

NAMENREGISTER, MODERNE NAMEN KURSIV

Quaegebeur, Jan 7, 219, 220, 233

VÖLKER-, ORTS- UND SACHREGISTER